承包土地经营权与农房抵押登记问题研究

朱庆 汪莉 尤佳 等——著

法律出版社
LAW PRESS·CHINA

目录

调研报告篇

立法建议篇(附理由)

前　言

土地承包经营权与农村房屋抵押登记制度的完善不但涉及国土部门的具体工作,更是推进农村集体产权制度改革、实现新型城镇化战略的基础,具有极为重要的战略意义。十八届三中全会作出的《中共中央关于全面深化改革若干重大问题的决定》,2014 年、2015 年中央一号文件,以及《国务院关于开展农村承包土地的经营权和农民住房财产权抵押贷款试点的指导意见》(国发[2015]45 号文)等系列文件中均对前述制度提出了新的、更高的要求,在土地承包经营权"三权分置"背景下,如何界定承包土地经营权的性质、具体权能内容,厘清其与土地承包经营权的关系以及如何进行相关法律修订等成为需要解决的问题。例如,如何对土地承包经营权进行登记,登记的效力如何,及其对具体登记政策、技术(如登记簿等)的现实需求;宅基地和集体建设用地上的农村房屋登记的客体范围及如何登记,我国农房抵押中涉及的宅基地使用权的处置,相关技术与制度如何与土地制度改革做好衔接等问题,都亟待理论与实务部门加强研究。

以全面深度回应上述问题为导向,我们在全面收集、消化相关文献基础上,较为系统地梳理了上述问题所涉理论;通过对两权抵押试点地区全样本的新闻与法规政策进行梳理,获得了试点的全景图;还通过对代表性试点地区实地调研、深度访谈、发放问卷等方式获取了大量一手信息。上述工作为我们高质量完成预期目标提供了坚实的基础。

具体而言，我们通过知网数据库收集了近年来关于农村土地改革相关文献1000余篇，采购了专业图书数百种，还多次专程赴国家图书馆采集文献，并通过定期和不定期组会制度有序推进相关材料的整理与消化工作；通过北大法宝数据库、知网报纸数据库、地方政府网站及百度引擎，收集了关于试点地区的数百份“两权抵押”相关新闻稿和118份政策性文件作为参考。

为更深入了解承包土地经营权抵押和农房抵押在试点地区的实际开展情况，我们于2015年12月至2017年8月进行了6地共9次实地调研。调研地点包括安徽省内的宿州市埇桥区、宣城市宣州区和六安市金寨县以及省外的重庆市、浙江省义乌市和西安市高陵区。通过组织座谈会、访谈大户和农户等形式，了解承包土地经营权抵押和农房抵押的主要政策支持、经验做法和存在的问题以及完善建议等，并形成了系列专题调研报告。2017年1月，我们还组织人员赴安徽省凤阳县、明光、怀远县、固镇县、五河县、休宁县、黟县、无为县、芜湖县、当涂县、繁昌县以及合肥、蚌埠、芜湖市经开区、马鞍山市雨山区、安庆市宜秀区、大观区共17个区县发放问卷，共收回有效问卷615份。上述实地调研工作为研究报告及相关立法建议的修订完善提供了大量珍贵的一手素材。

为全面系统地呈现研究成果，本书分为4篇：决策参考篇、理论研究篇、调研报告篇及立法建议篇（附理由）。其中，决策参考篇收录了两份专题报告，以简明的文字与凝练的内容提出了当前两权抵押试点面对的最为重要和亟待解决的问题及对策，供相关领导参考。理论研究篇分两章，分别系统深入研讨两权抵押的相关理论与实践问题。调研报告篇内容如前所述，作为研究报告的辅助支撑材料，有利于相关领导与同行随时调阅相关信息。立法建议篇收入了《农村承包土地的经营权登记办法》《农民住房财产权抵押登记办法》两份立法建议稿及说明，并附上了立法理由与参考政策、立法例。

决策参考篇

深入推进农地“三权分置”改革

农地“三权分置”改革，是我国新时期农村改革的重要组成部分，是解决“三农”问题的重要抓手。然而，这项改革要落实到具体的法律体系中，仍面临诸多困难，其中理论上最大的障碍是在传统民法“二元思维”统治下，“非物即债”的思维定式导致农村承包土地经营权(以下简称农地经营权)无法立足。我们在调研中发现：很多金融机构对农地经营权抵押融资顾虑重重，很大程度上与这项权利的属性不定，未来抵押权的实现存有太多变数有关。农地经营权法律属性难以界定的问题已构成目前农地“三权分置”改革推行的一大掣肘。

我们认为，传统民法“二元思维”下财产权“非物即债”的思维定式已不合时宜，应与时俱进，变“二元思维”为“三元思维”，提出并丰富“三元财产权”理论。具体到实践中，应当将农地经营权定性为一项界于物权和债权中间地带的独立的新型财产权。其“高度物权化”，但既非物权，亦非债权。在未来的《民法总则》《担保法》等法律中应予明确；应当将承包权和经营权一并纳入不动产权利，由不动产登记局做统一登记；应当提炼地方先行先试的经验，细化农地承包权和经营权登记中的具体技术。

一、转变传统“二元思维”定式

(一)经营权物权化的现实需求

十八届三中全会通过的《中共中央关于全面深化改革若干重大问题的决

定》(以下简称《决定》)提出:“赋予农民对承包地占有、使用、收益、流转及承包经营权抵押、担保权能,允许农民以承包经营权入股发展农业产业化经营。”随后的《国务院关于开展农村承包土地的经营权和农民住房财产权抵押贷款试点的指导意见》(国发[2015]45 号文)进一步明确了农地经营权的抵押担保权能。由此可见,党中央和国务院对经营权的物权化态度明确,否则不会用专属于物权制度的抵押作为经营权的担保方式(如果将经营权设计为债权,则其担保方式应为权利质押)。

(二)民法“二元思维”的理论困境

我国民法受德国民法影响颇深。严谨的德国式思维对我国构建富有美感的民事财产权体系也的确起到了不小作用。不过对体系的过度强调,特别是财产权“非物即债”的“二元思维”在农地经营权定性问题上,便显得颇为不合时宜。在民法“二元思维”下,任何财产权要进入民法体系,必须先“定性”,只能或者进入物权,或者归入债权。如果某种权利处于物权和债权之间难以定性,就无法在现有民法体系中“落户”。农地经营权便受此遭遇而沦为“黑户”。如果其进入物权,则与“一物一权”理论冲突,因为在农地上已经有了一个以占有为权能的承包权,再设定一项仍以占有为前提的物权性经营权,会出现逻辑矛盾。而如果将其纳入债权,“三权分置”改革的意义则会被完全冲销,因为承包权上原本就可以设立债权性的租赁权实现流转,没有必要通过设立经营权实现;而且债权的担保方式只有质押而没有抵押选项,更不用说作为不动产物权登记发证了。因此,民法作为市场经济基本法,对农地经营权这一重大理论与制度创新,显得左右为难。学术界对此也莫衷一是,无法达成共识。如果不做思维方式的根本转变,这一难题将始终成为农地经营权基础理论的死结。

二、丰富“三元财产权”理论

(一)“二元思维”到“三元思维”的理念转变

要斩断农地经营权“物债二象性”导致的定性问题死结,需要我们在理念上从民法“二元思维”转变为“三元思维”。这一思维方式的转变将有助于推动整个法学理论的重大突破，就像物理学界也曾为光属于“波”还是“粒”争论不休，但随着“波粒二象性”理论的提出，在结束论战的同时，也实现了物理学理论的重大突破一样。非此即彼、非是即非的“二元思维”方式是人类认识事物的早期阶段自然形成的思维模式，高效便捷。随着对事物认识的逐步深入，在很多领域“二元思维”便可能出现问题，需要升级为“三元思维”乃至“多元思维”模式。《道德经》中所谓“道生一，一生二，二生三，三生万物”的思想与上述思维模式的进步逻辑非常契合。

（二）“二元财产权”到“三元财产权”的体系转变

“三元思维”体现到具体法律技术上，要求我们承认在民事财产权体系中，除物权、债权之外，还存在一类以农地经营权为代表的，介于物权和债权之间，又不隶属于任何一类的，独立的中间地带财产权利。作为一项独立的新型财产权，农地经营权具有占有、使用、收益、处分等各项权能，与物权类似，但其又不属于物权类型，因此不会与一物一权原则冲突；农地经营权虽不属于物权，但也不属于债权，理由已如前述。如此，可将农地经营权界定为一种“高度物权化”财产权，一种带有中国特色的，用于解决中国农村实际问题的新型民事财产权。我国民事财产权体系，也从“二元财产权”随之进化为“三元财产权”。

当然，“三元思维”及配套理论的丰富，特别是学术界对上述思维模式的认可还有一个过程，不宜因理论争议而耽误改革进程，因此高圣平教授等专家提出了“搁置争议，先行先试”的思路。我们对此亦表示赞同，但对三权分置相关基础理论与法律依据的研究依然应当是未来的重要课题，值得主管部门组织力量进一步研究。

三、完善农地经营权配套规则

（一）制定单行法律规则

农地经营权的概念诞生于十八届三中全会《决定》，至今尚未写入法律。尽管在我国很多重大创新均始于中央文件，但在法治时代，仍需将相关规则纳入法律体系。既然农地经营权并非物权，《物权法》并无为此修订之必要，但由于经营权可以设置抵押,《担保法》上应有所体现。经营权仍属于民事权利,《民法总则》部分对此也应有所体现。不过由于经营权与传统民事权利差异较大,在民法典中详细规定相关制度会有损法典的美感,建议制定单行法——《承包土地经营权法》,与《物权法》《农村土地承包法》并列,系统规定相关规则。

(二)纳入不动产统一登记

"三权分置"政策的精髓在于分离出农地经营权并使其"高度物权化",成为一项独立的新型财产权。对此,即使在《承包土地经营权法》出台前,不动产登记部门亦大有可为,因为登记手段是使民事权利物权化的最重要、也是最有效的法律技术。我们建议:

第一,将农地承包权和经营权一并纳入不动产权利,由不动产登记局负责统一登记。目前承包权登记尚由农委负责,但5年过渡期结束后,终将归不动产登记局负责。经营权并无历史负担,可直接由不动产登记局负责登记。

第二,为农地经营权专门设计全国统一的权属证书,并统一相关登记技术。目前已有一些地方,例如安徽宿州为农地经营权发放了权利证书。建议总结地方相关经验,在全国统一经营权登记的技术,统一权属证书的形式与内容。(表1-1是我们建议的农村土地承包经营权证登记簿式样,新增了他项权利登记栏,以体现经营权等权利负担。图1-1、图1-2、图1-3、图1-4是安徽宿州的农地经营权证书,可作为未来统一证书的参考。)

习近平总书记在庆祝中国共产党成立95周年大会上,提出我们"完全有信心为人类对更好的社会制度的探索提供中国方案"。"中国方案"的探索,要求我们解放思想,创新理论,体现到正在进行的农地"三权分置"改革上,要求我们突破对财产权的"二元思维"桎梏,以"三元思维"重新梳理财产体系,以务实态度重新构造农地经营权制度,以服务于我国农村产权改革这一重大命题。

表 1－1　我国农村土地承包经营权证登记簿式样

农村土地承包经营权证登记簿编号：
农村土地承包经营权证编号：

发包方全称			
承包方代表姓名			
承包方住址	县(市)　乡(镇)　村　组		
邮政编码		联系电话	
土地承包合同编号			
承包期限	年　月　日起至　年　月　日止		
承包方式			
承包土地用途			

承包方土地承包经营权共有人情况							
姓名	性别	年龄	共有份额	姓名	性别	年龄	共有份额
承包地总面积(亩)			承包地块总数(块)				
承包地块情况	地块名称	面积(亩)	等级	地类		四至：	
						东： 西： 南： 北：	
						东： 西： 南： 北：	
						东： 西： 南： 北：	

续表

<table>
<tr><td>填表
机关</td><td colspan="3">县级以上不动产登记部门印
年　　月　　日</td></tr>
<tr><td colspan="4">土地承包经营权变更登记</td></tr>
<tr><td colspan="4">主管部门签章
年　　月　　日</td></tr>
<tr><td colspan="4">主管部门签章
年　　月　　日</td></tr>
<tr><td>变更方式</td><td>面积(亩)</td><td>合同编号</td><td>主管部门签章及日期</td></tr>
<tr><td></td><td></td><td></td><td></td></tr>
<tr><td></td><td></td><td></td><td></td></tr>
<tr><td></td><td></td><td></td><td></td></tr>
<tr><td></td><td></td><td></td><td></td></tr>
<tr><td rowspan="4">他项权利
负担</td><td>有无权利负担</td><td colspan="2"></td></tr>
<tr><td>权利负担类型</td><td colspan="2"></td></tr>
<tr><td>他项权利人</td><td colspan="2"></td></tr>
<tr><td>他项权利期限</td><td colspan="2"></td></tr>
</table>

图 1－1　安徽省宿州市埇桥区农地经营权证封面

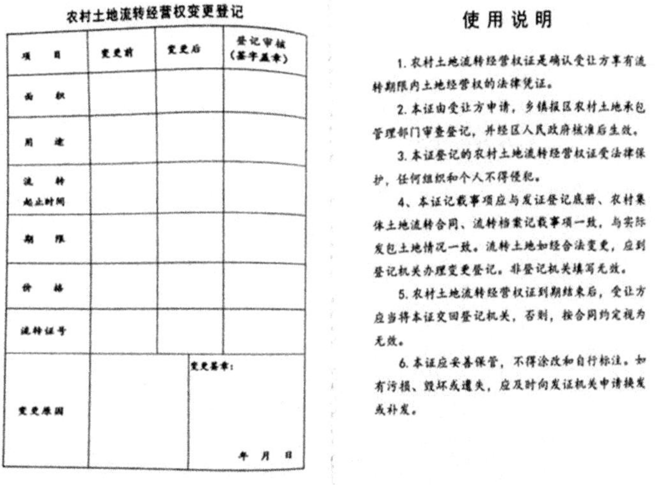

农村土地流转经营权变更登记

项　　目	变更前	变更后	登记审核（签字盖章）
面　　积			
用　　途			
流　　转 起止时间			
期　　限			
价　　格			
流转证号			
变更原因		变更签章： 年　月　日	

使 用 说 明

1. 农村土地流转经营权证是确认受让方享有流转期限内土地经营权的法律凭证。

2. 本证由受让方申请，乡镇报区农村土地承包管理部门审查登记，并经区人民政府核准后生效。

3. 本证登记的农村土地流转经营权证受法律保护，任何组织和个人不得侵犯。

4、本证记载事项应与发证登记底册、农村集体土地流转合同、流转档案记载事项一致，与实际发包土地情况一致。流转土地如经合法变更，应到登记机关办理变更登记。非登记机关填写无效。

5. 农村土地流转经营权证到期结束后，受让方应当将本证交回登记机关，否则，按合同约定视为无效。

6. 本证应妥善保管，不得涂改和自行标注。如有污损、毁坏或遗失，应及时向发证机关申请换发或补发。

图 1－2　安徽省宿州市埇桥区农地经营权证内页 1

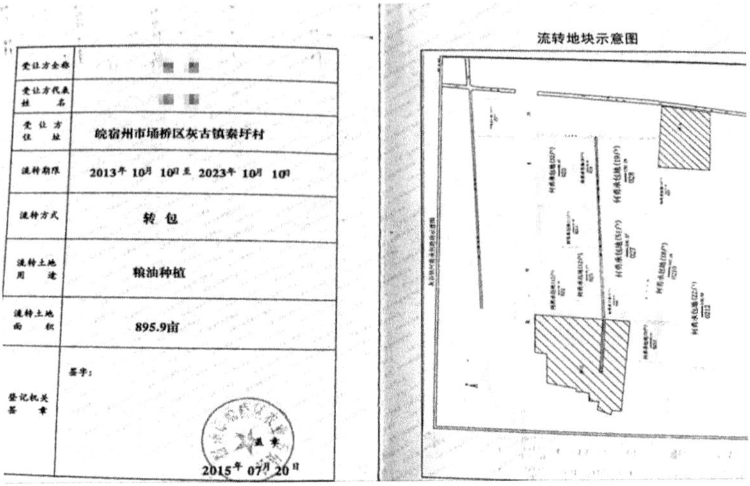

受让方全称	[redacted]
受让方代表姓名	[redacted]
受让方住址	皖宿州市埇桥区灰古镇秦圩村
流转期限	2013年10月10日至2023年10月10日
流转方式	转包
流转土地用途	粮油种植
流转土地面积	895.9亩
登记机关签章	签字： 2015年07月20日

图 1－3　安徽省宿州市埇桥区农地经营权证内页 2

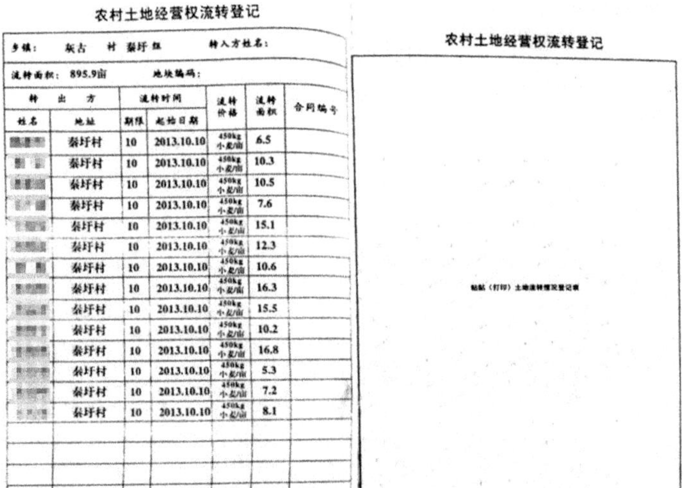

农村土地经营权流转登记

乡镇：　灰古　村　秦圩　组　　转入方姓名：

流转面积：895.9亩　　地块编码：

转出方		流转时间		流转价格	流转面积	合同编号
姓名	地址	期限	起始日期			
[redacted]	秦圩村	10	2013.10.10	450kg小麦/亩	6.5	
[redacted]	秦圩村	10	2013.10.10	450kg小麦/亩	10.3	
[redacted]	秦圩村	10	2013.10.10	450kg小麦/亩	10.5	
[redacted]	秦圩村	10	2013.10.10	450kg小麦/亩	7.6	
[redacted]	秦圩村	10	2013.10.10	450kg小麦/亩	15.1	
[redacted]	秦圩村	10	2013.10.10	450kg小麦/亩	12.3	
[redacted]	秦圩村	10	2013.10.10	450kg小麦/亩	10.6	
[redacted]	秦圩村	10	2013.10.10	450kg小麦/亩	16.3	
[redacted]	秦圩村	10	2013.10.10	450kg小麦/亩	15.5	
[redacted]	秦圩村	10	2013.10.10	450kg小麦/亩	10.2	
[redacted]	秦圩村	10	2013.10.10	450kg小麦/亩	16.8	
[redacted]	秦圩村	10	2013.10.10	450kg小麦/亩	5.3	
[redacted]	秦圩村	10	2013.10.10	450kg小麦/亩	7.2	
[redacted]	秦圩村	10	2013.10.10	450kg小麦/亩	8.1	

农村土地经营权流转登记

粘贴（打印）土地流转情况登记表

图 1－4　安徽省宿州市埇桥区农地经营权证内页 3

总结试点地区经验　释放两权抵押红利

一、“两权抵押”试点效益显著

推进“两权”抵押贷款试点是农村金融制度的重要创新，有利于盘活农村存量资产，缓解农村抵押物不足难题，对增加“三农”融资以及提高农村土地资源使用效率、促进“三农”经济发展有重要意义。第一，有利于扩大农业融资规模。此次试点可以在确保农民权益不受影响的前提下将农村资产纳入融资抵押物范围，有利于充分发挥农村资产融通功能。第二，有利于促进现代农业加快发展。此次试点不仅盘活了土地经营权，同时盘活了地上附属物的抵押担保价值，对引导信贷资金支持新型农业经营主体发展有重要意义。第三，有利于推动农村产权制度改革。

在两年多的试点期间里，各试点地区结合自身实践经验，不仅总结出了符合自身实际的贷款规则和办法，也探索出了不少创新性贷款实施和管理方式，产生了良好的社会与经济效益。此项试点还加速了农村产权评估、流转等配套服务体系的完善，促成了更有利于保护农民利益的各项机制，为下阶段进一步深化农村产权制度改革创造了有利条件，发挥了一定的制度效益。

二、“两权抵押”实践难点突出

第一，法律规定不完善。农村土地“三权分置”改革的思路主要是在经济学界专家以及政府官员主导下完成的，因此农地经营权未被纳入法学概念体系。法律属性的不定直接引发了农地经营权能否抵押的疑虑，导致相关抵押规则的制定难以达成合意。此外，现行法律和政策禁止宅基地自由流转，宅基地使用权流转的范围被严格局限在本集体经济组织内部，造成“非集体成员有需求而无资格，集体成员有资格而无需求”的矛盾局面，集体内部市场需求量小，农房交易市场尚未打开。

第二，登记规则不完备。抵押登记规则多散见于地方政府相关规范性文件中，目前尚未形成一套体系完整的抵押登记规则，缺乏顶层统一设计。抵押登记尚未纳入不动产统一登记，不能有效地指导“两权抵押”登记工作。而且在承包土地经营权抵押方面，由于农地经营权的登记尚未完成，抵押权登记自然更加困难。

第三，配套机制不健全。“交易范围不够大，市场程度不够高，交易平台不独立，交易规则不统一”的“四个不够”是目前两权抵押配套机制的显著问题。问题的主要成因在于试点地区受区域视角与技术水平的限制，所构建的交易平台仅可实现本地区的市场化，导致市场化水平不高，加之缺乏上级机关的引导与监管，价值评估办法仅在内部运行，难以推广，且地方财政不能支持评估机构的运行，难以实现市场在农村土地产权资源配置中决定性作用。

第四，处置机制不成熟。折价、拍卖和变卖的传统抵押实现机制与“两权抵押”实现难以匹配。在经营权抵押方面，农地经营权的流转不能改变土地的农业生产用途也不能流转给不具有农业生产能力的主体，加之农业生产不稳定；在农房抵押方面，在宅基地流转受到法律限制的大前提下，因不能为集体经济组织以外的主体办理过户手续，加之农村房屋升值空间小，故都无法适用传统折价方式，拍卖变卖难以实现。

三、“两权抵押”工作完善建议

尽管存有上述难题，但我们认为：只要规则设计合理，配套制度健全，两权抵押目前在实践中遭遇的问题是暂时性、局部性的，随着理论研究的深入和实践经验的积累，“两权抵押”未来仍大有看头。从眼前具体操作着眼，我们建议：

（一）修改相关法律规定

第一，建议将农地经营权定性为一种“高度物权化”的新型独立财产权。建议在《民法总则》《担保法》中增设对农地经营权规定。在《农村土地承包法》第二章“家庭承包”的第五节之后新增“土地承包经营权的限制”一节；在《土地管理法》第二章“土地的所有权和使用权”一章中增加有关“农地经营权”的规定。

第二，建议修改《物权法》第 184 条和《担保法》第 37 条有关禁止宅基地使用权抵押的规定，将宅基地使用权纳入可抵押范围内，并增加宅基地上房屋抵押时宅基地使用权一并抵押的规定。同时，《物权法》应规定宅基地使用权自登记时取得，采登记生效主义。

第三，建议修改《土地管理法》关于宅基地使用权流转对象的规定，删除宅基地使用权流转对象仅限本集体经济组织内部成员的规定；规定在农房抵押权变现时，本集体经济组织及其成员对该农房享有优先购买权。同时增加本集体经济组织外部人员有偿取得宅基地使用权。

（二）制定相关指导意见

汲取各试点地区相关“两权”抵押登记的经验，在完成农地经营权、农民住房和宅基地使用权确权登记颁证的基础上，建立起一套体系化的抵押登记规则，并将该项工作纳入不动产统一登记，基本实现统一调查、统一登记、统一发证，明晰产权，规范抵押。为此课题组设计了《农村承包土地的经营权登记办法》《农民住房财产权抵押登记办法》（后附），以供参考。

（三）健全相关配套机制

1. 建好农村产权交易平台。一是交易平台的独立性，土地流转交易平台应该通过精简职能、细化分工等行为与政府划清职能边界，并进一步明确其自身性质，保持其独立性；二是交易行为的规范性，在平台中增设部分板块专门进行两权抵押交易，完善其流转处置功能，规范交易行为，同时增加交易平台的法律咨询服务能力和提升交易平台的纠纷调处功能；三是交易方式的创新性，建立经营权和农房交易数据库，实现全国范围内的信息实时共享。

2. 完善农地农房价值评估机制。首先，建立专业化的价值评估机构，或鼓励现有评估机构培养专业化经营权和农房价值评估队伍,设定较为严格的市场准入机制。其次,发挥网络信息平台的优势,通过大数据分析,实现对土地经营权价值的精准评估。对宅基地使用权的价值与房屋所有权的价值共同评估,客观真实地认定农房的融资价值。最后,由政府制定承包土地经营权和农房基准价格,评估价格不得低于政府公布的同期、同地区、同类型的指导价格。

3. 探索抵押权多元实现方式。引入民间资本,实现抵押物的收储,借鉴强制管理制度,由国土部门对管理机构进行监管。在农房抵押权实现方面,规定农民以宅基地上房屋抵押,当抵押权实现后,农民可以行使宅基地使用权回赎权及通过租赁的方式变相处理农房,以租赁收入逐步偿还贷款本息,直至还清本息后抵押人重新获得房屋所有权。

理论研究篇

第一章　承包土地经营权抵押问题研究

2014年首次在中央一号文件中提出了农地集体所有权、农户承包权和土地经营权相分离的政策思想，并对土地经营权赋予了全新的权能内涵，允许土地经营权向金融机构抵押融资。从《关于引导农村土地经营权有序流转发展农业适度规模经营的意见》（以下简称《意见》）、《深化农村改革综合性实施方案》（以下简称《方案》）及2015～2017年中央一号文件的内容来看，农地"三权分置"的思想日趋完善，"三权分置"的核心在于放活经营权，关键在于发挥农地的使用价值和交换价值，前者主要通过发展适度规模经营，后者则需要赋予土地经营权抵押、担保权能，并进而成为权利人向金融机构抵押融资的工具。《国务院关于开展农村承包土地的经营权和农民住房财产权抵押贷款试点的指导意见》（以下简称《两权抵押指导意见》）出台的定位即在于此。

农地经营权抵押问题的研究在理论和实践两方面均具有重要意义。[1] 实践价值主要在于其对"三农"问题的解决意义重大：首先，对于农民而言，农地经营权进行抵押融资，提高农民流转土地的积极性，实现了农民承包地的财产价值从而拓宽农民的融资渠道以增加农民财产性收入；其次，对于农

---

〔1〕为保持行文的一致性，以下将承包土地的经营权统一称为农地经营权，但在引用他人观点时为避免对他人观点的误读，仍保持与原文一致的名称。

村而言，农地经营权抵押融资是农地金融化的一个重要体现，有助于进一步释放农村改革发展活力，推进农村产权制度改革；最后，对于农业而言，农地经营权抵押融资业务的开展必将大大促进农村土地的流转，进一步推动农业的规模化经营，从而促进现代农业的发展。

理论价值主要体现在为经营权的流转提供法律依据和完善相关法律理论方面：一方面，通过“三权分置”，分离出的农地经营权，只是政策指导下催生的产物，当前我国并无法律对农地经营权进行明确规定，其权利属性的界定也没有明确的法律依据，从而致使农地经营权的抵押融资存在一定的法律障碍。通过厘清农地经营权的相关理论，明确农地经营权的法律属性、具体权能及其与承包经营权的关系，为农地经营权的抵押融资提供法律依据。另一方面，我国集体土地的法学理论研究较为薄弱，难以满足中国现行农村土地制度改革的需求，本课题有助于完善相关不动产权利的物权法理论以及不动产登记的行政法理论。

第一节　承包土地经营权抵押制度存在的问题

在梳理承包土地经营权抵押制度的困境之前，我们需要弄清在农地经营权上设立抵押权的意义所在以及为何将其设定为抵押权而非质权，对相关理论问题的厘清有利于我们更好地理解经营权抵押的制度困境，从而提出更加符合法律逻辑及现实需要的建议与意见。

从概念上来看，抵押权是指债权人对于债务人或第三人不移转占有而供担保的财产，于债务人不履行债务或出现当事人约定的情形时，依法享有的就该财产变价并优先受偿的权利。[1] 抵押权具有不转移标的物占有即可设定担保的特征，此为区分抵押权与质权、留置权的关键所在，正是由于抵押权的这一特征，对标的物设立抵押权并不影响抵押人对标的物的占有及使用，使得抵押权在各类担保物权中备受青睐，经营权将设定担保的方式确定为抵

〔1〕 参见程啸：《担保物权研究》，中国人民大学出版社 2017 年版，第 185 ~ 187 页。

押权主要有此方面的考量。新型农业经营主体在不丧失土地经营权掌控的同时,获得融资的机会,在合理预期下实现与融资机构的双赢。

抵押权以担保债权的实现为目的。农地经营权抵押能够有效地激活农村金融市场,发挥土地的交换价值。随着农业市场化程度的不断提升,交易范围也在不断地扩大,新型农业经营主体通过单纯的信用已经无法获得大量融资的可能性,而且如果允许新型农业经营主体通过信贷融资将会加大金融业的风险。抵押品的核心功能是缓解借贷双方的信息不对称,通过降低贷款的交易成本和违约风险,提高借款人的贷款可得性。[1] 农地经营权抵押相较于小额信贷的优势主要在于其能够有效地减少银行贷款的信用评估成本,增加新型农业经营主体贷款的可得性。由于我国特殊的城乡二元经济结构,农村金融体系不断被边缘化,加之商业银行对利润最大化的追求及城市金融结构的优势,大量的金融机构选择退出农村转向城市。尽管国家每年的中央一号文件都对农村金融有所涉及,国务院、央行、财政部也出台了一系列鼓励农村金融发展的政策性文件。但农村金融抑制现象依然存在,具体而言,农村金融受到阻碍而不能有效促进农村经济增长,农村金融机构仅发挥储蓄功能,投资功能一直都被忽视。而且大部分的农村金融机构投入资金主要用于农村基础设施建设,并没有流入农业经营者之手,农村金融存在结构性问题。随着农地经营权流转的发展及集体经营性建设用地入市交易,农村市场将会被逐步的激活,融资的需求将不断地扩大,经营权抵押制度的试验一方面可以顾及土地承包经营权中主体身份的特殊性,另一方面可以使农地经营权的财产价值得以发挥,实现农业金融贷款流向农业经营者,使农业经营者成为农村金融直接受益者之一。新型农业经营主体通过抵押融资可以更好地发展规模农业与现代农业,进而改善农村金融抑制现象,推进"三农"问题的解决。

---

〔1〕 黄惠春:《农村土地承包经营权抵押贷款可得性分析——基于江苏试点地区的经验证据》,载《中国农村经济》2014 年第 3 期。

一、承包土地经营权权属确认不清

（一）承包土地经营权概念界定不明

罗素在评论古希腊哲学时谈道："绝大多数的近代人都认为经验的知识必须依靠于，或者得自于知觉，乃是理所当然的。然而在柏拉图以及其他某些学派的哲学家那里，却有着一种迥然不同的学说，大意是说没有任何一种配称为'知识'的东西是从感官得来的，唯一真实的知识必须是有关于概念的。"[1]王伯琦先生曾说："我们现阶段的执法者，不论其为司法官或者行政官，不患其不自由，唯恐其不知科学，不患其拘泥逻辑，唯恐其没有概念。"[2]任何一个学科都不应使用含糊其词的概念，尤其是以严密逻辑思维著称的法学理论。概念的混乱不仅会导致判断和推理的误差，更会造成对人们行为的错误引导，进而导致失败的实践。[3]

因此，面对承包土地经营权这一政策下催生的新事物时，要想将其纳入法学的范畴之中，需对其进行概念界定。遗憾的是：农地经营权在法学语境之下一直未进行概念界定，这也是导致其权属确认不清的重要原因所在。国务院发展研究中心农村经济研究部部长叶兴庆在表述中仅仅指出了农地经营权的独立性，认为农地经营权是一定期限内对土地的实际控制权；[4]农业部产业政策与法规司司长张红宇在其表述中将农地经营权定义为一种具有多重权益的权利，是包括经营、收益、入股、抵押等权能的一项权利。[5] 这些官方的表述都仅揭示农地经营权的经济学本质，对其法学概念没有做出清晰的界定。当然，这与我国在土地制度方面概念模糊的传统无不关系。我国现行法体系中，"土地使用权"不是一项具体的财产权利，关于这一概念法律意义上的内涵、外延与种类等关键问题一直没有统一的学说。《土地管理法》

---

〔1〕 蒙晓阳：《为概念法学正名》，载《法学》2003 年第 12 期。

〔2〕 王泽鉴：《民法思维：请求权理论基础体系》，北京大学出版社 2009 年版，第 7 页。

〔3〕 薛克鹏：《经济法的定义》，中国法制出版社 2003 年版，第 74 页。

〔4〕 叶兴庆：《合理界定农地所有权、承包权、经营权》，载《中国经济时报》2013 年 12 月 5 日，第 5 版。

〔5〕 张红宇：《准确把握农地"三权分置"的深刻内涵》，载《学习时报》2017 年 4 月 3 日，第 1 版。

中的"土地使用权"具有多重意义,如第11条第2款所称"建设用地使用权"应指"集体建设用地使用权",第11条3款、第55~58条等所称"使用权"或"土地使用权"应指"建设用地使用权",第12条、第16条中的"土地使用权"则泛指使用土地的各种权利。《物权法》并未将"土地使用权"作为法定的物权类型,而是以"用益物权"概指对土地的物权性利用关系,以"土地承包经营权""建设用地使用权""宅基地使用权""地役权"分别指称不同利用目的的用益物权。在物权法定主义之下,土地使用权"无处安放"。而农地经营权最初是一个经济学概念,后来成为政策概念,在将其纳入法学概念时,必须要吸取土地使用权概念界定不清的教训,明确概念界定。

我们认为农地经营权是农地的经营主体基于流转合同对农地享有的一定期限内占有、使用、收益的权利,派生于土地承包经营权并与土地承包权具有平等法律地位的新型财产权利。具有高度物权化的属性但又不完全符合物权的标准。

(二)民法"二元思维"困境

我国《物权法》秉承大陆法系物权法的传统,维持着物权债权二元化的财产权利结构,如果要在此结构下讨论"三权分置"后经营权的法律属性首先需要明确的便是物权与债权的区分及其标准。

通说认为,财产权是以财产利益为客体的民事权利,它可以划分为物权与债权。[1]《物权法》所称"物权",是指权利人依法对特定的物享有直接支配和排他的权利,包括所有权、用益物权和担保物权。而"债权",学界通常将其界定为"得请求他人为一定行为或者不为一定行为的权利。"[2]由此显见,物权与债权区分的标准主要有以下五个方面:第一,在权利属性上,物权是一种支配权,而债权则是一种请求权;第二,在权利客体上,物权的客体是独立且特定的物,而债权的客体则是行为;第三,在权利的产生方式上,物权是基于法律直接规定而产生,而债权一般基于双方当事人约定而产生;第四,

---

〔1〕谢怀栻:《论民事权利体系》,载《法学研究》1996年第2期。

〔2〕郭明瑞、房绍坤主编:《民法》,高等教育出版社2010年版,第168~272页。

在权利的效力上,物权具有对世效力,而债权则仅在双方当事人之间发生效力;第五,在权利的期限上,物权是一种无期限的权利,而债权是一种有期限的权利。

对"三权分置"背景下产生的农地经营权的法律属性难以界定,其主要障碍在于传统民法存在的"二元思维",即在将财产权划为物权和债权两大阵营,任何一项财产权利要进入民法体系都必须先"站队",或者归入物权,或者进入债权,否则便可能被视为"异端",不被认可。而农地"三权分置"改革的核心在于将农地经营权从土地承包经营权中分离出来,并与承包权分置并行。这项被分离出来的经营权作为一项独立的财产权类型,在民法"二元思维"下,如何对承包土地经营权"定性"便成为了一个左右两难,却又无法回避的问题。

首先,农地"三权分置"改革要求农地经营权物权化。党的十八届三中全会通过的《中共中央关于全面深化改革若干重大问题的决定》(以下简称《决定》)提出:"赋予农民对承包地占有、使用、收益、流转及承包经营权抵押、担保权能,允许农民以承包经营权入股发展农业产业化经营。"随后的《国务院关于开展农村承包土地的经营权和农民住房财产权抵押贷款试点的指导意见》(国发[2015]45 号文)进一步明确了农地经营权的抵押担保权能。由此可见,党中央和国务院对经营权的物权化态度明确,否则不会用专属于物权制度的抵押作为经营权的担保方式(如果将经营权设计为债权,则其担保方式应当为权利质押)。通过对安徽省金寨县、宿州市的土地承包经营权确权登记状况进行调研,我们从实践层面发现农地流转大户或者专业合作社接受农户的农地后,即享有了对农地的经营权,他们可以在不改变农地基本用途的条件下按照自己的意愿对农地进行支配和利用,并且在流转期限内其权利不受其他任何人的干涉,实务中的承包土地经营权具有可支配性和对世效力。由此可见,尽管承包土地经营权在现行法律框架下虽然并不具有法定的物权效力,但其实际已经发挥了物权的功能,事实上已经具备了物权效力。

其次,民法"二元思维"定式导致农地经营权定性死结。我国民法受德国民法影响颇深。严谨的德国式思维使我国的民事财产权利体系结构更富有美观性。不过对体系的过度强调难免会出现矫枉过正的弊端，特别是“非物即债”的“二元思维”在解决农地经营权定性问题上显得捉襟见肘。在民法“二元思维”下，任何财产权要进入民法体系，必须先“定性”，只能选择物权或者债权二者其一，物权债权在此时处在一个非此即彼的绝对对立状态。如果某种权利在物权和债权之间选择不能“站队”，则无法被纳入现有民法体系之中。农地经营权便是因此不能“落户”而沦为“黑户”。如果其进入物权，则其与“一物一权”理论冲突，在农地上已经有了一个以占有为权能的承包权，再设定一项仍以占有为前提的物权性经营权，在逻辑上会出现矛盾。而如果将其纳入债权，则“三权分置”改革不再有任何意义，因为承包权上原本就可以设立债权性的租赁权实现流转，没有必要通过设立经营权实现；而且债权的担保方式只有质押而没有抵押选项，更不用说作为不动产物权登记发证了。因此，民法作为市场经济基本法，对农地经营权这一重大理论与制度创新，显得左右为难。学术界对此也莫衷一是，无法达成共识。如果不做思维方式的根本转变，这一难题将始终成为农地经营权基础理论的死结。

（三）农地经营权用益物权论与债权论之争

早在2014年中央一号文件中即提出了农地经营权这一概念，且随后的文件中也多次对农地经营权加以具体化，但政策中一直未明确农地经营权的概念，随着“三权分置”产权制度改革的不断推进，如果不对农地经营权的概念加以界定，将会严重阻碍农村产权制度改革的发展进程。学界就此展开激烈讨论，学者提出各种不同观点。概括来说，主要包括“总括权利说”“两权说”“物权说”“债权说”四种观点。对这几类观点的回顾与分析是正确界定农地经营权法律属性的必由之路。

“物权说”认为农地经营权是用益物权，是经营权人对集体所有土地享有占有、使用、收益的权利，土地承包经营权人行使其权利而设定的次级用益物权，是一种权利用益物权。[1] 持物权论的学者们认为应当积极回应“三权分置”的政策导向，在现行法律中增加一项用益物权——农地经营权，以实现

---

〔1〕 蔡立东、姜楠：《农地三权分置的法实现》，载《中国社会科学》2017年第5期。

对承包土地的独立占有、使用、收益权能。[1] 肖卫东、梁春梅创新性地提出双层“母权与子权”“基础权利与派生权利”的产权关系体系。他们认为承包土地的经营权是一种相对独立的用益物权,其产生的逻辑是土地所有权派生出土地承包经营权,土地承包经营权再派生出土地经营权。[2] 朱继胜将农地经营权定义为一种权利用益物权,承包土地的经营权在物权法定意义上仍然是一种“土地承包经营权”,权利人对土地享有占有、使用和收益的权利,是在土地承包经营权上设定的用益物权。[3] 蔡立东、姜楠认为土地经营权是土地承包经营权人行使其权利而设定的次级用益物权,承包权与经营权的法构造为“用益物权—次级用益物权”。[4]

但一些学者对“物权说”提出反对,认为在物权法定原则之下,农地经营权尚未被纳入法律体系之中,不能将其认定为物权。也有学者指出农地经营权的权利客体仍然指向土地所有权,将其设定为物权将会违背“一物一权”的原则。因此,有学者提出了“债权说”的观点。持这一观点的学者们认为:经营权人与承包权人是一种债权法律关系,更多地受《合同法》约束,经营权的本权是基于土地流转合同意定原因而产生的,因而其本权是债权,为意定本权,而不是物权。李伟伟、张云华认为土地经营权产生于土地经营权流转合同,是独立于承包土地经营权的一种债权,具有债权的请求性与相对性。且基于物权的法定性,承包土地的经营权未被纳入物权法律体系,无疑应被认定为债权;[5] 赵鲲、刘磊认为土地经营的稳定性不需要依靠土地经营权物权化来提供保障。将其设定为债权,通过权利质押完全可以实现农地的融资功能。[6]

---

[1] 张力、郑志峰:《推进农村土地承包权与经营权再分离的法制构造研究》,载《农业经济问题》:http://kns.cnki.net/kcms/detail/11.1323.F.20150206.1541.002.htmlDOI:10.13246/j.cnki.iae.2015.01.013.,最后访问日期:2017 年 8 月 20 日。

[2] 肖卫东、梁春梅:《农村土地“三权分置”的内涵、基本要义及权利关系》,载《中国农村经济》2016 年第 11 期。

[3] 朱继胜:《论“三权分置”下的土地承包权》,载《河北法学》2016 年第 3 期。

[4] 蔡立东、姜楠:《承包权与经营权分置的法构造》,载《法学研究》2015 年第 3 期。

[5] 李伟伟、张云华:《土地经营权流转的根本属性与权能演变》,载《改革》2015 年第 7 期。

[6] 赵鲲、刘磊:《关于完善农村土地承包经营制度发展农业适度规模经营的认识与思考》,载《中国农村经济》2016 年第 4 期。

另外,还有一些学者认为农地经营权既不能纳入物权的规范体系也不能纳入债权的规范体系,高飞认为经营权并非具体化的单一权利,而是包括土地承包经营权在内的各种农地使用权的总称。构建体系化的农地使用权才是提高农地利用效率的关键。[1] 这种观点将农地经营权定义为包含多种权利的权利束,即所谓的“总括权利说”。还有学者持有“两权说”的观点,认为基于现行《农村土地承包法》第37条的规定,经营权的性质因土地流转形式不同而不同,确权确地形成之土地承包经营权分离出的经营权具有债权性质,而确权确股不确地之土地承包方式创新视阈下分离出的经营权具有物权性质。[2]

上述的四种观点均具有一定的可取性,但是在法学逻辑上存在一定的瑕疵,且受传统二元财产理论“一叶障目”,不能揭示农地经营权的本质属性:“总括权利说”将经营权定义为权利束,是对“三权分置”意义的罔顾,我国农地之所以出现“两权”到“三权”的转换从某种意义上来说就是为了厘清农村土地产权中各项权能的具体内容,经营权与承包权分置并行使农地不仅可以发挥使用价值而且还能更好的发挥交换价值,“两权说”则将经营权复杂化,按照不同的土地流转方式来确定经营权的属性,无端地将问题复杂化,造成同样的农地经营权出现不同的法律属性,“同名异权”使农村土地产权问题更加复杂。“物权说”与“债权说”的观点看似旗帜鲜明,均是以承认农地经营权是一项可以流转的财产权利为前提的,且认为从“三权”中分离出来的经营权不涉及主体身份的限制,但是这两种观点均不能很好地概括农地经营权的法律属性,债权论在解释经营权抵押方面存在重大瑕疵,而物权论则不符合《物权法》规定的一物上不能设立同一属性的两个用益物权的规定,在当前的物权法框架和体系中,没有农地经营权的位置。从实然的角度来说,它的产生过程与债权的生成过程相近,但其实际的属性却已经具备了物权的各项特征,并且其物权化成为了政策和实务的需求;从应然的角度来说,

---

〔1〕 高飞:《农村土地“三权分置”的法理阐释与制度意蕴》,载《法学研究》2016年第3期。

〔2〕 高海:《论农用地“三权分置”中经营权的法律性质》,载《法学家》2016年第4期。

它应当具有物权的属性，但是从立法论的角度，又不宜将其纳入物权体系。因此，针对这一情况需要将其界定为一种全新的具有高度物权化属性的财产权利。

二、承包土地经营权抵押实施依据不明

（一）立法现状与政策突破

1995 年制定的《担保法》中即对农地抵押进行了不同类型的规定：明确禁止以家庭承包方式取得的土地承包经营权的抵押，但允许以招标、拍卖、公开协商等方式取得的四荒地的土地承包经营权进行抵押。《农村土地承包法》亦传承了《担保法》的分类方式，在第 32 条中规定："通过家庭承包取得的土地承包经营权可以依法采取转包、出租、互换、转让或者其他方式流转"，在第 49 条中规定："通过招标、拍卖、公开协商等方式承包农村土地，经依法登记取得土地承包经营权证或者林权证等证书的，其土地承包经营权可以依法采取转让、出租、入股、抵押或者其他方式流转。"《农村土地承包法》虽然将承包土地分为两类，但是在其权能限制上并没有明显的区别或者说没有对以家庭承包方式取得土地承包经营权施加额外的限制。而 2007 年出台的《物权法》又进一步明确地限制了以家庭承包方式取得的承包土地经营权的抵押权能。立法采取此种安排的原因在于以家庭承包方式取得的土地承包经营权承载着一定的生产、生活保障功能，虽然抵押行为本身不会导致土地流转，但是一旦抵押权实现，农民失地的可能性极大，基于目前农民对土地的依赖程度相对较高，且农村社会保障制度还十分不完善，如果在当前农村产权制度安排的环境下允许承包土地经营权抵押势必会造成对农村社会稳定的威胁。但是，随着农业现代化的不断发展，适度规模经营不断推进，农村社会的融资需求不断增大，在这种两难境地之下，"两权分离"的模式已经不能很好地发挥作用了，"三权分置"应运而生。"三权分置"使得土地经营权摆脱社会保障功能，成为可以独立发挥经济权能的一项权利。农地经营权的抵押既不会使农民永久失地，又提升了农地的融资能力，可谓是兼顾了农民权益与农业发展。因此，允许农地经营权的抵押意义重大。

2008年,党的十七届三中全会通过的《中共中央关于推进农村改革发展若干重大问题的决定》,提出建立现代农村金融制度,扩大农村有效担保物范围。2009年,人民银行、银监会《关于进一步加强信贷结构调整促进国民经济平稳较快发展的指导意见》,提出有条件的地方探索土地经营权抵押贷款。2010年,中国人民银行、银监会、证监会、保监会联合印发的《关于全面推进农村金融产品和服务方式创新的指导意见》提出探索开展相应的抵押贷款试点。2013年,中共中央的《决定》,赋予农民土地承包经营权抵押、担保的权能。同年,《国务院办公厅关于金融支持经济结构调整和转型升级的指导意见》中还明确提出探索开展大型农机具、农村土地承包经营权和宅基地使用权抵押贷款试点。2014年中央一号文件指出:在落实农村土地集体所有权的基础上,稳定农户承包权、放活土地经营权,允许承包土地的经营权向金融机构抵押融资。2015年,《两权抵押指导意见》提出要稳妥有序开展"两权"抵押贷款业务。同年,《全国人民代表大会常务委员会关于授权国务院在北京市大兴区等232个试点县(市、区)、天津市蓟县等59个试点县(市、区)行政区域分别暂时调整实施有关法律规定的决定》发布,全国232个试点县(市、区)被纳入农村承包土地的经营权抵押贷款试点。2017年12月31日前,试点区域暂时调整实施《物权法》《担保法》关于集体所有的农地使用权不得抵押的规定,在防范风险、遵守有关法律法规和农村土地制度改革等政策的基础上,赋予农村承包土地的经营权抵押融资功能。

根据调研情况可以发现:各地对农村承包土地的经营权抵押展开了大胆的探索之旅。2017年,两权抵押试点即将结束,各地的试点工作进入收官阶段。挑选具有代表性的试点地区并对其经营权抵押发展情况进行梳理,我们将直观了解经营权抵押试点政策突破的大致进程。这里我们挑选了四个具有代表性的试点地区,分别是安徽省宿州市埇桥区、安徽省金寨县、重庆市、西安市高陵区。

作为农村产权改革的先驱力量,重庆在"三权分置"土地产权结构改革及土地经营权抵押方面也对现行法律作出较大的突破。2011年重庆市出台《重庆市农村土地承包经营权、农村居民房屋及林权抵押融资管理办法(试行)》(以下简称《重庆市抵押融资办法》)明确允许重庆市范围内的借款人以自身或第三人所有的土地承包经营权作为抵押融资工具,突破了现行法的禁止性规定。同年出台的《重庆市高级人民法院关于为推进农村金融服务改革创新提供司法保障的意见》(以下简称《重庆市高院意见》)第 9 条进一步明确规定:审理涉及土地承包经营权抵押纠纷案件时,当事人依照《重庆市抵押融资办法》设定的抵押权,人民法院应当认定有效。2015 年重庆市多地区被纳入经营权抵押试点范围,2016 年出台的《重庆市农村承包土地的经营权和农民住房财产权抵押贷款试点工作方案》对经营权抵押作出总体规划,重庆市各试点地区纷纷作出响应,2016 年 7 月重庆市潼南区出台《潼南区农村承包土地经营权抵押贷款试点工作方案》对潼南区经营权抵押试点工作作出具体规划,对经营权抵押的权属管理、抵押登记、价值评估、流转交易、抵押处置、风险分担、法律保障等多方面问题作出相对较为详细的规定。

2015 年,安徽省宿州市出台《农村土地流转经营权证登记管理办法》,向流转土地面积在 100 亩以上,且流转合同规范、流转期限在 5 年以上的新型农业经营主体和大户登记颁发《农村土地流转经营权证》。并制定《埇桥区农村土地流转经营权抵押登记暂行办法》,明确了通过流转方式取得农村土地承包经营权,只要产权关系清晰即可进行抵押贷款登记,使“三权分置”成为现实可行的政策,充分发挥出土地的使用价值与交换价值。埇桥区人民政府发布《关于开展农村土地承包经营权抵押贷款的实施意见》,将经营权抵押贷款的用途明确限制在农业生产,在强调对经营权抵押登记的同时,利用政策性保险及国有融资担保公司对抵押风险防控作出具体的规划。

安徽省金寨县在《金寨县关于开展农村承包土地的经营权和农民住房财产权抵押贷款试点工作实施方案》中对农地经营权抵押的处置问题作出规划,提出建立完善的收储制度以降低银行信贷风险,在监管方面提出落实差异化的监管政策。在《金寨县农村“三权一诚”抵押贷款实施方案》中提出“以搞活农村‘三权’为支点,以打造金融生态为目的,以完善配套政策为保障”的口号,对贷款方式、贷款对象、条件及用途、贷款操作流程、贷款承办机构、贷款时限及不良资产处置等内容作出规定,并将贷款人的个人信用作为重要的考量因素。

西安市高陵区的两权抵押试点政策实现了金融机构与农户之间有效衔接，在《西安市承包土地经营权抵押试点管理暂行办法》与《西安市农村产权抵押贷款风险补偿基金管理办法（试行）》中创新性地提出了担保基金、风险基金、政策保险三道“安全阀”，给金融机构吃下一记“定心丸”。

各地在探索经营权抵押试点过程中，都不同程度地对中央政府出台的规则作出变通，这些实践上的突破，是农地经营权抵押制度发展完善的源泉。

（二）法律限制性与政策多变性

从上述的立法现状与政策突破情况不难发现，三权分置农地产权改革施行至今，农地经营权抵押的主要依据来自中央层面或者地方层面的政策性规范以及部分非常有限的试点地方的地方性法规与规章，从某种程度上来说，缺乏具有普遍适用性法律规范的指导，或曰缺乏立法依据，使建立在这类政策性规范基础之上的承包土地的经营权抵押制度存在法律效力瑕疵。[1]《物权法》与《担保法》均从允许和禁止两个方面对抵押物的范围作出了较为详细的规定。这些规定在维护我国基本的经济制度、维护社会主义市场经济的发展、保障人民的基本权益等方面发挥着重要的作用。其中有关禁止抵押财产的规定主要是基于公共利益与社会政策考量。以家庭承包方式取得的土地承包经营权是法定的禁止抵押的财产，而本书所称的农地经营权即派生于土地承包经营权，以“农地经营权”不是“土地承包经营权”为由而规避这种禁止性规定的观点无疑是一种诡辩。[2] 因此，农地经营权在现行法律语境下属禁止抵押的财产。如果未来需要在全国范围内实行土地经营权抵押制度，那么在抵押结束前势必需要制定或者修改相关的法律规定，通过法律的形式明确赋予农地经营权抵押权能，使得农地经营权抵押制度可以在全国范围内有效的运行。从司法角度来看，一旦发生有关于农地经营权抵押的纠纷则会出现欠缺司法裁判依据的现象。因为政策性规范不能作为司法裁判

---

〔1〕 朱继胜：《论“三权分置”下的土地承包权》，载《河北法学》2016 年第 3 期。

〔2〕 高圣平：《承包土地的经营权抵押规则之构建——兼评重庆城乡统筹综合配套改革试点模式》，载《法商研究》2016 年第 1 期。

的依据，而法律对此又未作出具体规定，这将造成司法裁判困境，并可能导致抵押权人的权益得不到保护，商业银行作为抵押权人的权利不能实现，进而打击金融贷款的积极性，最终造成对农村金融发展的严重制约。

政策具有灵活多变、适应时势的特点，这也是政策区别于法律的一大优势，但是良好的适应性将会对其稳定性作出一定程度的牺牲。不仅如此，各地由于发展水平的不同及实际情况的差异，试点政策的规定各不相同。仅从农地经营权设立的有关规定来看，我们的调研地区就进行了不同的规定，重庆市规定经原承包户同意抵押的农村土地流转合同及农村产权流转交易鉴证书是抵押权设立的条件，对设立抵押权的程序也作出了具体的规定，而安徽省宿州市埇桥区则规定农村土地流转经营权证是设定抵押权的条件。[1]各地政策的差异还表现在其他很多方面。目前各地的政策均是针对本地区的具体问题而设计的，具有浓厚的地方主义色彩，在全国范围内不具有普适性，各试点地区由于自然地理环境、经济发展水平及改革经验积累程度的差异，所设定的两权抵押规则主要针对本地区的实际情况，存在参差不齐的现象，农地经营权抵押规则的不统一加大了其全国范围内施行的难度。

另外，政策的不稳定性将对农地经营权抵押造成不利影响。我们可以参考浙江省之前在城乡建设用地增减挂钩试点方面的经验。浙江省在试点过程中由于耕地补偿能力的不足，为缓解本地区的耕地占补平衡压力，创造性的实施了基本农田“异地代保”政策，而此项政策在实施过程中被中央政府的一纸文件叫停。另一个鲜活的案例则是重庆市“股田制改革”，重庆市为探索农地承包经营权出资入股作出巨大的努力但最终却遭到了中央的反对，致使前期的工作成果都付诸东流。我们不难发现，试点政策在运行过程中被叫停的风险较大，中央叫停相关政策确实是基于大局的宏观考量，从目的和结果上来看是有利于社会整体发展与稳定的，但是这些理由并不能掩盖政策的不稳定、不连续的事实。而政策的不稳定性在经营权抵押问题上的弊端尤

---

〔1〕 参见《重庆市农村土地承包经营权、农村居民房屋及林权抵押融资管理办法（试行）》《安徽省宿州市埇桥区关于开展农村土地承包经营权抵押贷款的实施意见》。

为明显，主要原因在于抵押权在设立之后并不会马上实现，甚至抵押权的实现与设立可以间隔很长的时间。抵押权的设立与实现之前存在的时间差表明了抵押权对稳定性的要求，因为政策的变动可能会致使抵押权不能有效实现，金融机构作为市场经济主体出于趋利避害的心理会逐步降低在农村金融方面的积极性。

三、承包土地经营权抵押权设立障碍

（一）抵押权的设立需经承包方或发包方的同意存在不合理性

《农村承包土地的经营权抵押贷款试点暂行办法》（以下简称《试点暂行办法》）规定：承包土地的经营权人向金融机构申请贷款的必备条件之一是“承包方同意承包土地的经营权可用于抵押及合法再流转”。实践中，试点地区也纷纷遵循这一规定，例如重庆市在对承包土地的经营权进行抵押的必要前提之一就是提供经过承包户同意抵押的流转合同或者交易鉴证书；安徽省宿州市埇桥区的农地经营权抵押必须事先经过作为发包方的村集体经济组织和作为承包方的农户的同意并由村委会出具证明。这一做法传承于2005年出台的《中华人民共和国农村土地承包经营权流转管理办法》中“受让方将承包方以转包、出租方式流转的土地实行再流转，应当取得原承包方的同意”的规定。[1] 其背后的理念主要是基于农地承载着复杂功能的考量。新型农业经营主体通过与土地承包经营权人签订合同获取农地经营权，是不改变农地用途情况下对农地的占有、使用、收益权利，农地经营权抵押经发包方或者承包方同意是发挥土地承包经营权对经营权的监督和约束功能，是为了实现对承包权人，即将经营权流转出去的农民的利益保护。但是这样看似是维护了土地承包经营权人的利益，但无论是在法理还是政策导向方面都不甚合理，应予修订。

1. 与经营权的权利属性不相符

农地经营权是高度物权化的新型财产权利，具有物权的属性，物权具有

---

〔1〕 张云：《成都农村产权确权后土地经营权抵押融资的实证研究》，载《西南金融》2015年第9期。

对世性和排他支配性，即物权人行使权利时不被他人干涉亦不需要来自他人的同意，而在物权上设立抵押权是典型的处分行为，因此经营权在设立抵押过程中不应受到过度的限制。农地经营权虽然派生于土地承包经营权，但其一经设立就与土地承包经营权相分离而成为一项独立的权利，而且从制度设计上来看这一权利是具有物权属性的（如果将经营权认定为债权，则经营权抵押需转换成经营权质押），如果抵押权的设立需要发包方和承包方的同意，那么经营权人所享有的权利实际上是一种不完整的物权，违背了农地"三权分置"政策的初衷。现行制度的设计可能是受到债法中债务转移规则的影响，将经营权理解成一种债权从而选择适用债权规则。另外，这一设计也有对于经营权以物权形式转让将会影响其社会保障功能的隐忧。但无论出于何种目的，这一做法都与农地经营权的权利属性不相匹配。

2. 与合同相对性原则相悖

经营权的取得一般情况下是基于经营权流转合同，抵押权设立的条件之一是订立抵押合同。而合同的相对性是其具备的一个重要特征。承包土地的经营权是基于新型农业经营主体与土地承包经营权人签订经营权流转合同，而承包土地的经营权抵押权是基于承包土地的经营权人与接受抵押的金融机构之间签订的抵押合同，这两个合同是相互独立的存在，因此流转合同仅能对土地承包经营权人与经营权受让人产生约束，而抵押合同的效力则仅及于抵押人与抵押权人，合同的相对性是指合同仅在合同当事人之间发生拘束力，合同的相对性体现在主体、内容及责任等各个方面。[1] 首先，从主体上来看，农地经营权抵押权的设立发生在抵押人与抵押权人之间，抵押权人与土地承包经营权人并无直接关联，因此，抵押权人的抵押权也不应当受到来自土地承包经营权人的约束与干涉。其次，从合同的内容上来看，抵押合同是抵押人与抵押权人之间的合意，合同的内容也是对自己所享有的经营权的一种处分，显然是一种有权处分。另外，农地经营权抵押权的实现并不会造成对土地承包经营权的侵害，土地的用途不会发生改变，且农地经营权具

〔1〕 王利明：《论合同的相对性》，载《中国法学》1996 年第 4 期。

有一定的期限,一旦到期,设立于其上的抵押权也就随之消灭,农地上的权利将恢复到承包经营权的圆满状态。最后,从合同的责任上来看,经营权抵押人在无力还款时,抵押权因此实现,受让人取得农地经营权,抵押权人取得的经营权并不会超过原有的经营权,承包方和发包方的责任并未因此加重。

3. 与"三权分置"政策内涵不符

"三权分置"的基本方向是落实集体所有权、稳定农户承包权、放活经营权,而放活经营权是"三权分置"的关键。[1] 放活经营权的内涵一方面在于要鼓励符合条件的承包地以多种形式流转,发展适度规模的农业产业化经营,实现土地资源的优化配置,充分利用农村土地的使用价值,另一方面在于赋予土地经营权抵押担保权能,允许农地经营权人以其经营权融资,充分发挥农村土地的交换价值,满足现代农业的资金需求。"三权分置"使农民拥有了更完整、更有保障的转让权,市场竞争机制也使农民转让权的价值得以真实的体现。对土地经营权抵押的限制无疑违背了放活经营权理念。经营权从土地承包经营权中剥离出来时土地承包经营权所负载的功能随之分离,经营权不再负担土地承包经营权上的政治治理功能与社会保障功能,而仅仅负担经济效用功能。农地经营权的这一设计是为了使其摆脱农村土地成员权的限制,实现真正的市场化运作模式,农地经营权的流转应更加贴近市场化的流转模式,即农地经营权人在依法从土地承包经营权人处取得经营权之后,完全自由的享有对经营权的占有、使用、收益权限,农地经营权抵押是权利人按照自己的意愿处分权利的行为,如果仍然需要来自发包方或者承包方的同意,是对土地经营权自由流转的严重限制,如果抵押权的设立需要发包方或者承包方的同意,那将经营权从土地承包经营权中分离出来则不再具有任何意义,这无疑是一种对政策理念的公然违背。

(二)抵押权设立登记纳入不动产统一登记存在障碍

1. 农地经营权确权登记规则不健全

哪些不动产上的权利能够设立抵押,与该权利是否具有不动产登记能力

---

〔1〕 孙宪忠:《推进农地三权分置经营模式的立法研究》,载《中国社会科学》2016 年第 7 期。

有关，无论是动产抵押、不动产抵押还是权利抵押，他们所进行的登记都是在作为不动产、动产、权利等抵押财产本身已经进行登记的基础之上进行的。如果被抵押的权利本身无法予以登记，那么在其上设定的抵押权也无法进行登记。[1] 因此，农地经营权抵押登记的前提是承包土地经营权的登记。

因此，首要问题是农地经营权的确权登记问题。由于土地经营权的确权建立在土地承包经营权确权的基础之上，有必要对土地承包经营权确权工作进行进一步的完善与细化，以保障土地经营权确权颁证工作的顺利进行。目前土地承包经营权确权颁证工作已基本完成，农业部从2009年组织开展试点，经过四个阶段，至2016年，全国开展土地承包经营权确权的县有1988个，涉及1.3万个乡镇、19.5万个村、3.3亿亩承包耕地。[2] 但在确权工作中存在土地四至边界不清，农户由此引发矛盾冲突多，难以解决纠纷，确权工作步履维艰，登记土地四至边界数据时不易衡量，没有精确的参照物为标准等问题。[3] 而《物权法》中明确规定，所有权、使用权不明或者有争议的财产是不得设立抵押的，因此，这一技术问题将会是农地经营权抵押制度构建的重要关隘。

根据《农村土地承包经营权登记试点工作规程（试行）》（农办经[2012]19号）文件的规定，土地承包经营权登记簿是以户为单位，多个承包地块一并登记，采取人的编成主义编制土地承包经营权登记簿。由于承包土地具有细碎化的特点，采取这一模式能够降低编制成本，且编制体例更为简明，避免一户持有多个证书。但由于农地“三权分置”政策的施行，需要在土地承包经营权之上设立农地经营权，并对农地经营权确权颁证。以户为单位的土地承包经营权编制体系显得不合时宜，土地经营权如采取人的编成主义将会使

---

[1] 李晓聪、安菁蔚、任大鹏：《家庭承包之土地承包经营权抵押中的法律问题》，载《农业经济问题》2015年第4期。

[2] 农业部：《就土地承包经营权确权登记颁证试点等情况举行发布会》，载中华人民共和国国土资源部：http://www.mlr.gov.cn/xwdt/bmdt/201503/t20150302_1344123.htm.，最后访问日期：2017年9月23日。

[3] 课题组在2015年赴安徽省金寨县、2016年赴安徽省宿州市调研过程中，地方政府在座谈会的过程中提出土地承包经营权确定颁证工作存在的一系列问题。

确权登记失去公示的价值。特别是在部分山区,地块细碎化现象明显,抵押权人在查询某一地块上的经营权是否存在抵押时存在较大的障碍。考虑到由于土地承包经营权的确权工作已基本完成,在短时间内对其进行重新调整的可能性也不大,因此在农地经营权登记过程中要注意吸取相关经验教训,实现农地经营权登记编制体系与不动产登记编制体系的有效衔接。

当前农地经营权暂未被《不动产登记暂行条例》明确纳入不动产统一登记的范畴,同时其也不属于《不动产登记暂行条例》第5条兜底规定的"法律规定需要登记的其他不动产权利"。尽管《两权抵押指导意见》提出"探索对通过流转取得的农村承包土地的经营权进行确权登记颁证"的要求,但是实践中仅有少数试点地区开展了经营权确权登记颁证工作。加之经营权权属证明的效力未知,贷款银行对其认可度将会直接影响经营权抵押的活跃度。根据2015年的调研数据显示:宿州市根据省委、省政府的要求,实现了埇桥区占总面积85%以上的土地承包经营权的确权工作,确权面积已达220.3万亩,已达总测绘面积243万亩的85%以上。但是按预计土地承包经营权发证应发证数为29万本左右,目前实发不到5万本。农村土地流转经营权证自2015年10月初启动,发证对象主要是100亩以上的流转大户,目前发证数量不到20本。可见,试点地区经营权确权登记的实际情况堪忧。

农地经营权确权登记是浩大的系统工程。参考土地承包经营权确权工作的进程,土地经营权登记颁证工作同样需要投入大量金钱与精力。但是确权颁证工作是经营权抵押设立的前提条件,是一项意义重大且不可或缺的工作。

2. 试点地区针对抵押设立登记规则不统一

通过调研及对试点地区规范性文件的整理,我们发现试点地区关于农地经营权抵押设立登记的规定存在较大的差异。有些地区没有针对农地经营权抵押登记作出具体的规范,有些地区虽然出台相应的规范,但并没有将农地经营权抵押登记纳入不动产统一登记,也没有将登记作为设定抵押的必要条件。我们在调研过程中发现安徽省金寨县出台了《金寨县农村承包土地的经营权抵押贷款管理办法》,对农地经营权登记作出了规范,并采用了登记生效要件主义原则,但规定登记机关为县农村金融发展委员会而非县不动产登记机构。此外,我们检索到的出台关于农地经营权抵押设立登记规范的地区仅有 24 个,且大部分地区均将农业部门设立为抵押权的登记机构,且在相应的规范性文件没有对登记生效主义作出具体规则。

将农地经营权界定为一种高度物权化的财产权利,表明农地经营权具有物权的属性,农地经营权派生于土地承包经营权,其性质在《物权法》上与用益物权相近。而用益物权的抵押是一种权利抵押,这种抵押权被称为权利抵押权,亦称准抵押权,它是在权利上设定的抵押权。能够设立抵押权的民事权利必须符合以下两个条件:其一,必须是不动产上的用益物权以及特许物权。债权、股权、知识产权等只能作为质权的标的物。其二,即便是不动产上的用益物权以及特许物权也并非均能设立抵押权,只有那些法律允许设定抵押权的,才能抵押。[1]

对权利抵押权的客体范围的限制的原因主要在于物权的客体原则上是有体物,即动产或者不动产,权利通常不能作为物权的客体,除非法律另有规定。农地经营权作为一种政策衍生的新权利,自不属于《物权法》第 180 条第 1 款第 1 ~ 6 项规定的抵押财产,只能将其划入该款第 7 项"法律、行政法规未禁止抵押的其他财产"之列。《物权法》未对"法律、行政法规未禁止抵押的其他财产"设定抵押权的公示效力模式进行规定。《物权法》第 2 条第 3 款规定了所有权、用益物权和担保物权为物权的三大类型,根据《物权法》的规定,我国已形成登记生效和登记对抗的二元物权变动模式。根据《物权法》第 187 条的规定,采登记生效要件主义的抵押物主要包括"建筑物和其他土地附着物"、"建设用地使用权"、"以招标、拍卖、公开协商等方式取得的荒地等土地承包经营权"和"正在建造的建筑物"。我国立法对非因家庭承包方式取得的土地承包经营权抵押采取的是登记生效要件主义原则,家庭承包方式取得的土地承包经营权除受法律限制不能抵押以外,具有与非因家庭承包

〔1〕 程啸:《担保物权研究》,中国人民大学出版社 2017 年版,第 196 页。

方式取得的土地承包经营权相同的属性,而农地经营权派生于承包土地经营权,因此土地经营权抵押适用登记生效要件主义具有逻辑上的连贯性,在民众可接受性方面亦不存在难以克服的障碍。采取登记生效主义的主要目的是维护交易安全。登记使该不动产上的权利状态及内容明确化。可见,登记生效主义提供的是一种形成不动产物权变动的激励。其作用机制相较于登记对抗主义更为完善。

我国目前正在践行不动产统一登记制度,由于我国土地的所有权归属于国家或者集体经济组织,在土地上设定的使用权如建设用地使用权、土地承包经营权等并非单纯的用益物权,其权利内容包含一部分所有权的属性。因此,这些权利可以被纳入不动产统一登记的范畴之中。在实践过程中,根据房地一体的原则,建设用地使用权抵押实际已经被纳入不动产统一登记。派生于土地承包经营权的农地经营权抵押权的设立也应当被纳入不动产统一登记。

四、承包土地经营权抵押权实现困难

抵押权的实现关乎抵押目的的实现,当抵押人不履行到期债务或者出现抵押权实现的条件时,债权人需要通过抵押权的实现来清偿债权。抵押权实现的实质是抵押权的变价权与优先受偿权的实现。

农地经营权抵押权的实现困境将会导致贷款银行资金的流失,从而对农村金融的积极性与稳定性造成不利影响。农地经营权抵押仍处于探索阶段,抵押权的实现机制并没有完全建立,存在法定抵押权实现方式难以适用和创新抵押权实现方式未能衔接的两难境地。

(一)法定的抵押权实现方式难以适用

我国现行法律规定了三种抵押权的实现方式:(1)以抵押财产折价;(2)拍卖抵押财产;(3)变卖抵押财产。然而,《物权法》第195条规定的三种抵押权实现方式在农地经营权抵押权的实现中均存在适用困境。

首先,所谓"折价"就是通过协商,由抵押人将抵押财产的所有权或者使用权转移给抵押权人以抵偿债务。但是商业银行作为融资机构,并非合法的农地经营权受让主体,在“三权分置”背景下,农地经营权虽然从土地承包经营权中分离出来成为独立的权利,但是农地经营权的基本要求是不能改变土地的用途。我国是农业大国,为维持粮食产量,实行严格的土地用途管制制度,即严格控制耕地的非农转用。因此,农地经营权的受让主体只能依据原先的土地用途对土地加以开发利用,农地经营权人的经营权被严格限制,而商业银行一方面受其设立目的的限制,不能行使农地经营权;另一方面,即便法律允许商业银行经营农地,开展相关的农地经营活动需要大量的技术与人力投入,商业银行薄弱的农业生产经验将会降低农业生产效率,商业银行精力的分散也将对其本职工作效率造成不利影响。

其次,关于拍卖和变卖抵押财产的方式,拍卖和变卖是将抵押财产卖给第三人,再以其卖得价金优先偿还抵押权人。但从实际操作来看,拍卖、变卖方式与现实情况相悖。经营权抵押权之所以会实现,是因为经营主体在农地经营过程无法获得收益或者获得的收益甚微不足以偿还贷款,在发生旱涝等自然灾害时,农业经营主体无法通过农业生产获得经营收益,其他主体在流入农地经营权时将会有较大的顾虑,担心自己因为相同的原因不能扭转农地亏损的现状。出现这一情况的主要原因在于农业生产易受到自然环境的影响而且这种影响有时是决定性的。自然因素影响对于每一个经营主体的打击都是致命的。农业高风险使农业不同于一般产业,在农业技术水平还不成熟的今天,很多生产经营主体在进军农业时都遭遇了巨大的挫折,我们在安徽省金寨县调研的过程中发现很多资金投入农业后血本无归的实例。加之我国实施严格的土地用途管制制度,农地经营权抵押权的实现不能改变土地的用途。这就要求通过拍卖、变卖方式获得农地经营权的主体不得改变土地用途,仍需在受让的地块上进行农业生产活动。这一要求将农地经营权的受让主体严格限制在从事农业生产经营的范围之内。但不容忽视的事实是一旦出现自然灾害问题,大量农地经营权抵押实现,规模经营农户将难以消化大量需流转的农地经营权。农地经营权的市场价值可能因此出现大幅度的降低,变现抵押物获得的价款可能远低于设立抵押时的估值。

(二)试点地区创新性抵押权变现方式缺乏实现可能性

为解决法定抵押权实现方式不能有效运作的困境,《两权抵押指导意见》"允许金融机构在保证农户承包权和基本住房权利前提下,依法采取多种方式处置抵押物……"并且《试点暂行办法》进一步提出了贷款重组、按序清偿、协议转让、交易平台挂牌再流转等多种处置抵押物的方式。

相关试点地区对此积极作出回应,提出了一系列富有创造性的抵押权实现机制。《安徽省人民政府关于开展农村承包土地的经营权和农民住房财产权抵押贷款试点的实施意见》中提出通过挂牌流转以及专设机构收储的方式来处置抵押物,《重庆市农村承包土地的经营权和农民住房财产权抵押贷款试点工作方案》中将整合出租、挂牌转让、再流转等处置方式作为创新性的抵押权实现机制。

在政策的鼓励下,试点地区的积极探索为抵押权的实现带来了新鲜的血液,重新激活了农地经营权抵押贷款的积极性。但是在对试点地区的立法与政策性文件整理工作中,我们发现这些创新机制大多是一些原则性的规定。由于目前农地经营权抵押权实现尚未出现实例,各试点地区对于抵押权实现时可能出现的情况没有作出理性的预计。收储机制的构建、收储基金的到位及挂牌流转的实施均处于简单的文本状态。从大量的新闻报道中,我们发现社会公众对于农地经营权抵押权实现抱有怀疑,这也从另外一个层面说明了当前有关农地经营权抵押权实现的创新性探索没有落到实处,无法获得社会公众的肯定。

挂牌流转实现农地经营权抵押权需要通过农村产权交易平台来实现。因此,农地产权交易平台的完善与否对挂牌流转的影响是决定性的。此外,政府监管力度的掌握也对挂牌流转产生诸多影响,政府的过度监管与干预将会影响交易主体的积极性,而政府监管力度的不足也将造成挂牌交易市场的混乱、价格机制的失灵。在没有对上述问题作出统筹安排之前,创新性的挂牌流转机制是不可能实现的。

根据上文的论述,不难发现仅寄希望于市场消化土地经营权是不可行的,收储机制显得十分关键,这一机制从理论上来看能够有效解决经营权抵押权实现的问题,但是收储机制的构建并非一朝一夕可以完成。配套机制的有效性和可行性还需要不断的调整完善。且收储机制可能导致政府权力滥用,出现权力寻租现象。从土地储备制度中我们不难发现土地储备在某种程度上逐步沦为了政府垄断土地市场的工具,那么,在土地经营权收储过程中,政府可能也会出现为追求地方政绩,将经营权收储机制变为政府控制市场的工具,经营权流转将完全掌握在政府手中,土地承包经营权人与新型农业经营主体将沦为政府控制经营权的傀儡。

第二节 承包土地经营权抵押配套制度障碍

一、缺乏完善的农地产权交易平台

明晰产权界定,扩大产权流转范围,建立多样的产权交易市场,是实现资源配置效率最大化的重要手段。结构合理的农村产权交易平台将加快实现农村产权流转交易市场的构建与完善。农地产权交易平台一方面便利了承包土地的经营权流转,另一方面也为农地经营权抵押权的实现提供了流转平台。因此,完善的农地产权交易平台构建承包土地的经营权抵押制度不可或缺。

(一)农村土地产权交易平台的构建现状

自全国首家农村产权综合性交易所——成都市农村产权交易所成立之后,全国各地相继成立了多家农村产权交易所。我国已逐步建立起“省县乡”三级农村产权交易平台。[1] 安徽省人民政府在《关于开展农村承包土地的经营权和农民住房财产权抵押贷款试点的实施意见》中提出建立多级联网农村土地产权交易平台,支持以各种合法形式流转的承包土地经营权用于抵押。[2] 各地区为活跃农村资本市场,实现“两权”的抵押流转都在构建农村

---

〔1〕 中国农业银行湖北省分行课题组、朱正罡、黄利荣:《中国农村产权交易所运作模式比较研究——基于农村产权抵押融资的视角》,载《农村金融研究》2014年第6期。

〔2〕 洪曙光:《安徽建立多级联网农村土地产权交易平台》,载《中国国土资源报》2016年1月22日,第2版。

土地产权交易平台方面作出积极的思考与探索,农村土地产权交易平台的构建与发展正在如火如荼地进行。

从中部地区的发展情况来看,仅有湖北省与安徽省两地建立了相对完善的农村土地产权交易三级平台。山西、河南与江西三地的农村土地产权交易平台处于起步阶段,层级结构尚未完善。而湖南则处于最为滞后的状态,仅建成岳阳农村综合产权联合交易所。[1] 这一情况表明多级交易联动的农村土地产权体系尚未建立,农村产权交易平台的区域发展存在较大的差异。

另外,根据安徽省与湖北省农村统计年鉴的数据,农村产权交易平台的交易量没有呈现出明显的上升趋势。这说明农村土地产权交易平台的推进进程并没有预想中的那样顺畅。

(二)农村土地产权交易平台存在的问题

农村土地产权交易平台科学有效的运行是其发挥作用的重要前提。就目前的情况而言,我国的农村土地产权交易平台尚处于探索阶段,存在诸多的问题。这些问题严重地制约了土地产权的市场流转,也制约着承包土地经营权抵押的实现。

首先,农村土地产权交易平台的性质及法律地位在全国范围内没有统一的标准。有些地区将其设定为事业单位,有些地区则选择了企业法人的模式,且其究竟是由市场自律监管还是在政府监管之下运行尚无定论。明确农村土地产权交易平台的性质及法律地位是十分有必要的,不但有助于明确农村土地产权交易平台在土地经营权抵押融资中的地位,而且为土地经营权抵押融资实践的进一步规范提供理论指导。从目前成都及武汉等地的实践来看,土地产权交易平台采取的是现代公司管理模式,具有非营利性法人的性质,但是土地产权交易平台并非是自由竞争市场机制之下自主自发产生的机构,至少成都与武汉地区土地产权交易平台的构建主要来自政府的推动,土

〔1〕 李雪松、李婷婷、张雨迪:《中部地区农村产权交易平台交易指数的测算》,载《统计与决策》2017 年第 11 期。

地产权交易平台表面上表现出企业法人的形态,但实质上却是由政府主导的,这一状态使其处于一种“似是而非,进退两难”的处境,土地产权交易平台既不能够像真正的非营利性企业法人一样,敏锐地跟随市场的发展状态调整自己的适用范围,实现盈利以扩大其发展规模;又不完全等同于行政管理机关或者行政授权机构享有行政权限,对市场主体有一定的强制管理权力。这种法律属性界定不明的混乱状态是农村土地产权交易平台不能有效发挥价值的重要原因之一。

其次,目前农村土地产权交易平台的市场化程度不高,市场成熟度有待进一步提高。目前,土地产权的流转主要集中在县域范围之内,有些地区虽然已经建立起三级的农村土地产权交易平台,但土地产权流转的范围至多被扩展到省域范围内,且省域范围内的农村土地产权流转交易尚未取得主流地位。交易范围的狭窄导致市场机制的优势得不到有效的发挥,仅从土地经营权流转的角度,我们不难发现:县域范围内的市场吸纳能力较弱,市场购买力不强,这将会导致流入市场的土地经营权不能有效地转出,土地经营权的市场囤积将会影响其融资功能的发挥。而国家为保障市场的运行,在交易形式不景气的情况下,需要对土地经营权进行收储。在此种情况下,由于交易范围狭窄导致的土地经营权流转不畅,将会加重收储机制的负担。不仅如此,由于各地经济发展水平的差异,新型经营主体发展情况的不同,对土地经营权的需求也存在差异,这一差异将反映在土地经营权的价格之上,经济发达地区的土地经营权价格将远高于经济欠发达地区的土地经营权价格,这一差距将成为扩大地区发展水平差距的帮凶。

最后,农村土地产权交易平台存在规范性差、监管不到位的问题。农村土地产权的资本化处在起步阶段,各地的探索存在各自为政的情况。一方面,农村产权交易平台的运行程序不规范。目前,出台专门的农村土地产权交易平台管理规范的地区寥寥无几,对于哪些情况下需要通过平台交易及交易的具体方式各试点地区均没有作出统一规定。时至今日,私下的土地产权交易仍然大量存在。且大量的土地产权流转没有依法订立合同,或者订立的合同随意性较大,内容过于简单,在后续出现纠纷时不能为纠纷的解决提供有效的依据。另一方面,市场与政府对其监管不到位。农村土地产权交易平台的监管主要分为事前、事中及事后监管。事前监管主要是制定相关的监管法律规范,为交易主体提供行为准则及对相关交易主体进入市场的资格进行审查,保证参与市场交易的都是适格主体。[1] 这一部分应由市场与政府共同发挥监管职责。事中监管主要是对流转交易的过程进行监管,包括对合同订立、交易流程等方面监管。这一部分的监管力量应主要由市场发挥。事后监管则是指对流转交易完成后土地产权利用情况的监管,这一部分的监管则需要政府出面。交易平台受到来自市场与政府两方面的监管,由于多重监管机制的不完善,市场监管与政府监管的分工不明晰。有关价格机制方面的调控与监管应当是以市场力量为主导的,但是在实际操作过程中,政府对于土地产权的流转价格却有着绝对的话语权,享有定价权。农地的特殊性及我国的土地用途管制制度要求农地在发生流转时不得改变其用途,但在此方面政府却没有发挥其应有的监管职能,致使出现了耕地资源流失的情况。具体到经营权抵押实现而发生经营权流转时,出现农地的非农转用,这将会造成承包农户永久地丧失耕地。政府尽其应有监管职责,但不能越俎代庖。[2]

《两权抵押指导意见》中强调:"依托相关主管部门建立完善多级联网的农村土地产权交易平台,建立'两权'抵押、流转、评估的专业化服务机制。"从上文的分析可以发现:实现抵押权的形式可以是多种多样的,而将市场机制引入抵押权的实现中无疑是高效的。土地经营权在农村土地产权交易平台上挂牌交易即是一种较为理想的抵押权实现方式。目前,许多地方建立了多种形式的农村产权流转交易市场和服务平台,但各地普遍存在平台建设滞后,供求服务、基准价格、评估机制、价格及收益增长机制尚未真正建立,交易程序不规范等问题,增加了农村产权交易平台的交易风险。这些无疑是在农村产权交易平台构建过程中应当注意的。

---

〔1〕 黄韬:《我国金融市场从"机构监管"到"功能监管"的法律路径——以金融理财产品监管规则的改进为中心》,载《法学》2011 年第 7 期。

〔2〕 陆剑、彭真明:《农村产权交易的制度建构——基于成都、武汉农村产权交易所的实证研究》,载《农村经济》2010 年第 9 期。

二、抵押物价值评估体系不健全

抵押权是对抵押标的物价值的支配权,抵押物的价值是抵押权人放款额度的依据。1995年颁布的《担保法》中明确规定对抵押物进行价值评估是设立抵押的必备环节。《物权法》更多地受到意思自治思维影响,不再将抵押物的估值作为硬性条件,但是银行在设立抵押贷款时仍然将抵押物的价值评估作为必不可少的环节。抵押过程中对抵押物进行估值是保障抵押权人合法权益的重要手段,也是增强抵押积极性与稳定性的重要方式。

抵押物的价值评估一直以来都是抵押制度理论与实践高度关注的问题。目前《试点暂行办法》规定借贷双方在对农村土地经营权进行价值评估时可以采用借贷双方协商价格、贷款人自评以及委托第三方评估机构评估等方式。前两种方式的主观性较强,作为抵押权人的金融机构可能会通过各种方式来压低农地经营权的估值以降低其贷款的风险,而抵押人为了获得融资的机会只能选择妥协,抵押主体之间的地位的不平等将会加剧压低土地经营权估值现象,最终导致新型农业经营主体不能从经营权抵押中获得合理的融资机会,农村土地产权融资的积极性因此也会遭受打击。因此只能适用于贷款额度较小的情况。协商及贷款人自评的成本相对也较小,当贷款额度不大时,处于成本的考量,采取这两种方式更为适宜。第三方评估方式是一种更为公平公正的评估方法,适用于贷款额度大的情况,但是这一方法在具体实践过程中存在两大方面的难题。

(一)缺乏客观统一的价值评估标准

首先,表现在抵押物价值评估类型的选择上,在抵押评估的实践中,以美国为代表的一部分国家坚持采用市场价值,而以德国为代表的一部分国家则坚持选择抵押贷款价值。[1] 抵押物市场价值论的观点更多的是强调抵押物的"现时担保及价值证明作用",市场是瞬息万变的,设立抵押是一种典型的

[1] 姜楠:《知识产权质押评估价值类型选择的思考——基于中小企业知识产权质押融资评估相关调查的思考》,载《中国资产评估》2013年第2期。

市场行为。因此,交易各主体应当对抵押物价值的变化承担相应的风险,商业银行在获取抵押权时需要有对风险进行评估和防控的意识。同时,对抵押物的现时价值进行评估相对来说是要易于对其他时价值进行评估的,或者说,后者在瞬息万变的市场中是难以实现的。抵押物贷款价值论的观点则更加注重抵押物的"他时价值担保及清偿功能"。抵押贷款价值是一种谨慎和具有清偿保障作用的价值。这一价值评估类型备受抵押权人的青睐,因为这一机制将能有效地防范抵押贷款的风险,但是相对来说此种价值评估类型的操作难度也是相对更大的。

其次,土地经营权作为一种权利相较于实物具有一定的抽象性,对土地经营权进行价值评估难以形成公平公正的评价体系。因为公平作为法学的基本价值之一本身就具有一定的主观性。[1] 农地资源属于特殊资源,我国是农业大国,农用地承载着社会稳定的重要使命,国家通过土地用途管制严格控制着农村土地产权市场。因此,农村土地产权交易并非完全自由的市场交易,农地经营权作为农村土地产权的重要组成部分之一,市场供求关系并不能完全决定其市场价值。而且,如果完全由市场供求关系决定土地经营权的价格,则可能会导致自然灾害条件下土地经营权的价值大幅度贬值,对新型农业经营主体造成雪上加霜的打击。因此,土地经营权市场价值的确定存在障碍。另外,农地收益受到自然环境的影响很大,气候因素,农作物的生长周期、品种等因素对某块农地上收益的影响是巨大的,相应地,土地经营权的价值是不稳定的。

最后,实践中各种评估标准五花八门,价值评估的主观随意性比较大。例如,宿州市埇桥区是以当地前三年的小麦的平均产量值乘以前三年的小麦的平均价格,得出的最终产值作为农地经营权的价值。这一价值评估方式的合理性是经不起推敲的。评价标准的不统一导致抵押权设定时,贷款人为追求利益最大化、规避贷款风险,会通过各种手段寻求能实现自身利益最大化的评估方法,对评估方法的合理性置若罔闻。而这时市场为了满足不同贷款

---

〔1〕 梁上上:《利益衡量论》,法律出版社 2013 年版,第 90 ~ 103 页。

人的评估需求，将会产生越来越多的评估方法，土地经营权价值评估标准的统一性将会越来越弱。

（二）缺乏权威性的抵押价值评估机构

目前尽管各地存在诸多价格评估公司，但是由于土地经营权抵押处于起步阶段，各评估机构很少将其纳入业务范围之内，有些评估机构虽然发现了此间的商机，但是“心有余而力不足”，根本没有能力对土地经营权的价值进行评估。如果在对土地经营权进行价值评估时根本不具有相应的专业资质，其评估出来的价值是没有任何参考意义的，甚至会造成对贷款人和放贷人的误导，因此，建立权威性的抵押价值评估机构是构建和完善经营权抵押价值评估体系的重要一环。

目前经营权抵押价值评估机构存在的问题主要有以下几个方面：

一是评估机构的专业性不足。土地经营权作为一项农地资产，有着不同于其他财产的特殊性，这就要求抵押评估机构不仅需要运用一般资产评估的理论与经验，还需要掌握有关土地经营权的专业知识，对相关法律规范谙熟于心；但是由于土地经营权作为一项新型权利，法律及制度对其规范和具体化尚存在不足，有关土地经营权评估的理论及实践经验不足，价值评估机构对技术的依赖程度较大，先进合理的评估技术手段是评估机构实现科学有效评估的重要保障，也是价值评估机构专业性的重要保证，但就目前的情况而言，土地经营权价值评估技术手段的进步还需要付出更多的努力。

二是评估机构不具有独立地位。独立地位能够有效保障其中立性与权威性。独立地位的实质是价值评估机构仅受到来自外界的监督而不受到外界的干涉，其所作出的评估报告均是基于专业性的工作得出的结论，而非上级机关或者社会舆论挟制下作出的妥协。不仅如此，一旦评估机构不能独立作出评估意见，将会导致相关利益主体采取不正当手段贿赂、要挟评估机构作出对自己有利的评估意见。目前，经营权抵押评估机构在很多试点地区仅有总括性规范，重庆市对此作出了较为具体的规范，规定土地经营权抵押价值评估由重庆兴农融资担保集团有限责任公司出资设立的重庆兴农价格评估有限公司来具体实施的，对评估机构进行详细具体规范还需要投入更多的精力。我们从调研中发现安徽省金寨县目前农地经营权抵押贷款的评估工作主要是由农委组织专家成立评估小组出具评估证明,这种具有临时性质的评估小组的独立性是得不到有效保障的。

(三)土地经营权价值评估机构监管不到位

在保持评估机构独立性的同时,市场和政府需要做好对土地经营权抵押价值评估机构的监管工作。避免由于监管缺位、管理混乱造成的评估意见不公允、无价值。有效的监管机制是制止评估机构恶性竞争造成市场低效运行的重要手段,监管机制能够弥补市场运行的缺陷,使评估机构之间形成良性竞争、共同促进的氛围。

我国目前对第三方评估机构实行的是行政许可制,评估机构既受到来自评估业协会的监管也受到行政主管部门的监管,但是主管部门与行业协会之间监管职责的划分存在混乱,主要原因在于缺乏统一的评估机构行业管理规范,由于利益的驱动,导致评估机构的"多头管理"造成评估机构工作效率和质量的下降。[1]

另外,作为放贷人的金融机构不能完全依赖第三方的评估,商业银行内部评估对第三方评估机构有着重要的制约与监督作用,能够有效防止评估报告的肆意。但从实践情况来看,由于金融机构缺乏资产评估的专业人才,内部抵押物价值评估审查人员往往被动地接受评估机构的评估结果,而评估机构表面的权威性和专业性导致金融机构对评估报告有着过分的依赖。土地经营权抵押价值评估的专业性程度与难度较之其他抵押物更是只高不低,金融机构对评估报告的过度依赖,将会导致判断能力低下的情况。

三、农业风险防范机制匮乏

农村经济因易受自然因素的影响具有天然的脆弱性及高风险性,农业经营者投资及管理能力不强且常处于信息闭塞状态,造成农户生产和经营的风

[1] 梁超:《商业银行贷款抵押物价值评估问题研究》,贵州大学商学院工商管理学2007年硕士学位论文,第17页。

险较大，这些因素使得承包土地的经营权抵押过程中面临着巨大的难题：一旦遇到自然灾害或者农产品市场波动等原因造成抵押人无法偿还贷款，这其中的风险由谁承担。无论由哪一方主体来承担都会造成对融资积极性的打击，从而致使农地经营权抵押的可持续性受到影响。健全农业风险防范机制，对于推进农地经营权抵押融资的进程有着重要的价值。我国农业风险防范机制存在的问题主要表现在以下几方面：

(一)农村金融风险隐患大

我国农村金融的发展一直以来都受到抑制，农村金融风险难以规避是其中一大重要的原因。我国农业金融风险主要表现在制度风险与经营风险两个方面。具体到农地地经营权抵押风险上来看，农地经营权抵押贷款风险的规避需要政府力量，而政府实施相关行政行为必须是在法律的严格规范之下，“法无明文规定不可为”，因此主要的制度风险来自制度缺位，农地经营权抵押需要新的法律规范对其进行有效的约束，原有的农村金融风险防范规范不能很好地契合农地经营权抵押风险的特征，相关政府部门由于缺乏有效的法规，在实施风险防控行为时受到约束，其所能发挥的效用也将会大打折扣。另外，在经营权抵押过程中还存在随意性大的问题，有章不循的情况比比皆是，使得现有的风险防控法律规范难以有效地发挥。经营风险主要表现在贷款的收回率过低。农业具有周期长的特点，金融机构资产来源的短期化与资产运用的长期化矛盾日益凸显，农村金融表现出高度的脆弱性，一旦出现挤兑势必会对农村金融造成巨大的冲击，且农村金融机构的资产盈利水平普遍不高，很多金融机构处在破产的边缘。[1] 我国农村金融风险因此表现出很强的负外部性，如果不及时采取有效的措施，这些金融风险的存在，不但会降低农村金融对农村经济发展的支持效率，而且会危及社会的稳定。[2]

---

〔1〕 刘晓波：《农村金融风险分担与补偿机制设置》，载《广东金融学院学报》2008 年第 3 期。

〔2〕 柳松、邹帆：《新农村建设中农村金融风险的生成机理与防范化解》，载《农业现代化研究》2007 年第 2 期。

(二)风险补偿金及收储基金不到位

因农村金融机制本身存在巨大的隐患,在承包土地经营权抵押过程中,政府需要发挥其应有的作用,通过建立承包土地经营权收储机制与设定风险补偿基金等方式实现对承包土地经营权抵押风险的分担。试点地区对此作出了尝试,重庆市设立了"三权"抵押融资风险补偿资金,对开展相关融资服务的融资机构因发放贷款而产生的本息损失进行一定比例的补偿。[1] 我们在调研过程中发现,金寨县农商行为承包土地经营权抵押设定了9千万元的风险补偿基金。另外,从各试点地区相关的新闻报道中我们也发现西安市高陵区、湖南省汉寿县及云南省富民县等多个试点地区均在相关试点规则中设定了风险补偿基金,但是以金寨县为例,我们在调研过程中发现有关于风险补偿金的规定主要是原则性的规定,有关风险补偿金的适用规则与启动程序均无具体规定,由于目前暂无抵押实现的案例,风险补偿金的到位问题尚未可知,但参与承包土地经营权抵押贷款的银行表示对这一部分风险补偿基金的实现持怀疑态度。政府为保障经营权抵押权的实现,设定了承包土地经营权的收储机制,并为收储机制设立了收储基金,但是收储基金也面临着到位难的问题。

另外,自1994年分税制财政体制确立以来,地方财政面临巨大的压力,而从目前的情况来看,风险补偿金及收储基金的设立以政府财政为主要来源,这将会造成地方政府巨大的财政压力。地方政府因此易出现畏难情绪,开展土地经营权抵押贷款的积极性不高,土地经营权抵押试点的推进也将因此受到影响。[2]

(三)抵押担保机制积极性不高

各试点地区在承包土地经营权抵押防控机制方面的探索作出了很多尝试,部分试点地区设计了抵押融资担保机制。例如,金寨县引入两权抵押贷

---

〔1〕 余许友:《二元结构下农村金融抑制的原因和出路——基于土地流转视角的分析》,载《理论与改革》2014年第6期。

〔2〕 余红举:《土地经营权抵押贷款 南昌何时能"破题"?》,载《江西日报》2016年1月11日,第C02版。

款担保机制，规定由金寨县利达融资担保公司为县域金融机构开展的“两权”抵押贷款提供一般责任担保，并适当降低担保费率，建立“银行＋‘两权’抵押＋担保”模式，以提高两权抵押的积极性。但是，我们在实际调研过程中发现：金寨县利达融资担保公司的担保积极性很低，并没有实际为经营权抵押贷款提供担保。主要原因在于农村产权具有特殊性且农产品易受自然因素的影响，虽然融资性担保公司可以缓释风险，但受限于大多地方政府财政资金投入模式为一次性给付，其所成立的融资性担保公司因此极易面临后续资金短缺与风险补偿机制缺失的问题，一旦发生贷款赔偿极易面临亏损，而在亏损严重的情形下，只能选择压缩融资性担保公司的担保规模，从而控制成本支出和运行风险。风险补偿机制不足的情况下，融资性担保公司参与到土地经营权抵押贷款担保中的意愿不强，即使这些融资担保机构在政府的强力要求下参与到土地经营权抵押贷款担保业务中，最终也会因为资金不足等问题不能发挥应有的分担风险功能。

（四）农业保险机制的不完善

我国目前农业保险的力度不足，农业保险业务逐年萎缩，没能建立为规则所允许的且国际上较为通行的农业保险体系，因此农业生产风险管理中的农业保险的作用严重缺位。由于农业生产风险无法分散，农业保险业务发展停滞，制约了金融机构发放涉农贷款的积极性。土地经营权抵押制度对农村保险有着更大的需求，但是，我国农业目前处于规模化经营的初期，新型农业经营主体无力负担大额保费，而我国的农业保险机制中缺乏相应政府补贴办法，国家与地方政府及农业经营主体保费的分担比例没有得到妥善处理，导致农业保险在农业经营主体中的接受度不高，农村经营主体对农业保险的积极性不高。[1]

目前农业保险仍然以政策性保险为主，农业生产技术水平的不发达与农业生产的高风险性制约了商业保险在农业保险中的发展。

---

〔1〕 尹成杰：《关于推进农业保险创新发展的理性思考》，载《农业经济问题》2015年第6期。

四、农村社会保障制度不完善

(一)农地与社会保障义务的关系界定不明

目前有很多学者持有的观点是农地承载着社会保障职能,土地经营权抵押制度将使农村社会保障制度受到严重的威胁。[1] 农地的社会保障功能也严重制约着承包土地经营权抵押制度的实施进程。学界在此展开了深入的探讨,并对此种观点进行了进一步强化。土地的自然属性决定了农民可以通过农业生产得到其生存所必需的动植物,从而解决生存的第一需要;农地收入是农民的首要的、基本的收入来源,农民依靠农地收入解决多种生活需要;土地是农业生产的基本生产要素,只要拥有土地,无须更多的资金、技术和设备投入,即可实现就业。由此,农地为农民提供了基本生存、生活和就业保障。同时,学界对农地社会保障功能的质疑也从未停止过。近年来大量数据表明,农地社会保障功能不仅没有得到强化,反而在不断弱化。[2] 人均耕地面积的减少使得农地对一部分农民的社会保障作用减弱甚至丧失;农民对土地依赖性的减弱使部分农民有放弃土地作为基本生活保障的可能;农业经营绝对权益降低,减少了农民土地收入;农民就业渠道的多样化,弱化了农地的就业保障职能。

我们必须认清的问题是农地与社会保障义务之间并无必然联系。无论是《物权法》,还是《农村土地承包法》,其中所规定的土地承包经营权人的权利和义务(土地承包经营权的内容),均无社会保障内容。社会保障是指国家立法强制规定的,由国家和社会出面举办,对公民在年老、疾病、伤残、死亡、遭遇灾难、面临生活困难时给予物质帮助,旨在保障公民个人和家庭基本生活需要水平、提高生活水平、实现社会公平和社会生产的制度,本质上属于

---

〔1〕 黄祖辉、王朋:《基于我国农村土地制度创新视角的社会保障问题探析》,载《浙江社会科学》2009 年第 2 期。

〔2〕 刘俊:《土地承包经营权性质探讨》,载《现代法学》2007 年第 2 期。

国家与社会的一项公法义务。[1] 农地与社会保障之间并不存在必然联系，但不可否认的是：在我国目前农村社会保障现状之下，农地确实具有一定的社会保障替代功能。

另外，即使认为农地具有社会保障替代功能，但同时仍应承认农地的生产要素功能和财产属性。十八届三中全会《决定》进一步强调了农地的生产要素功能和财产属性。在此背景下，应当强化市场在农地资源配置中的决定性作用，通过市场实现农地的价值，更好地实现农地的社会保障（替代）功能。而对农地流转进行诸多限制，禁止经营权抵押，会使农地的市场价值无法实现，也就无法起到社会保障的作用。可见，农地的生产要素功能与社会保障（替代）功能之间并不存在实质上的冲突和矛盾，农地的社会保障（替代）功能本身并不限制农地的金融化。以农地的社会保障功能为由限制农地金融化，其代价是农民财产权的多重受限和财产价值的严重贬损。

（二）农村社会保障制度的缺位

因农地为农民的生存发展提供了一定的保障，我国农村的社会保障一直以来处在缺失的状态。但随着社会经济的不断发展，农村社会保障体系逐渐成为解决“三农问题”的关键点。它为“三农问题”的解决提供了强有力的制度支撑，农民唯有在其基本生活受到保障之时才会对各项农业改革措施予以支持，对农村生产生活方式的改变才有接受的可能性。[2] 因此，国家实施农村制度改革的前提是通过农村社保解决农民们的后顾之忧，以最终实现农村社会主义市场经济的建设与发展。

从理论上看，农村社会保障制度与土地经营权抵押并无冲突，农村社会保障体系的缺位使农地不得不负担社会保障职能。从目前的情况来看，我国农村社会保障制度在实践过程中存在诸多的不足。主要表现在以下三方面：

第一，农村社会保障的立法不完善。时至今日，我国还没有出台一部专

---

〔1〕 高圣平：《承包土地的经营权抵押规则之构建——兼评重庆城乡统筹综合配套改革试点模式》，载《法商研究》2016 年第 1 期。

〔2〕 李东亚：《我国农村社保的实现路径探讨》，载《财经界》（学术版）2016 年第 9 期。

门针对农村的社会保险法律制度，而有限的有关农村社会保险法律也大多是以条例或者规定的形式颁布的，农村社会保障立法层次的低下与农村社会保障的重要性严重脱节，立法层次的不高导致法律的权威性以及统一性的缺失。事实上，现在农村社会保障不尽如人意的一个很大原因就是相关法律约束力不强，举例而言目前农村社会保障最重要的一环医疗保险——《关于加快推进新型农村合作医疗试点工作的通知》就是由卫生部、发改委等部门牵头下发的通知，而各个地区有关农村医疗保险制度基本上都是在此基础上结合本地的实际情况进行变通而来的，由于农村社会保障体系不仅仅涉及卫生部、发改委等部门，同时还涉及财政、税务等诸多部门，立法层次低就很难协调不同部门之间的关系，因此提高农村社会保障法律体系的立法层次对于推进农村社会保障工作顺利开展具有重要的促进作用。

第二，我国农村社会保障制度的覆盖面比较狭窄。目前农村社会保障形式主要有农村社会救济、合作医疗保险、社会优抚以及农村"五保"户等。相较于城市社会保障，农民享有的社会保障力度是远远不足的，尤其是进城务工的农民，他们虽然生活在城市，但是他们却无法享受与城市居民相同的社会保障，而农地社会保障（替代）功能在他们身上同样不能发挥作用，这时社会保障制度对于这些农民存在空白，农民工社保问题是社会稳定与经济发展的重大隐患。[1] 尤其是土地经营权制度的不断推进，将会有越来越多的土地承包经营权人将其土地经营权转让给新型农业经营主体，而经营权抵押的实现则会使土地承包经营权人暂时性失去土地，这时如果社保制度不能有效发挥作用，他们的权益将得不到保护，这对于社会稳定有着重大的不利影响。

第三，农村社会保障制度存在监管混乱的情况。农村社会保障的管理权太过分散，各个部门间缺乏有效的沟通，对处理问题的看法不一，政策的出台也各自为政、互不衔接，存在空白与矛盾。再加上农村社会保障的管理工作缺少统一的监督，造成了农村社会保障管理整体呈现出杂乱局面。例如，由

---

〔1〕 刘晓波：《农村金融风险分担与补偿机制设置》，载《广东金融学院学报》2008 年第 3 期。

于农村社会保障金没有专门的机构进行管理，这将导致各个监管部门受利益的驱使，造成社保基金的滥用，出现资金在运行过程中的混乱。

第三节　承包土地经营权抵押制度完善建议

1968 年美国学者哈丁在其《公地的悲剧》中描述了这样一个场景，在一块公共的草场上放牧的牧民们，在产权不明晰的情况下，为了更多地增加个人的收益，会不断地向牧场投放更多的羊群，不会在意草场的保护和可持续发展。因为养羊的收益归个人所有，而牧场的退化则由牧民们共同来负担。当所有的牧民都按照这样的思路增加牧羊的数量时，牧场的承载力便会持续退化，直至不能放牧，最终危害所有牧民的利益，这便导致了“公地悲剧”的上演。而黑勒教授在其《反公地的悲剧》中则告诉了我们这样一个道理：在产权不明晰的情况下，过度利用公共资源固然会导致恶果，但在产权明晰的情况下，资源利用不充分也会导致不良后果的产生即资源的浪费。无论是资源的过度浪费还是资源的利用不足都同样是一种负外部性的体现。“公地悲剧”与“反公地悲剧”为我国农村产权的改革指明了方向，农村土地产权应该是产权明晰基础上的整合。[1] 现阶段，一方面土地确权登记工作正在紧锣密鼓地进行，另一方面农村土地流转的规模也逐年提升，根据《中国农村发展报告》(2017)中的数据显示，2016 年全国土地流转面积为 4.71 亿亩，占家庭承包耕地面积的比重为 35.1%。随着农村土地流转规模的增加，农业生产将会走向规模化集约化的生产道路，但农业生产资金的短缺却一直困扰着农业生产经营主体，贷款难、贷款贵等农村金融问题亟待解决。允许农业生产经营主体利用其承包土地的经营权进行抵押贷款无疑为这一问题的解决提供了一条可行的道路，但目前农地经营权基础制度存在的障碍和相关配套制度不健全却又影响着其功能的发挥。因此，我们将在下文详细叙述如何进一步完善承包土地经营权的基础制度和相关配套制度，以期为农地经营权抵押制

[1] 冯玉军：《法经济学》，中国人民大学出版社 2013 年版，第 176 页。

度功用的发挥提供帮助。

一、承包土地的经营权抵押基础制度的完善

2015年12月,经全国人大授权,国务院决定在全国232个试点县开展农地经营权抵押贷款试点,也就意味着试点地区可以一定程度上突破现有法律规定的制约。然而短短两年时间,承包土地的经营权抵押制度的开展尚处于初期发展阶段,现有农地经营权抵押基础制度的不完善、法律规定的不明确和空白,给实践中开展承包土地的经营权抵押活动造成了困惑,不利于今后在全国范围内继续推行承包土地的经营权抵押制度。因此,我们认为应从如下几个方面完善承包土地的经营权抵押基础制度,分别是明确承包土地的经营权的法律属性、推动承包土地经营权抵押政策法律化、统一承包土地经营权抵押标的物的权属证明、明确承包土地经营权抵押权的设立方式和创新承包土地经营权抵押权的实现机制。

(一)明确承包土地的经营权的法律属性

首先,理念上需要从“二元思维”转变为“三元思维”。对此前文已述,此处不赘。

其次,技术上需要从“二元财产权”进化为“三元财产权”。“三元思维”体现到具体法律技术上,要求我们承认在民事财产权体系中除物权、债权之外,还存在一类以农地经营权为代表的,介于物权和债权之间,又不隶属与任何一类的,独立的中间地带财产权利。作为一项独立的新型财产权,农地经营权具有占有、使用、收益、处分等各项权能,与物权类似,但其又不属于物权类型,因此不会与一物一权原则冲突;农地经营权虽不属于物权,但也不属于债权,理由已如前述。如此,可将农地经营权界定为一种“高度物权化”财产权,一种带有中国特色的,用于解决中国农村实际问题的新型民事财产权。我国民事财产权体系也从“二元财产权”随之进化为“三元财产权”。

最后,在具体做法上实现农地经营权的“高度物权化”。“三权分置”的制度目标在于盘活农村土地,激活农村土地资本市场,其制度功能的实现主要是通过将经营权从土地承包经营权中分离出来,赋予其更多私权功能以弥

补土地承包经营权处分权能的不足之处，从而更加无障碍地成为出租、抵押、入股的客体，这样的制度目标决定了承包土地经营权在权利属性上必须具有支配性，其权利效力上必须具有对世效力和优先效力，权利期限上必须具有长期性。同时，通过对金寨县、宿州市的土地承包经营权确权登记状况进行调研，我们从实践层面发现农地流转大户或者专业合作社接受农户的农地后，即享有了对农地的经营权，他们可以在不改变农地基本用途的条件下按照自己的意愿对农地进行支配和利用，并且在流转期限内其权利不受其他任何人的干涉，实务中的承包土地经营权具有可支配性和对世效力，由此可见，尽管承包土地经营权在现行法律框架下并不具有法定的物权效力，但其实际已经发挥了物权的功能，事实上已经具备了物权效力。然而在当前物权法定主义的背景下，通过修改《物权法》去增设新型物权亦并非一朝一夕之事。因此，我们不妨将农地经营权界定为一种"高度物权化"的财产权，不再拘泥于物权债权的划分，设立一种具有中国特色的，符合中国农村实际的财产权。

（二）推动农地经营权抵押政策法律化

在我国这样的成文法国家，法的规范性一方面体现在它对人们如何行为提出了明确的指示，它的内容具有一般性和概括性；另一方面它是在其生效期限内可以反复适用的，具有稳定性。[1] 这种稳定性便要求它不能频繁变动、朝令夕改，立法需要经过严格的程序，这也导致法律往往具有一定的滞后性。但社会生活又是复杂多变的，科技的发展、时代的变迁，法律也需要与时俱进，进行修改、调整或融入新的内容，否则便无法跟上社会发展的潮流。承包土地经营权的抵押实践需要获得法律上的认可，目前推行的政策性规范如《指导意见》，虽然具有灵活性和超前性，但也具有不稳定性，这种不稳定性将会影响人们对它的合理预期。特别是当发生相关纠纷时如何认定于法无据，势必会给司法工作带来一定的压力。为了承包土地的经营权抵押工作能够进一步顺利开展，需要逐步将政策效力上升到法律层面，而考虑到立法的时间成本，并非一朝一夕即能完成，现阶段农村金融工作的紧迫性的压力，我

---

〔1〕 张文显：《法理学》，北京大学出版社、高等教育出版社 2007 年版，第 76 页。

们建议可以分两步:先通过最高人民法院出台司法解释的形式,承认承包土地经营权抵押的法律效力;再逐步修改有碍实施的相关法律。

1. 承认农地经营权抵押的法律效力

在1995年出台的《担保法》第37条中明确规定了耕地、宅基地、自留地、自留山等集体所有的土地使用权不得抵押,但第34条同时规定依法承包并经发包方同意抵押的荒山、荒沟、荒丘、荒滩等荒地的土地使用权可以抵押。此后20多年的时间里,这一规定一直是法律上认定农村土地使用权不能抵押的强有力支撑。在现行的《农村土地承包法》中,依然看到其遵循着“二元立法模式”,一方面赋予了土地承包经营权流转主体即承包方流转的自主权,允许承包方依法自主决定土地承包经营权是否流转和流转的方式,规定通过家庭承包方式取得的土地承包经营权可以采取转包、出租、互换、转让或者其他流转方式,却并未谈及抵押,抵押属不属于其他方式流转并未言明。另一方面又明确规定通过招标、拍卖、公开协商等方式承包的农村土地,其土地承包经营权可以采取转让、出租、入股、抵押或者其他方式流转,这样隐晦的方式还是从侧面否定了以家庭承包方式取得的土地承包使用权可以进行抵押。2005年农业部出台的《农村土地承包经营权流转管理办法》基本延续了《农村土地承包法》中的规定,在流转方式上规定可以采取转包、出租、互换、转让或者其他符合有关法律和国家政策规定的方式流转。当前试点地区进行土地经营权抵押符合国家政策的规定,但《农村土地承包经营权流转管理办法》作为部门规章效力明显低于《担保法》和《农村土地承包法》。而同年最高人民法院发布的《关于审理涉及农村土地承包纠纷案件适用法律问题的解释》第15条则明确否定了承包方以土地承包经营权进行抵押的效力,认定其为无效。此后《物权法》的出台并没有对这一规定作出改变,而是仅规定了以招标等方式取得的土地承包经营权的流转方式可以是抵押,而对以家庭承包方式取得的土地承包经营权的流转方式未作规定。而这样的立法现状,必然不利于承包土地经营权的抵押的进行,因此我们必须要承认农地经营权抵押的法律效力。

2. 逐步修改有碍实施的相关法律规定

二十几年的时间,土地承包经营权以抵押的方式进行流转未被放开与其具有身份性和抵押物处置困难密切相关。农村的土地所有权归集体,而以家庭承包方式取得的土地承包经营权其主体只能是农户,农户以外的个人或组织不能取得这项权利。这是因为土地承包权不是完全的财产权,它本质上是一种分配权与资格权,具有强烈的身份性,不是一种可持续和长久行使的财产权利。[1] 若允许其以抵押的方式流转,则一旦抵押权实现该如何处置抵押财产无疑是一大难题,极易造成农户承包土地的丧失。但时至今日,在土地承包经营权之上设立的农地经营权并不具有身份性,是剥离了政治功能与社会保障功能的纯粹财产权,完全可以对其进行占有、使用、收益和处分,这时允许农地经营权进行抵押可以引导金融资本进入农村,优化资源配置,转变农业的生产方式,改善农村的生活环境,最终促进农民增收致富,这也解决了当前农村劳动力人口转移后农村"谁来种地""怎么种好地"的难题。[2] 而令人担忧的是尽管目前试点地区经授权能够突破现行的一般规定进行改革,但土地经营权抵押依然没能明确获得法律上的认可。在司法实践中,有的地方法院认定抵押行为有效而有的地方则认定其违反法律规定而无效,法律条文规定的不明确,导致司法实践认定的结果差别悬殊,不仅会影响司法的公正性,也将对今后在全国范围内进一步推进农地经营权抵押制度造成不利影响,故需要逐步修改上述法律的相关规定,承认农地经营权抵押的法律效力,允许农地经营权通过抵押的方式进行流转。首先,需要逐步修改《担保法》《农村土地承包法》《物权法》等法律中的相关规定,实现从"两权分离"到"三权分置"的转变,进一步确定"三权分置"的格局,以立法的形式明晰三种权利的区别与联系,明确承包土地经营权的主体,经营的范围与期限,并将农地经营权的抵押纳入现行的法律框架内,从而推动实践工作的进一步展开。或者采取出台单行法的方式对"三权分置"背景下农地经营权的财产权利属性

[1] 朱广新:《土地承包权与经营权分离的政策意蕴与法制完善》,载《法学》2015 年第 11 期。

[2] 张红宇:《从"两权分离"到"三权分置"》,载《农民日报》2017 年 7 月 29 日,第 3 版。

作出界定，并对农地经营权的确权与抵押作出明确的规定，以引导农地经营权抵押贷款的有序发展。其次，需要修改最高人民法院2005年发布的《关于审理涉及农村土地承包纠纷案件适用法律问题的解释》中关于以土地承包经营权进行抵押无效的认定。在三权分置的背景下需要区分原来的土地承包经营权和现在承包土地的经营权，可以修改为土地承包经营权因具有身份性不得抵押，但农地经营权可以以转让、出租、入股、抵押等方式进行流转，以确认农地经营权抵押的法律效力，为司法实践提供法律依据。

（三）统一承包土地经营权抵押标的物的权属证明

在实践中，作为抵押标的物的承包土地经营权的权属证明并不统一。有的试点地方以流转经营权证书作为抵押标的物的权属证明而有的地方则以流转合同或者交易鉴证书作为抵押标的物的权属证明，这两种不同的方式所体现出的本质问题还是关于承包土地经营权的性质认定的问题。若将其性质认定为物权，则物权的变动须通过公示的方式进行，应以登记后的权利证书作为其权属证明。若将其性质认定为债权，债权的变动通过合同等方式即可，则以流转合同等作为其抵押标的物的权属证明并无不可。但我们认为：虽然囿于物权法定原则，现行法并未对承包土地经营权的问题作出规定，不能直接认定其是物权，但是承包土地经营权是一种高度物权化的财产权，在性质上无限接近于物权。在这种情况下，我们应该参照不动产物权抵押的做法，在承包土地经营权抵押时办理抵押登记，并需要抵押人提供抵押物的所有权或者使用权证书。具体说来，应该做好如下两项工作：

1. 推进承包土地的经营权确权登记工作

现阶段，土地承包经营权的确权颁证工作正进行得如火如荼。全国31个省、直辖市、自治区中，共有28个地区在推进整省农村承包地确权登记颁证试点。截至2016年年底，全国2582个县（市、区）开展了试点，确权面积近8.5亿亩，约占全国二轮承包合同面积的70%。[1] 开展确权颁证工作是为了明晰产权，释放改革红利，赋予农民更多的财产性权利。现代社会的权利，不

---

〔1〕 林远：《多项农村改革试点收官在即》，载《经济参考报》2017年7月24日，第2版。

是严格意义上的所有权,而是产权被多个主体分享,即占有权、使用权、收益权和处分权可以被多个主体分享。[1] 我国农村土地实行集体所有制,而农户拥有土地承包经营权就是所有权与使用权的分离,但土地承包经营权仍然具有身份性,流转上受到诸多限制,因此在土地承包经营权上创设出承包土地的经营权,就是为了打破流转上的公权限制,充分发挥私权的自由主义优势。而这一切的前提条件就是先要做好确权颁证工作,明晰产权,这也是科斯定理的前提条件,清晰界定产权,将会大大降低交易成本,促使农地产权流转更加便捷高效。

但这里需要注意的是土地承包经营权的确权登记和承包土地的经营权确权登记并不相同。其一,土地承包经营权的确权登记是前提条件,只有确定了承包关系对应的土地权益才能进行后面的承包土地的经营权流转。其二,土地承包经营权的确权工作的申请主体是以家庭为单位的农户,而申请承包土地的经营权确权登记的则是农业经营主体,包括家庭农场、农业生产合作社和农业龙头企业等,且须事实上存在土地承包经营权的流转。其三,土地承包经营权确权工作颁发的是土地承包经营权证,而承包土地的经营权确权工作颁发的是流转土地经营权证。前者是农户向金融机构申请抵押贷款的权属证明,后者是农业经营主体向金融机构申请抵押贷款的权属证明。而目前,我们的土地承包经营权的确权工作即将完成,接下来应该推进农地经营权流转登记工作,并颁发流转农地经营权证,作为农地经营权抵押设立登记的初始登记,从而为抵押权设立登记纳入不动产统一登记提供必要前提。

2. 流转经营权证书作为抵押标的物的权属证明

在农业部发布的《农村土地经营权流转交易市场运行规范(试行)》中规定了四种农村土地经营权流转的品种,分别包括:(1)家庭承包方式取得的土地经营权;(2)其他承包方式取得的土地经营权;(3)集体经济组织未发包的土地经营权;(4)其他依法可流转交易的土地经营权。而在中国人民银行

---

[1] 冯玉军:《法经济学》,中国人民大学出版社2013年版,第176页。

联合证监会、保监会、财政部和农业部下发的《试点暂行办法》的通知(银发[2016]79号)中将农村承包土地的经营权抵押贷款借款人区分为两类:一类是通过家庭承包方式取得土地承包经营权的农户;另一类是通过合法流转方式获得承包土地的经营权的农业经营主体。前者申请经营权抵押时需要提交土地承包经营权证,而后者申请抵押时需要提交合法有效的经营权流转合同或土地经营权权属确认证明,而这里的土地经营权权属确认证明就是宿州市埇桥区推行的土地流转经营权证,可见,该通知采用了比较宽泛的原则,土地流转经营权证还是流转合同都可。前文已经论述过,我们将承包土地的经营权的性质认定为一种高度物权化的财产权,对于这种准物权的变动宜采取公示的方式,故我们认为对于农业经营主体申请承包土地的经营权抵押贷款的宜将土地流转经营权证作为其土地经营权的权属确认证明,这样便避免了实践中在这一方面杂乱无章不统一的现象,从而规范了承包土地的经营权抵押的流程和相关手续。

在实践中,可以结合本地的实际情况,出台《农村土地流转经营权证登记管理办法》对流转经营权登记的管辖、登记的条件、登记的程序等做出具体的规定。例如:宿州市埇桥区对经营土地面积100亩以上且流转期限在5年以上并且要有1年以上经营经验的承包土地经营权人颁发土地流转经营权证,流转大户取得该证书是其进行承包土地的经营权抵押的前提条件,该证书亦是其抵押标的物的权属证明。

(四)明确农地经营权抵押权的设立方式

国家在尝试农地经营权抵押的过程中,对于抵押权的设立需不需要取得发包方和承包方的同意,在政策上采取的是肯定的态度,《试点暂行办法》中明确对此作出规定。而对抵押权的设立是采取登记生效主义还是登记对抗主义尚留有空白。承包土地经营权的改革关系到农村金融体系的完善,农业的长久稳定发展,农村的经济体制变革和农民的脱贫致富等关键性的事项。因此必须对一些基本的问题作出合理准确的规定,以实现农地经营权抵押工作的有序推进。我们认为具体来说包括以下两方面的内容:

1. 抵押权的设立仅须告知承包方或发包方

在《试点暂行办法》中规定了以家庭承包方式取得土地承包经营权的农户申请将其承包土地的经营权进行抵押的须告知发包方,而以流转方式取得承包土地的经营权的农业经营主体申请贷款的既需要承包方同意抵押又需要承包方告知发包方进行抵押的事宜。而《重庆市农村土地承包经营权抵押登记实施细则(试行)》中第 8 条则要求申请以家庭承包方式获得土地承包经营权并申请抵押的需要发包方同意抵押的书面证明;以流转方式获得承包土地的经营权并申请抵押贷款的,需要原土地承包方的书面同意证明。而且成都市出台的《农村土地承包经营权流转管理办法》中也做了类似的规定,主要是受让方在申请承包土地的经营权流转时应当取得原土地承包方的同意。虽然各地的具体规定不一,但可以看出目前抵押权的设立都需取得承包方或发包方的同意。抵押权的设立以抵押合同的存在为前提,合同是平等民事主体之间设立、变更、消灭民事权利义务关系的协议,其具有相对性,体现着双方当事人的合意,即使承包土地的经营权的取得是基于承包方与受让方的流转合同,可两份合同是相互独立的关系,抵押合同的订立不应再受合同双方当事人以外的发包方或者承包方的意思表示影响。而且发包方对于土地的所有权因承包方的长久使用而处于一种虚置的状态,且若抵押权的设立需要发包方的同意,而发包方是拥有土地所有权的集体经济组织,集体经济组织本就是泛指,并不明晰,实践中它的职能几乎由村委会代行,这样的规定会不会滋生权力寻租的可能尚需我们思考。土地经营权作为一项准物权,具有对世性和排他支配性,物权人得以自己的方式行使自己的物权不受其他人的妨碍,因此其一经设立,便独立于土地所有权和土地承包经营权,并以之对抗土地所有权人和土地承包经营权人。[1] 土地承包经营权人为了农业生产需要将自己的土地经营权抵押给金融机构是合法处置自己权利的行为,土地流转合同的订立约束着双方当事人履行各自的义务,土地流转的面积、期限等已受土地承包经营权的影响,承包土地的经营权抵押权的设立不应再受到

---

〔1〕 高圣平:《承包土地的经营权抵押规则之构建》,载《法商研究》2017 年第 1 期。

土地所有权人和土地承包经营权人的影响,即便他日抵押权得以实现,承包土地的经营权人不过是失去了自己的土地经营权,并不会害及土地所有权人和土地承包经营权人,也就无须征得他们的同意来增加抵押权设立的负担。在“三权分置”的背景下承包土地的经营权设立的初衷便是最大限度地放活经营权,在流转上不应再受过多限制。故应取消承包土地的经营权人以其土地经营权设立抵押时需要取得承包方和发包方同意的规定,修改为告知承包方和发包方即可,这里仍须告知承包方或发包方是考虑到作为土地的所有权人和承包经营权人对相应土地之上设定的权利和负担有知悉的权利。

2. 抵押权的设立采登记生效主义

根据《物权法》第 14 条对登记效力的规定,不动产物权的设立、变更、转让和消灭,依照法律规定应当登记的,自记载于不动产物权登记簿时发生效力。可知通常情况下,我国不动产物权的变动采取的是登记生效主义。在土地承包经营权的登记效力上,《物权法》第 127 条第 1 款规定土地承包经营权自土地承包经营权合同生效时设立。可见,这里登记并非生效要件,立法时的考量主要在于农村是一个熟人社会,承包方案经村民会议同意后基本上起到了《物权法》上的公示作用,故登记可不作为其权利的生效要件,这样的解释具有一定的合理性,同时又规定县级以上地方人民政府应当向土地承包经营权人发放土地承包经营权证,并登记造册,确认其土地承包经营权。这项确权登记工作我们进行了多年仍未完成。但当土地承包经营权以互换或者转让的方式进行流转时又采取登记对抗主义,即《物权法》第 129 条的相关内容若当事人要求登记的,应当进行变更登记,未经登记,不得对抗善意第三人。随着承包土地经营权的出现,其流转的范围已不再局限于同一农村集体经济组织内部,而是会突破其所属的县域范围内,实现在全国范围内的流转。因此,必须做好土地承包经营权的确权登记工作,公示的方式能够清晰准确地让他人知悉权利的变动情况。由于以家庭承包方式取得的土地承包经营权的抵押受到法律上的限制,《物权法》只明确规定了以招标、拍卖、公开协商等方式取得的荒地的土地承包经营权的抵押采取登记生效主义。

那么承包土地经营权的登记效力应该采取何种方式呢?在《试点暂行办

法》中并没有明确规定,只是言明由试点地区农业主管部门或政府授权的农村产权流转交易平台办理承包土地的经营权抵押登记。并对用于抵押的承包土地的经营权权属进行审核、公示。我们认为,在“三权分置”的背景下,承包土地经营权人基于其享有的承包土地经营权可以直接支配土地这一特定物,排除他人的干涉,并且承包土地经营权借助网络流转平台将突破一定地域的限制,因此必须采取公示的方式使得权利人以外的第三人能够有这样的渠道对权利的设立、变动进行充分的了解。且抵押权的设立不以转移标的物的占有为要件,抵押权的公示亦不能以交付占有而实现,那么公示就成为抵押权设立的最好选择。[1] 按照我国登记生效主义的一般原则,并且类推适用以招标、拍卖、公开协商等方式取得的土地承包经营权抵押的登记生效主义原则,可知承包土地的经营权抵押也应采取登记生效主义的原则。在实践中,重庆市的《农村土地承包经营权抵押登记实施细则(试行)》第5条也是明确规定了抵押权的设立采取登记生效主义。

(五)创新承包土地经营权抵押权的实现机制

具备良好的承包土地经营权抵押权的实现机制,是提高银行业金融机构放贷工作热情的重点,也是破解农户和农业经营主体借贷难问题的关键,更是关系到农村金融发展运行的大局。农业经营本就具有较高的风险,这种风险主要来自市场、天气、疫病、质量安全,其中的任何一项风险,都有可能造成投资者血本无归。若没有合理有效的抵押权实现机制,金融机构在高风险的压力下必然无心贷款给农户和农业经营主体,这一环节受阻势必会影响其整体的运行效果。目前,现有的抵押权的实现方式主要包括折价、拍卖、变卖这三种形式,但基于农地之上附着所有权、承包权、经营权三种权利,其又兼具社会保障功能和经济利益的特性。实践中这三种实现方式的运用还面临着一些现实障碍,并不能很好地解决承包土地的经营权抵押权实现难的问题。因此,我们仍须积极探索合理可行的抵押权实现方式。

---

〔1〕 焦富民:《“三权分置”视域下承包土地的经营权抵押制度之构建》,载《政法论坛》2016年第5期。

1. 现有的实现机制

根据我国《物权法》第195条的相关规定可知抵押权的实现条件是债务人不履行到期债务或者发生当事人约定的情形,抵押权的实现方式包括折价、拍卖、变卖三种,抵押权人可以先就抵押权的实现方式与抵押人进行协商并达成协议,若不能达成协议的,还可以请求人民法院拍卖变卖抵押财产。另根据《试点暂行办法》第2条的规定可知在承包土地的经营权抵押中抵押权人仅指银行业金融机构,多数学者认为此时抵押权的实现方式不宜采取折价的方式,因为若采用协议折价的方式将由银行业金融机构取得承包土地的经营权,一方面银行即使取得了土地的经营权也无法直接通过农业生产经营活动获得收益弥补损失,因为银行基本不会从事农业经营活动,若取得承包土地的经营权还是会将其流转给农业生产经营主体,不如直接通过拍卖或者变卖的方式获得收益。另一方面银行业金融机构不是农业生产经营主体,这与《土地承包法》中土地承包经营权的流转原则存在冲突,即土地承包经营权的流转不能改变土地的农业生产用途也不能流转给不具有农业生产能力的主体,况且为保障国家粮食安全,保护耕地资源的合理使用,我国长期以来对工商资本租赁土地实行严格的监管,以保证其从事农业生产经营,而不是擅自改变土地的农业用途从事非农建设。故我们也赞同不宜采用折价的方式实现抵押权,这样也就剩下拍卖和变卖这两种抵押权的实现方式。这里需要指出的是无论是以家庭承包方式获得了土地承包经营权因而拥有了承包土地的经营权还是以流转的方式获得了承包土地的经营权,承包土地的经营权的抵押均不会损害土地承包经营权人的承包权,抵押权的实现不过是使抵押人失去了土地经营权流转合同中约定期限的剩余期限的土地经营权,承包权不会因经营权的流转而发生变化。而采取拍卖和变卖的方式理论上来说是可行的,只是实践中可能还面临一些障碍,例如采取变卖的形式面临农地流转市场尚不完善,信息不全面,公开性和透明性不强,容易损害抵押人权益的问题。[1] 可见,实践中采取拍卖的方式应该是较为合适的抵押权实现方

〔1〕 冯娟:《承包土地的经营权抵押制度构建》,苏州大学2016年硕士学位论文,第24页。

式了,因其既能保证程序的公开规范,又能获得较高的拍卖价格,这对于抵押人与抵押权人来说都是较好的处置方式。

2. 其他实现机制的探索

上文已述,传统的抵押物的处置方式在实践中面临一定的困境,若拍卖、变卖时无人受让承包土地的经营权又该如何?这不得不令我们探索其他合理可行的抵押物处置方式。实践中有些地区采取了强制管理这一方式,所谓强制管理是指将抵押物委托给管理人实施管理,并以其所得收益使债权得以优先受偿。[1] 强制管理的着眼点在于土地的使用价值之上,以农地的收益为执行对象,抵押人并不会因为抵押权的实现完全丧失土地经营权,一旦负担于土地经营权上的债务得到清偿,强制管理将会被解除,土地经营权将重新恢复其原状态。这一机制将会使抵押权实现的效率大大提高,因为抵押人对于实现抵押的抵触心理将会有所降低,使农地经营权抵押权的实现免受诉讼所累。此时的抵押权人只是在一定时期内丧失了承包土地的经营权的收益权,待到收益足以清偿抵押人的欠款后,抵押人便恢复了其土地流转合同中剩余流转期限内的承包土地的经营权。在安徽省宿州市埇桥区承包土地的经营权抵押实践中已有应用,当发生抵押人届期无法清偿银行业金融机构的债务或者发生抵押合同中约定的其他抵押权得以实现的理由时,银行可以将抵押物也就是承包土地的经营权托管给当地农委成立的农业托管服务中心,该中心会为抵押权人寻找合适的农业经营主体,然后将相应的农地委托给该第三方经营,第三方经营者从农地经营收益中收取服务费,其他经营收益用于支付农户的租金和抵押人的债务。另一种方式就是由地方政府组织建立回购基金,同样是缺少合适的承包土地的经营权的受让人时,则由该基金会对承包土地的经营权进行收购,以保证抵押权人的债权得以实现,权益不受损害。我国法律中没有关于强制管理的规定。强制管制作为一种抵押权实现机制是可以引入到我国的法律之中的,但依据我国目前的农业生产经营水平,引入强制管制不可能一蹴而就。首先,确定强制管理的主体是实现

---

〔1〕 房绍坤:《论土地承包经营权抵押的制度构建》,载《法学家》2014 年第 2 期。

强制管理的起点,但同样也是难点之一。我国虽是农业大国,但是农业生产水平并不高,高水平的农业生产技能尚处在探索阶段。而强制管理的主体应是有能力经营好农地的机构,否则强制管理并不能使土地盈利,强制管理的目的不能达成,制度价值不能发挥,将会使其形同虚设。另外,强制管理的主体是由政府承担还是由市场产生亦是一个无法避免的难题,一方面由政府组建机构承担这一职能可以为强制管理提供强有力的后盾,但是也会造成权力滥用、政府过度干预市场情况的出现;另一方面由自由市场机制产生强制管理主体使得强制管理更加贴合市场的要求,但是自由竞争的市场有着无序性的特点可能会降低强制管理的效率。因此,管理主体的构建将是一个两难的问题。其次,从内容上来看强制管理制度与土地信托在一定程度上相类似,专业经营机构的管理将会使得农地发挥出更大的价值,但是土地信托的期限一般较长,信托机构能够对土地进行较为长期的规划管理以实现土地盈利的目标,这也是土地信托得以发挥价值的重要条件之一。[1] 但是强制管理受到抵押权受偿额的限制,一旦债务被清偿,强制管理就结束了。如果设定抵押权的债务额不高,就可能会出现对土地经营权的管理刚刚步入正轨,农业生产经营盈利不久,强制管理就要结束了。这就造成强制管理由于周期短的问题给科学高效的规划带来难题。最后,从制度设计上来看,我们试图通过强制管理实现土地经营权抵押权,但是强制管理也存在一定的风险,由于农业生产经营受自然因素影响较大,在阶段性的恶劣自然环境之下,农业经营将会受到极大的不利影响。另外,强制管理的水平受到管理决策者及科学技术水平的影响。可能在这一机制之下,土地并不能实现盈利,抵押权人的债权可能并不能实现,这使得风险如果完全由抵押权人来承担,对抵押权人来说是十分不公平的,也严重打击了作为抵押权人的金融机构设立抵押权的积极性,因此,有关强制管制责任的分配及风险的防控将是其制度实践的重点与难点所在,需要更加深入地探讨与研究。

《试点暂行办法》第15条规定了贷款人可以采取贷款重组、按序清偿、协

---

〔1〕 李德锋:《抵押权实现制度重构》,中国政法大学2009年硕士学位论文,第33页。

议转让、交易平台挂牌再流转等多种方式处置抵押物，以保证其债权的实现。按序清偿一方面是指当债务人同时拥有多个债权人时，清偿顺序该如何进行操作，在抵押物上设定抵押权的债权人就抵押物变现的价款享有优先受偿权。另一方面是指作为抵押物的承包土地经营权的各项权能即占有、使用、收益、处分之间的清偿顺序，一般应先就承包土地经营权的地上附着物的收益所得用于清偿债务，当其收益不够清偿抵押权人的债权时，才能够考虑对承包土地的经营权进行占有、使用、处分的情况。而贷款重组是指由于借款人财务状况恶化或者无力还款，银行业金融机构对借款合同进行调整的过程。将这一措施运用到承包土地的经营权抵押借款中去，就是让银行和借款的农户或农业经营主体就不良贷款的偿债主体、担保方式和期限、金额、还款计划等主要内容作出调整重新签订借款合同及从属合同。以承包土地的经营权抵押进行贷款后的贷款重组也需遵循贷款重组的一般规则，其一是有效重组原则，进行贷款重组需能够对降低贷款银行的信贷风险和减少其贷款损失产生积极有效的影响。其二是规范操作原则，程序的规范合理总是必不可少的，程序的公正合理必然会对实际的结果产生积极的影响，若程序不能做到公正合理的程度，则结果也必然难以令人信服，所以贷款重组也许按照规范的条件和程序进行审批，以最大限度保证借款的农户或农业经营主体与贷款的银行业金融机构双方的利益。其三是适当宽让原则，进行贷款重组的目的就是债权人债权的顺利实现，若在政策的限度内进行适度的宽让有益于债权人债权的实现，则何乐而不为。因此贷款银行为了保证债权的顺利实现应给予借款的农户或者农业经营主体一定的宽让，以利于促进其贷款的回收。

经营权自土地承包经营权中分离出来之后仅承载经济效用功能。因此，经营权的流转将逐步纳入市场化流转。市场是最具效率的资源配置方式，将经营权纳入市场流转机制之中，由市场供求关系来决定经营权的价格，有利于增强土地承包经营权人参与交易的积极性，流入市场的经营权不断增加，新型农业经营主体因此获得更为多样的选择机会，经营权受让主体参与交易的积极性也将随之提升。而经营权抵押权的实现与经营权流转具有类似的属性。

承包土地经营权的流转一般是在农地产权交易平台完成的,那么通过挂牌流转实现经营权抵押权也可以通过这一平台来实现。一方面,由于经营权流转与抵押权实现具有一致性,通过相同的机制有利于降低成本,也避免了多机构管理造成的混乱;另一方面,在农地产权交易平台通过挂牌的方式实现经营权抵押权为政府的管控提供了便利,由于土地经营权的特殊性,经营权的流转及抵押权的实现均不能改变土地用途,因此,政府干预与监管是必不可少的。

二、承包土地的经营权抵押相关配套制度的完善

在完善承包土地的经营权抵押相关基础制度的同时,同样需要关注的是关于承包土地的经营权抵押的各种配套制度的健全和完善。正所谓一人不成众,独木难成林,在缺乏健全的配套措施的情况下,农地经营权抵押制度的推行势必会面临重重阻碍,例如农地经营权的价值评估体系的不完善、评估主体的缺失、评估方法的不完善等会造成抵押过程中对抵押物真实价值的误判,必然会令抵押人和抵押权人双方的合法权益受损;而农地产权交易平台的建设则关系到农地经营权流转市场的形成和发展,进而影响到能否顺利处置抵押物的问题,这正是银行业金融机构在办理承包土地的经营权抵押过程中最关心的问题,也可以说是贷款人主观上不愿办理相关贷款的顾虑所在,因此,关于承包土地的经营权抵押相关配套设施的完善刻不容缓。我们认为:可以从以下几个方面着手这项工作,分别是培育新型农业经营主体、健全农地产权交易平台、建立完善的土地价值评估机制、完善银行土地经营权贷款业务、健全农村金融风险分担机制、健全农村社会保障体系。

(一)培育新型农业经营主体

新型农业经营主体是建立在家庭承包经营基础之上,适应市场经济和农业生产力的发展要求,从事专业化、集约化生产经营,组织化、社会化程度较高的现代农业生产经营组织形式。[1] 承包土地的经营权抵押业务的开展与

---

〔1〕 陈晓华:《大力培育农业新型经营主体——在中国农业经济学会年会上的致辞》,载《农业经济问题》2014 年第 1 期。

新型农业经营主体的发展息息相关密不可分。在农业生产方式与经营模式的转型期,培育新型农业经营主体是发展现代化农业的必由之路。一方面通过流转的方式取得土地经营权是培育新型农业经营主体的前提条件[1],而开展承包土地的经营权抵押贷款可以为新型农业经营主体的农业生产经营活动提供资金支持;另一方面新型农业经营主体的发展又促进了承包土地的经营权抵押贷款业务的持续开展,可见,两者是相互促进、相互影响的关系。党的十八届三中全会明确指出:发展农民专业合作和股份合作,培育新型农业经营主体,发展多种形式的规模经营,努力构建集约化、专业化、组织化、社会化相结合的新型农业经营体系。2014 年中共中央办公厅下发的《关于引导农村土地经营权有序流转发展农业适度规模经营的意见》中提出一方面要探索新的集体经营方式,通过多种方式发展农业规模经营,鼓励农户发展多种形式的农业合作组织,如共同使用农业机械、开展联合营销等。另一方面要发展适合企业化经营的现代种养业,鼓励农业产业化龙头企业等涉农企业重点从事农产品加工流通和农业社会化服务。同时要加大对新型农业经营主体的扶持力度,将新增农业补贴向新型农业经营主体倾斜。相较于普通农户,新型农业经营主体在人力资本、物质资本、使用信息技术方面有较大优势,发展潜力巨大。据统计,全国新型农业经营主体至少为农村居民提供了19,990.79 万个就业岗位,而 2015 年中国农村人口为 60,346 万人,这意味着其促进了 33.13% 的农村居民就业。[2] 可见,培育新型农业经营主体发展现代农业的同时,还可以拉动农村居民的就业率,帮助农户尽快实现脱贫致富。那么积极开展承包土地的经营权抵押业务为新型农业经营主体的发展提供资金支撑是现阶段的重要工作,而促进新型农业经营主体的健康良好运转则能有效降低办理承包土地的经营权抵押贷款发生金融风险的可能性。因此,必须尽快培育新型农业经营主体。

---

[1] 张鹏、曲婷婷:《农地经营权流转与新型农业经营主体发展》,载《南京农业大学学报》2014 年第 5 期。

[2] 经济日报社中国经济趋势研究院新型农业经营主体调研组:《新型农业经营主体发展指数调查》(第四期),载《经济日报》2017 年 7 月 11 日,第 6 版。

从总体来看,现阶段的新型农业经营主体主要包括家庭农场、农民合作社和从事农业的龙头企业这几种类型。家庭农场和农业合作社往往从事原始的农产品生产销售等初级领域,兼营农业观光旅游、采摘等服务行业;而从事农业的龙头企业往往从农产品的生产到利用技术对农产品进行深加工,再到品牌的打造和市场销售,形成了一整套完整的产业链,未来的农业发展正需要寻求它们之间的通力合作,以龙头企业先进的生产加工技术、广阔的市场前景带动家庭农场和农业合作社提高生产出的农产品的质量并创造出更多的销售渠道。由于农业生产经营具有季节性、周期性、地域性等特点,不同地区受气候、土壤、水源等条件的影响能种植的作物品种自是不同,同时农业生产活动又依赖于拥有土地经营权的经营者自身的行为,经营者自身的行为往往具有经济性和社会性。故农业是自然再生产和社会再生产的统一,农业生产既需要结合本地自然的实际情况而为,也需要考虑到市场等社会因素而行。因而新型农业经营主体的培育也要以村庄界面上的资源禀赋、经济关系和社会结构为底色。[1] 这是当前培育新型农业经营主体的基础性条件。

放活土地流转市场,促进土地要素向新型农业经营主体流转是培育新型农业经营主体的首要任务,这也正是“三权分置”的内在要求。若农地经营权无法实现在市场上的自由流转,则传统的小农经营的生产方式不会发生改变,农户被束缚在零散的土地之上,无法实现土地资源的整合利用,新型农业经营主体得不到发展,也就难以实现农业生产效率的提高。只有放活经营权,才能促进新型农业经营主体在充分整合土地资源的基础上,实现土地资源的高效利用,从而增强农业的市场竞争力。土地承包经营权中所包含的身份性因素致使其在流转过程中受到诸多限制,其也不具有抵押的功能,无法适应市场上自由流转土地经营权的需要,而承包土地的经营权就是在这样的背景之下应运而生的。通过各试点地区的改革,赋予农户自由流转承包土地的经营权的权利,一方面可以将其从土地的生产经营上剥离出来,增加传统农户的财产性收入,另一方面可以促进新型农业经营主体将流转的土地整合

---

〔1〕 王国敏、翟坤洲:《确权赋能、结构优化与新型农业经营主体培育》,载《改革》2014 年第 7 期。

起来，走上规模化、现代化、集约化的农业生产道路。因此，必须进一步促进承包土地经营权的有序流转，这既需要坚持以市场为主导的模式，发挥其在资源配置中的基础性的作用，又要发挥政府在其中的引导作用，包括相关法律规则的制定与完善、流转合同的规范性的提升、流转市场的监管等。市场自身具有逐利性、滞后性、盲目性的特点，政府的调控和引导恰恰能有效降低市场缺陷的不利影响，因此只有将两者的作用相结合，才能促进承包土地的经营权流转市场的健康发展。

注重农业生产方面的人才培养与技术引进是培育新型农业经营主体的关键所在。随着新型农业经营主体的出现，也会催生出来一些新的职业，为了提高相关职业从业者的业务素质，应该加强对其职业技术方面能力的培养，以此来提高其从业水平。具体来说，要加强对新型职业农民的培养，重点面向专业大户、家庭农场经营者、合作社带头人、农民经纪人、农机手和植保员等新型职业农民。[1] 对农民经纪人、农机手和植保员等专业技术要求高的工作建立培训考核制度，通过相关技能培训并且考核合格后，方可上岗工作，以提高该行业劳动者的专业素质和水平；对农场经营者、合作社带头人、龙头企业主要负责人等管理层开展企业管理、农产品科技展示等相关培训制度，以此来培养科技水平高、业务素质强的新型农业经营主体带头人，特别需要重视的是更新新型职业农民的年龄层，注重对农村青年的培养，引导农村青年在提高自身专业技能的同时依托已有的产业、项目和平台发展壮大农业新型经营主体，努力促进农业科技的转化、推广与应用。除此之外，新型农业经营主体应该采用现代的种养技术，提升产品的品质，如提高土壤肥力，积极开展多种农作物经营，依照不同农作物的生长周期的差异错开收获的季节，从而做到多个季节都有农作物产出，便可分时段获得经营收益，也可降低农业经营的风险。我们所调研的宿州市埇桥区胜昔家庭农场主要从事水果类的农产品生产，其种植的水果类型多样、品种丰富，包括葡萄、桃子、草莓、梨

---

〔1〕 陈晓华：《大力培育农业新型经营主体——在中国农业经济学会年会上的致辞》，载《农业经济问题》2014 年第 1 期。

子等，且水果品质优良，市场售卖价格也要高出普通水果几倍，收获了较高的经济效益。另外农场主还兼营农产品观光旅游业，建立了水果采摘园，也能提升农产品的经济效益。

实现产业化的治理模式和健全的法律制度是培育新型农业经营主体的重要支撑。国家投入的财政补贴作为支持新型农业经营主体发展的资金需要用到实处，即享受财政补贴的对象应该是事实上从事农业生产经营活动的新型农业经营主体，而不能仅仅是为了骗取财政补贴而未实际或者消极从事农业生产的经营者。这就需要在大力度培育新型农业经营主体时建立市场准入制度、动态的市场监管制度和市场退出机制，对从事农业生产的新型农业经营主体进行登记、考察、审核，设定一定的市场准入标准，在其运行过程中实行动态化的监管机制，做好财务状况的调查，特别是对通过使用承包土地的经营权抵押而得到的那部分贷款用途的监管，对新型农业经营主体的合并、分离、解散等进行密切关注，对于经营不善已无力改变运营状况的农业经营主体应妥善安排其退出市场。通过以上相关制度的构建和监管体系的完善有利于培育出运营规范、管理良好的新型农业经营主体。

(二)健全农地产权交易平台

构建一个自由、高效、便利的农村土地产权交易平台，对于盘活农村资源资产和促进农业规模化集约化发展具有至关重要的作用。目前来看，承包土地的经营权的初次流转即拥有土地承包经营权的农户将农地经营权流转给新型农业经营主体的市场已初具规模且相对活跃，而二次流转即新型农业经营主体之间的流转交易市场则尚需开拓，而后者的活跃程度更是关系到抵押权的实现问题，可以说尤为重要。在大数据的背景下，信息的获取直接关系着交易的发生和交易结果的成败。承包土地的经营权流转市场的发展需要这样一条渠道，能够让买卖双方及时、全面、准确地了解到交易标的物的真实情况，从而最大限度地促成交易的达成。根据农业部的数据显示目前全国各地已建成近 2 万个土地流转服务中心，可以为农户和新型经营主体提供价格信息、政策咨询等土地流转服务。但由于各地的土地流转服务中心刚刚成立不久，在运营上还存在一定的问题，未能充分发挥土地流转服务中心的功能作用,致使“二级流转”市场的土地经营权交易活动并不频繁。因此,进一步规范土地流转交易平台的运营以使其能够发挥自身的功能是当前“三权分置”背景下进行承包土地的经营权改革过程中我们必须面对的议题。我们认为具体来说应该从以下三方面着手:

1. 交易平台的独立性

目前各地的产权交易平台基本都是由各地方政府出资建立的,受政府影响的程度颇深,而农村产权交易平台设立的目的是为区域内的农村产权流转和交易提供场所或者其他服务,我们对它的定位应该是开展市场中介服务的公益性组织。在市场经济的环境下,身为市场主体的一分子,它理应发挥其作为市场机构的信息传递、价格发现、交易中介等功能,而不能过多地受到政府机构及其部门的干涉,进而影响其自身功能的发挥。对于土地经营权的转让方和受让方而言,交易平台能够保持其自身的独立性和中立性,就是最大限度地保证了交易的公平性和平等性,使得交易双方能够对交易平台产生信赖,最终维护土地经营权流转市场的交易秩序。因此,保持交易平台的独立性对于整个交易市场的发展具有重要的意义。具体来说,土地流转交易平台应该通过精简职能、细化分工等行为与政府划清职能边界并进一步明确其自身性质,其从业人员也不应归入国家公务人员的编制,而是应该脱离政府行政部门的工作,从而可以淡化其行政色彩,摆脱政府的干预。除此之外,还应逐步强调其私法人的地位,并将公司化的运作体系纳入农地产权交易平台的工作过程中,从而使其能够为土地经营权流转交易市场的进一步发展壮大贡献自身的力量。

2. 交易行为的规范性

运用良好的交易规则对交易主体的交易行为进行规范,才能够维护整个交易市场的交易秩序,同时也是在维护交易双方的合法权益。随着土地经营权流转交易量的增多,出现流转纠纷的可能性也在上升,因此要积极发挥交易平台的各项功能,包括政策的咨询、信息的发布、合同的签订和对纠纷进行调处等。首先,在承包土地的经营权发生“初次流转”时,流转土地的农户与受让方之间订立的流转合同往往会存在不规范的情况,如流转合同仅采用口头形式而未采用书面形式，或者是虽然采用了书面形式却对流转期限、纠纷解决机制等关键性的问题约定不明，以致合同的履行具有极大的安全隐患。这就需要流转平台提供法律咨询服务、对双方合同的订立进行指导。其次，在交易的过程中，每一环节之间都是按照顺序相互连接起来的，各个环节串联起来形成了完整的链条。从最初交易的申请与受理，到交易平台受理后对交易信息的审核与交易资产的评估，再到交易平台正式发布交易信息后组织交易双方进行交易，交易成功后结算价款并办理权属变更登记，每一环节都须办理相应的手续并严格按照相应的交易规则进行，这种对交易程序的规范性操作是土地流转交易平台顺利运行下去的保障。最后，要积极发挥交易平台的纠纷调处功能，按照相应的土地经营权流转交易规则对交易双方在承包土地的经营权流转过程中产生的纠纷进行调解处理，以保障后续交易的顺利进行，维护交易市场的交易秩序。

3. 网络化的流转服务

互联网的应用将会为承包土地的经营权流转提供更加便利的渠道和更加快捷的服务。目前各地区建立的农村产权交易所都会受到地域性的限制，市场上的交易主体双方都被限制在特定的行政区域范围内，无法突破这种限制，则不利于交易标的物实现快速的流转。而通过第三方互联网交易平台的建立，将会彻底打破土地经营权流转交易在地域上的限制，实现全国范围内有效信息的快速流通。例如，时下非常火爆的土地流转网络平台土流网、地合网、土金网等。土流网成立于 2009 年，是一家线上的土地服务中介机构，其通过联合金融机构和保险公司可以为用户提供土地流转、土地评估、土地经营权抵押和农业保险等服务，仅仅 8 年的时间，其注册会员已接近 95 万，目前在土流网上挂牌的土地流转面积已达到 3.5 亿亩，其中交易面积约 1 亿亩。[1] 通过搭建全国性的土地流转网络信息平台，各个省市地区之间的信息实现了互通，传统的流转平台往往面临着一个问题就是地域限制下信息流转的不对称致使达成交易的可能性降低，表现为有意从事农业生产经营的农

〔1〕 颜珂：《当土地流转“遇上”互联网》，载《人民日报》2017 年 7 月 23 日，第 9 版。

户和农业经营主体可能基于现阶段的租金、土壤条件、土地流转现状等原因一时在当地无法找到满意的经营土地。而通过土流网这类土地流转信息平台,无论是普通的农户还是新型农业经营主体都可以在其他省份或地区找到符合条件的土地进行经营。地合网与土流网类似,主要为农村土地资源的流转和开发利用提供网络信息平台。随着这类互联网网站的运营,通过与各个地区的土地流转交易平台的合作获取准确真实的信息,可以预见在不远的将来承包土地的经营权流转市场将会迸发出生机和活力。

(三)建立完善的土地价值评估机制

土地属于不动产,其不可移动性决定了土地交易的对象实质上并非土地实物本身,而是有关土地的各种权利,土地交易就是权利的交易。[1] 因此,建立完善的土地价值评估机制在承包土地的经营权流转过程中是十分必要的。我们认为,评估应区分为办理土地经营权抵押贷款及抵押物变现过程中的评估和普通的土地经营权转让过程中的评估,前者一般都需进行评估,而后者则采取自愿申请的原则,两种评估结束后,都需要评估机构对土地的经营权的价值进行认定并最终以货币的形式体现出来。根据《试点暂行办法》第12条可知,借贷双方可以选择协商确定抵押物的价值或者由贷款人自行评估,也可以委托第三方机构进行评估。而在具体操作过程中,可以按照借贷金额进行区分,若借贷金额较低如5万元及以下,属于小额贷款,可由借贷双方协商或者贷款人自行评估,若借贷金额较高在5万元以上,则需要委托第三方评估机构进行评估。综合来看,委托第三方进行评估的方法最为公正客观,评估的难点就在于承包土地的经营权是一种权利,而并非实物,对于权利价值的认定总是存在一定的实践困难。在承包土地的经营权抵押过程中,若评估的价值偏低,则抵押人能够获得的贷款数额也会相应偏低,不能满足农业生产经营的需要;若评估的数额过高,则金融机构又会受此影响面临逾期不能收回贷款的风险。而在普通的承包土地的经营权流转过程中,若评估的数额偏低,则有损土地经营权转让方的利益,若评

---

[1] 陈小君:《农村土地法律制度研究》,中国政法大学出版社2004年版,第130页。

估的数额偏高，则有损土地经营权受让方的利益，最终皆不利于承包土地的经营权的顺利流转。因此，必须逐步建立科学、准确、公正的土地经营权价值评估机制。

1. 评估的主体

根据《试点暂行办法》第20条的规定可知承包土地的经营权价值的评估工作由各试点地区的农业主管部门负责。从实践的情况来看，专业的第三方评估机构少之又少，我们所调研的安徽省宿州市埇桥区暂时由区农委组建了评估专家库，聘请具有高级职称的农业技术专家、粮食种植专家、银行工作人员以及具有多年经验的农业部门管理层共同对抵押物的价值进行测算并出具相关证明。这种方法作为暂时的对策只能应用于一时，在市场经济体制下，委托专业的第三方评估机构对承包土地的经营权进行评估才是长远之计。为确保从事土地经营权价值评估机构的专业性，应对从事该行业的公司设定较为严格的市场准入的原则，通过严格的资质考核后，方能从事相关的承包土地的经营权价值评估工作。对从事评估工作的人员实行培训考核的制度，通过培训者方能上岗，以此来培养土地经营权价值评估方面的专业人才。同时，农业主管部门可成立评估工作监督小组如利用专家库对第三方评估机构的评估工作进行监督，最大限度内确保评估过程的公正性和评估结果的合理性。而类似土流网这类土地流转信息平台可以利用其掌握的相关交易数据进行分析比对，提出合理的评估意见，这也可以为评估工作提供帮助。

2. 评估的方法

承包土地的经营权的评估方法的选择对于评估工作的进行至关重要，土地经营权价值的评估往往需要考虑经营权的剩余流转期限、租金的支付情况、地面农作物的预期收益等多方面的因素，宿州市埇桥区实行的评估方法具有一定的合理性，其按照土地的流转情况分为两种模式，计算公式为：已流转的土地价值 = 贷款期限内已付土地租金 + 贷款期限内预期纯收入，这种模式主要针对的是新型农业经营主体；未流转的土地价值 =（当地土地平均价格 + 年预期纯收入）× 剩余承包期限，该模式适用于未将土地进行流转的传统农户。其中年平均预期纯收入按照同种类种植、养殖产品在当地市场的上年平均价格和近两年产量确定。金寨县的土地经营权评估方法则是：土地经营权评估价值 = 年土地平均净收益 × 租金支付期限 + 地上（含地下）附着物价值。湖南省汉寿县的做法则是引入了土流网作为第三方机构评估土地价值，土流网通过大数据分析，从光照水源、土壤条件、地形状况、政策规划、开发配套、区域经济 6 大方面对土地经营权价值做出精准评估。土流网出具评估报告后，由农户、银行、土地流转中心、土流网四方对价格进行认定，最终确定土地价值。由于我国幅员辽阔、地域广袤，各个地区的实际情况也不尽相同，不同地区农村土地经营权的价值受区位因素、经济发展水平的影响，地上农作物的品种和价值受气候条件和市场条件的双重影响。因此，现阶段具体的评估方法不应千篇一律，而应结合各地的实际情况审慎而为，这样才能制定出科学合理、可操作性强的评估方法。而同时我们也能够注意到土流网这样的网络信息流转平台作为第三方机构在进行土地经营权价值评估方面具有优势，为未来进行专业化的精准的评估指明了方向。

3. 评估追责机制

承包土地的经营权价值评估工作在土地经营权贷款和流转中的重要性自是不言而喻。通过建立承包土地的经营权价值评估监督机制，对评估的过程和结果进行监督，发现问题时可以及时对评估人员和评估公司进行追责。具体来说，对于评估人员和评估企业应建立评估工作档案系统，记录评估人员和企业进行过的评估工作，并对评估工作中出现问题的部分着重记录，且对企业的评估工作实行评级制。一旦出现评估问题，针对参与评估的相关从业人员，应视情节的轻重，追究其相应的法律责任，可以令其 2 年内不得从事相关评估工作，并记录在评估工作档案之中，情节严重的，还应撤销其从业资格，禁止其以后继续从事评估工作；对于相关评估公司来说，应视情节轻重，予以处罚，并记录在评估工作档案中，降低该企业关于评估工作的评审级别，这将直接影响其今后相关评估工作的顺利开展。而对于负有责任的评估机构责任人也要追究其个人责任，视情节严重予以处罚，情节严重的 3 年内不得从事相关评估公司的高管。通过建立一套严格的评估追责机制，明确追责的前提和处罚的原则,督促相关评估人员和评估公司依照相应的评估规则,努力提高评估从业人员自身的专业素质和从事该业务的评估公司的整体水平,从而最大限度地保证承包土地的经营权价值评估结果的公正合理。

(四)健全农村金融风险分担机制

在世界上的多数国家,农业都是弱质产业,农业的生产发展总离不开政府的扶持。在我国的国民经济中,农业自身也是较为薄弱的一环,农业的基础性地位体现在它的发展状况如何是关系到国计民生的大事。但由于农业生产活动具有季节性、生产的周期长致使投资周期长见效慢,同时还面临着自然灾害和市场风险的双重影响。农村金融风险分担体系的不健全,金融机构设计农村金融产品往往面临着风险大、成本高、收益少的现实,这种现象导致金融机构不愿从事农村金融行业,偶尔为之的也是本着所谓的社会责任感勉力而为。在风险防范薄弱的情况下,风险将完全由借贷双方进行分担,一旦风险发生不仅会给土地经营权人造成致命的经济损失,更会给金融机构带来无法挽回的损失。因此,承包土地的经营权抵押贷款制度的顺利运行需要建立一个系统的、完善的、多元化的风险分担机制,通过对风险的预防和分担能够减少抵押双方当事人的顾虑。从现阶段的实践情况来看,风险的分担主要需要做好两方面的工作:一是风险补偿基金的建立,二是农业保险体系的完善。通过发挥二者进行分险分担的作用,促进农村金融的发展壮大,实现农村金融体系的完善,最终促进现代农业又好又快地发展。

1. 农业保险体系

农业保险是指专为农业生产者在从事种植业和养殖业生产过程中,对遭受自然灾害和意外事故所造成的经济损失提供保障的一种保险。因为农业本身基础薄弱,农业生产易受自然灾害的影响,农产品交易易受市场风险的影响。没有保险进行风险分担也是实践中金融机构不愿放贷的重要原因。因此,农业保险体系的建设至关重要。农业保险体系的进一步完善是当前农业经营发展的现实需要,也是进行承包土地的经营权抵押贷款工作中风险分担机制的重要一环。我国当前的农业保险可区分为政策性的农业保险和商业性的农业保险。政策性的农业保险较为普遍,因有国家财政补贴作为支撑,保费较低,理赔金额也较低。对于以家庭承包方式从事农业生产经营的农户来说投保此类保险较为便利和划算,但一旦风险发生得到的赔付也仅是农业生产所投入的种子、化肥等原料费用。而商业性的农业保险则比较少见,一方面农业生产的风险大,保险公司不愿从事该项业务;另一方面商业性的农业保险保费较高,农业经营主体无法负担高额的费用。随着新型农业经营主体的涌现,我国农业的生产经营方式正在发生着变化,可以预见其未来会走上规模化、集约化、现代化的道路。正是由于目前农业保险体系的不健全,造成保险这一重要的风险分担机制在经营权抵押贷款上风险分担的缺位。例如:保险公司并未推出针对从事农业生产的流转大户的农业保险,普通的政策性保险理赔的金额偏低,只赔付一些原材料的费用,对于流转大户来说这些原材料费用只占其生产成本的极少一部分,远远低于生产过程中的务工费、土地流转租金等费用的占比。而商业性的保险费用高昂,无疑会增加其自身的负担,对于流转大户而言也并非好的选择。除此之外,保险人在设计产品时回避农业生产中的主要和重要风险,对旱灾、病虫灾害等农业产量保障有重要意义的风险不予承保。[1] 也是农业保险体系尚需完善的体现。

因此,当前的农业保险体系的完善,应从以下两方面着手:一是要逐步提高政策性农业保险的理赔金额,特别注意要扶植新型农业经营主体,推出针对新型农业经营主体抵押贷款的新型农业保险,建立多元化的风险分担机制,打消金融机构的借贷顾虑,搞活承包土地的经营权抵押贷款融资市场,为农业生产提供资金支持,从而可以增强农业生产经营者从事农业生产的信心,有利于现代农业的发展。二是要创新农业保险品种,要实行因地制宜、因时制宜、因标的制宜、因参保主体制宜、分级分档的农业保险品种结构,促进保险险种多元化,使险种更加适应参保主体的需要。[2] 根据投保人的现实需求,可以积极开展市场价格指数变动方面的保险、农业生产遭受自然灾害方面的保险、农机安全方面的保险,针对养殖业还可以开展兽医责任保险等。

---

〔1〕 庹国柱:《我国农业保险的发展成就、障碍与前景》,载《保险研究》2012 年第 12 期。

〔2〕 尹成杰:《关于推进农业保险创新发展的理性思考》,载《农业经济问题》2015 年第 6 期。

通过推行多元化的保险品种,满足投保主体的不同需求,分担农业生产经营过程中的风险,促进现代农业的稳步发展,可以巩固农业在国民经济中的基础性地位。

2. 风险补偿基金

对于银行业金融机构而言,办理农地经营权抵押贷款面临着较高的风险。由政府出资建立的风险补偿基金主要用于先行分担承包土地的经营权抵押贷款办理后,借款人届期不能清偿贷款时,给贷款人造成的损失。我们调研过的宿州市埇桥区政府设立了2000万元的风险补偿基金,该基金由宿州市现代农业投资有限公司进行管理,在农业银行开立账户,原则上银行贷款的额度可在风险补偿基金的基础上放大5倍,宿州市现代农业投资有限公司与农业银行宿州埇桥支行(贷款业务)、农业银行宿州埇桥支行(基金存放)、埇桥区农业委员会签订了经营权抵押贷款风险补偿金代扣协议。该协议的有效期为1年,到期后各方无异议的有效期自动顺延1年。根据该"四方代扣协议",当出现不良贷款时,风险由补偿金代偿80%,由金融机构承担20%。重庆市则在市级政府安排下,拿出了8000万元作为"三权"抵押贷款风险补偿金。这些做法对经营权抵押贷款风险的分担具有积极意义,减轻了贷款双方的压力,削减了银行业金融机构开展承包土地的经营权抵押借贷业务的顾虑。

但实践中,抵押权的实现还面临着一个问题。在土地经营权流转过程中,由于流转土地的规模较大,租金一般是按期限支付,鲜有租金一次付清者,合同履行中,因拖欠租金导致的纠纷时有发生,如果农地经营权人同时也是租金的义务支付者,租金拖欠对承包土地经营权的抵押会产生较大影响。[1] 因此,对于以流转方式取得农地经营权的经营主体来说,若想要进行农地经营权抵押贷款,一定要保证流转合同的顺利履行;对于银行业金融机构来说,若抵押人未按时支付农户租金,流转合同因此不能顺利履行,则抵押权能否实现尚未可知。可见,流转合同的履行关系到抵押权的实现。故我们

---

〔1〕 孟光辉:《承包土地的经营权抵押登记问题探析》,载《中国农村经济》2016年第10期。

认为:风险补偿基金的使用应分为两部分,双管齐下方有成效,一部分用于保证流转合同的顺利履行,即用于先行垫付给农户支付土地经营权的租金,以保证流转合同的顺利履行,不影响金融机构抵押权的实现;另一部分用于分担借款人无力清偿借款时的风险,即由风险补偿基金按照预定的比例先分担一部分贷款损失。在风险补偿基金分担损失后,若原农地经营权发生流转的,以其流转价款按比例偿还给风险补偿基金;若农地经营权未发生流转而被实施强制管理的,则以经营土地的收益所得来偿付风险补偿基金。通过建立风险补偿基金并对以上两个方面的把握,以期实现经营权抵押贷款制度的顺利进行和对抵押权实现中风险的分担。

(五)完善农村社会保障体系

长期以来中国经济和社会发展面临的一大障碍就是城乡二元体制的问题,这一问题在形式上表现为城乡户籍制度的不同,在实质上则表现为城乡资源分配的不均;管现阶段的户籍制度改革已逐步取消了城乡之间农业户口与非农业户口的划分并统一为居民户口,但长期以来资源配置的不均衡却无法在一朝一夕内实现有效调节并达到平衡,具体表现为城乡在医疗、教育、就业、养老等社会生活各个方面上资源配置的差异。与城市相比,农村由于经济发展水平低底子薄,基础设施不健全致使其教育资源落后、医疗条件薄弱、村民养老无保障等各种问题层出不穷。长久以来,在中国农村农民只有依靠在土地上从事稳定的农业耕作才能保证基本的温饱,其只能牢牢地依附在土地上,将土地作为最基本的生活保障,并以此来抵御来自失业、疾病等方面的生活风险。[1] 即使在大量农民选择外出务工、农村"空心化"问题突出的当下,农地依然承担着一定的社会保障功能。也就是说土地资源既是进行农业生产的基本生活资料,又承载着农村社会中农民的社会保障功能,同时还肩负着解决整个国家粮食安全的问题。正所谓牵一发而动全身,土地资源本身具有稀缺性,在允许农地经营权自由流转包括抵押融资进而发展现代农业的

---

[1] 杨光:《我国农村土地承包经营权流转法律问题研究》,吉林大学 2014 年博士学位论文,第93页。

状况下,我们必须考虑曾经能够解决几亿农民基本生活保障的土地资源发生流转后,如何有效解决农村社会保障的问题?而这一问题逐步得到合理的解决也能够促进农地经营权抵押制度的平稳运行,两者是相辅相成、互相影响的关系。所以,在农地经营权自由流转的同时,为了进一步降低传统农户对土地的人身依附性,需要加快地建立健全农村社会保障体系,使农村村民的基本生活水平得到保障,增强其抵抗疾病、灾害的能力。

1. 完善农村基本保障制度

农村社会保障制度是通过国家立法的形式,对农村社会成员由于年老、疾病、伤残、失业、死亡及其他灾难发生而使其生存发生困难时,提供的基本生活保障或者帮助建立起来的一种社会救济制度,主要包括社会保险、社会救助和社会福利三个部分。[1] 社会保障体系可以说是保护整个社会人民生活的安全网,也是国民经济收入分配的调节器。初次分配依靠效率,再次分配注重公平,社会的和谐稳定很大程度上需要依靠再分配的调节作用。人活一世总免不了要经历生老病死几件大事,这与每个人都息息相关。在城市围绕居民的疾病、养老、失业、工伤、贫困等问题都相应建立了覆盖范围广、补贴金额高的保障制度,而反观农村的现实状况,针对疾病的医疗保险虽然覆盖范围广,但补偿条件严格,特别是针对重大疾病的补偿数额有限,而对于特困户的贫困补贴和老年人的养老补贴方面都有着覆盖范围窄、审核条件严、补贴金额少等不足。如“新农保”要求年满60周岁老人只有在其子女参保缴费后方可以不用交费按月领取基础养老金,而目前每人每月领取的养老金约为60~112元。[2] 这样的补偿金额根本难以满足个人基本的物质生活需要。因此,尽快建立一个覆盖范围广、补偿金额高的农村基本保障体系刻不容缓。在资金的来源上,一是要加大中央和地方各级政府部门的财政资金投入,做好各项基础设施建设,建立完备的农村保险体系;二是要积极发挥社会上的各种慈善基金会的力量,通过献爱心活动等多种渠道筹集资金,专款专用;三

---

〔1〕 刘卫柏:《中国农村土地流转模式创新研究》,湖南人民出版社2010年版,第310页。

〔2〕 于海琳:《土地经营权流转与失地农民社会保障体系的构建》,载《农业经济》2015年第8期。

是努力做好扶贫工作,结合地方具体情况发展特色乡镇企业和集体经济,促进农村整体经济水平的提升。

具体说来,需要从医疗、养老、最低生活补贴三个方面来着手。一是完善以“新农合”为基础的农村医疗方面的基本保障制度。长期以来,看病难、看病贵的问题一直影响着农村村民的正常生活状况,经济条件的限制制约着农村村民的医疗水平。当前应该努力推进城乡医疗保障制度的协同发展,逐步提高“新农合”的保障水平,特别是针对重大疾病的保障标准和报销比例的提高,改革报销流程中手续烦琐、条件苛刻的现状,针对家庭经济条件确有困难和患有重大疾病无力支付医疗费用的病患,探索治疗过程中即可通过相关基金会先行支付医疗费用,后期再将医疗保险补偿的金额支付给该基金会的保障模式。二是健全以“新农保”为基础的农村养老方面的基本保障机制。随着城市经济的快速发展,劳动力需求的显著增加,吸引了农村大批青壮年背井离乡进城务工,大量的农村地区遗留下来的是留守儿童和孤寡老人,农村地区人口老龄化的问题日益严重,能够保障这些老人老有所依、老有所养是农村养老保障机制所追求的最终目标。因此,一方面要统筹城乡养老保险体系,努力提高农村养老保险的覆盖范围和保障水平,至少做到发放的金额能够保障老人的基本生活水平的需要;另一方面可以积极探索传统农户中的独居老人以其农地经营权设立反向抵押的形式解决养老问题,具体做法是老人可以将其土地承包经营权中承包权保留,将农地经营权抵押给银行业金融机构,待相关的评估机构作出评估后由银行业金融机构按照评估价值支付给老人资金作为养老费用,待老人去世后,由金融机构将抵押物流转出去变现。[1] 三是完善农村的最低生活保障制度,一方面要规范最低生活保障补贴的选择标准,坚持公平、公正、真实的原则将补助资金发放给最需要的贫困人群,切忌以权谋私,另一方面要提高最低生活保障制度的补贴额度,努力保障贫困家庭的基本生活水平。除以上几个方面,还需要推进农村社会保障法

---

〔1〕 姜杰凡、孙媛萌:《提高农民养老保障水平的新途径及法律实现》,载《华中农业大学学报》2013年第4期。

制体系的建设,从立法、执法、守法整个过程来规范相关的社会保障行为,以体现法律的公正性,实现监督的有效性,并对这一过程中的违法行为及时追究法律责任。

2. 完善自然灾害救助制度

自然灾害救助制度是指由政府及社会对于因自然灾害给人类造成的损害进行救助、提供帮助的一种社会救助制度。这种自然灾害可以表现为洪涝、台风、沙尘暴、低温冷冻、雪灾、地震等形式。在自然灾害发生后,对于人的救助总是第一位的,为灾民发放救灾物资和提供临时避难场所解决基本生活所需固然重要,灾后重建工作也是刻不容缓的。因为农业往往受自然灾害的影响颇深,农地经营权的价值体现在对农地进行经营后以农产品来获得收益,这种经营必须牢牢地依附于土地资源之上,一旦遭受了自然灾害则农产品产出会受影响,而土地经营权人先前以农地经营权向银行抵押借贷的资金极有可能无法按时归还,使银行面临着一定的金融风险。所以,要进一步完善灾害救助制度。一方面要做好自然灾害的预测工作,在灾害发生前努力采取措施减少减轻灾害造成的损失;另一方面在灾害发生后动用救灾款项做好灾后重建工作,尽快恢复土地资源的原有价值,尽力挽救农作物的受灾损失。同时,银行业可以采取延缓还款期限的措施处置不良贷款,以最大限度地保证债权人的合法权益。

(六)完善银行土地经营权贷款业务

银行业金融机构作为贷款人在办理农地经营权抵押贷款业务时往往占据主导地位,是一些与贷款相关的限制性规则的具体实施者。现阶段各试点地区在政府及其相关部门的主导下由金融机构负责办理农地经营权抵押贷款业务,此项业务对于金融机构来说是一项尚处于起步阶段的业务,为最大限度地防范金融风险,农地经营权抵押贷款制度在贷款的额度、贷款的期限、贷款的手续流程等方面受到了一些严格的限制。以宿州市埇桥区为例,其出台的《关于建立农村土地经营权抵押贷款风险防范措施的意见》中规定农村土地经营权抵押的贷款金额原则上不超过土地流转经营权抵押认定价值的60%,最高贷款金额为300万元,贷款期限由贷款人按客户实际经营周期确定,目前最长期限为3年。借款期限超过1年的,第一年到第三年需采取分期付款的方式还款。在经营权抵押贷款的起步阶段,为防范金融风险,做这样的限制性规定具有一定的合理性。但是根据我们走访的当地的一家家庭农场——胜昔家庭农场的实际情况来看,最高限额300万元的贷款仍不能满足新型农业经营主体的生产需求。目前胜昔家庭农场通过流转的方式取得了周围约3000亩土地的经营权,而每年需支付给当地农户的租金为1亩1000元,通过计算可知农场主一年需支付给土地承包户的租金约为300万元,而2017年农场主通过办理农地经营权抵押贷款共从银行贷得资金200万元,贷款期限是3年,还款方式是分期付款的方式,第一年需还款50万元,第二年还款50万元,第三年还清余下的本金和利息。其3年共借得的贷款总额尚无法支付一年的租金,且该农场主要种植的作物都是水果类,果树的生长周期长,新栽种的树苗要过几年时间才能收获水果,而贷款的期限又短,往往资金还未来得及使用就到了还款的期限,这限制了其对农业生产的投入。

因此,我们认为,现阶段银行业金融机构应该从以下几个方面来进一步完善农地经营权抵押贷款业务:一是应该适当提高办理农地经营权抵押贷款的最高限额,根据各个借款人的抵押物价值、资信情况、实际需求等确定其可以办理的贷款限额。对于规模大、资金需求强的新型农业经营主体可以办理较大数额的贷款;而对于规模小、资金需求弱的生产经营主体,则办理小额贷款即可。二是针对新型农业经营主体银行业金融机构可以在综合考虑其对农场的投入、经营状况、资信情况、贷款需求等因素的前提下确定可以为其办理的贷款限额,并按照贷款的期限,实现客户的按需所取、按需所贷。现在的贷款发放方式是一次性发放全部的贷款金额,因为农业的生产经营活动具有季节性的特点,当借款人通过了一系列流程成功办理下贷款后可能已经过了种植或者收获的季节,这样大部分的资金要么被搁置,无法得到有效利用,要么在监管宽松的情况下被挪作他用,增加了金融风险的发生。因此,可以将最初确定的贷款限额作为贷款额度,在贷款期限内,根据贷款主体的需求,分批次发放贷款,合计不超过贷款额度,农业经营主体可在农产品收获后用取得的收益及时还上贷款的金额,也可以采取提前还款的方式偿还贷款金额,这样做既可降低银行的借贷风险,也可降低借款人的借贷压力,促进了贷款运用的灵活性。三是尽量简化贷款程序,方便续贷。农业是一项长期的生产经营活动,农业生产经营者在土地上的投入很难一夕之间全部收回,故农业的生产经营活动具有一定的持续性。如果是同一经营主体、同一贷款事由,根据其经营状况、资信状况可以简化其重新办理贷款的手续,方便用户后续贷款的跟进,保证其对农业生产的持续性投入。四是金融机构可以针对不同的种养殖品种生长周期等因素,确定贷款期限,分类开发短期、中期、长期贷款品种。例如:对于果树、林木等生长产出周期长的,可以给予长期贷款。对种植水稻、玉米、油菜等生长产出周期短的,可以给予短期贷款,从而满足不同类型的借贷主体的需求,更好地支持其对农业生产经营活动的资金投入,丰富金融机构在农地经营权抵押方面的贷款品种。五是加强对贷款用途的追踪和监管,农地经营权抵押贷款只能用于土地的开发整理,农田水利、路网、大棚、圈舍等基础设施的建设维修,农业生产工具、生产资料的购买以及农业生产经营、销售、农业产业化项目等,而不能用于贷款对象的日常消费、改善生活等其他领域。抵押贷款只能用于农业生产经营活动,促进农业生产整体水平的提升,这是赋予经营主体土地经营权并得以开展农地经营权抵押业务的初衷。因此,承办贷款业务的金融机构应对以农地经营权进行抵押贷款融资活动的经营主体的贷款用途进行充分了解,并定期通过走访调查、电话问询等各种便利的渠道了解相关贷款资金的具体用途,以确保贷款资金得到合理的使用,从而降低该项贷款业务发生贷款风险的可能性。

(七)建立农地经营权流转的权利救济机制

任何一项权利的设定都应有与它相伴随的权利救济机制的存在,若只设定某种权利而无权利救济机制,则该项权利往往会沦为一纸空谈,因为享有权利的人在自身权利受到侵害之时,并不知道要采取怎样的行动可以保护自己的权利并排除妨害。根据我国《农村土地承包法》第 51 条的相关规定可知,当事人之间因土地承包经营权发生纠纷的,可以采取协商、调解、向仲裁机构申请仲裁或者向人民法院起诉的方式解决纠纷。而《农村土地承包经营权流转管理办法》第33条规定因土地承包经营权流转发生纠纷的,同样可以采取协商、调解、申请仲裁或者向人民法院起诉四种纠纷解决方式。我们在前文论述过,农地经营权是在土地承包经营权之上设定的权利,只具有后者权利内容中经营权的相关属性,那么关于农地经营权的纠纷解决机制应该也遵循土地承包经营权的纠纷解决的四种方式。一般来说,流转的形式可以包括转让、出租、入股、抵押等多种方式,前几种形式不需多述,关于抵押令人困惑,无论是《农村土地承包法》和《农村土地承包经营权流转管理办法》中都考虑到土地承包经营权具有身份性的特点,对于以家庭承包方式取得的土地承包经营权的流转形式中并未规定抵押的方式,因此当争议的双方因农地经营权抵押而发生纠纷时能否同样适用因土地承包经营权发生纠纷时的四种解决方式。尽管我们认为可以同样适用,但法律的规定存在不明确性,而《试点暂行办法》中也未规定关于承包土地的经营权抵押纠纷的解决机制,在现有法律还未将承包土地的经营权以一种权利的形式规定在相关法律条文之中的状况下,一旦发生纠纷和争议,当事人双方可以采取何种方式解决纠纷的确令人困惑。因此,我们认为一方面是提高流转合同和抵押合同的规范性,合同中应该明确双方当事人的权利义务、纠纷的解决方式等;另一方面是进一步完善现有法律的相关规定,农地经营权抵押也可以采取四种纠纷解决方式,即争议双方当事人之间的协商、由当地农业主管部门进行调解、请求土地仲裁机构进行仲裁和直接向人民法院起诉。

第二章　农民住房财产权抵押问题研究

农民住房财产权抵押是农民发挥财产性权利的一种融资渠道，与农民利益息息相关。在农村，建房花费了农民很大一部分资金，作为一项成本较高的不动产，农房具有很大的融资价值。随着经济的迅猛发展和城镇化的加快，乡村人口数量逐年减少，《中国统计年鉴2016》显示：2015年乡村人口数为60,346万人，相比于2014年减少了1520万人。[1] 如今越来越多的农民选择进城务工或定居，农房对于他们的生存保障功能已经很弱，“空心村”现象非常严重。若仍然禁止农房抵押，只会使得大量的土地、房屋资源被浪费，农民融资困难，制约农民自由进行经济活动。徐晶基于山东、安徽228户农户的调查数据的分析研究发现：农户对农房抵押贷款这一新型融资渠道有一定的现实需要。[2] 对于农民来说，他们需要资金支持，但没有可供抵押的财产，银行贷款困难，缺少筹集资金渠道；若允许农房抵押，农民可以凭借其所享有的所有权将房屋用来抵押，能够有效地解决融资难的问题，缓解宅基地浪费现象，保护自身合法的财产性利益。

基于历史原因形成的城乡二元结构是制约我国经济社会发展的重要因

---

〔1〕《中国统计年鉴2016》，载 http://www.stats.gov.cn/tjsj/ndsj/2016/indexch.htm.，最后访问日期：2017年8月5日。

〔2〕徐晶：《农户参与农房抵押贷款意愿的研究——基于山东、安徽228户农户的调查》，载《湖南农业科学》2016年第3期。

素。这种城乡二元结构直接导致了农村和城市在政治、经济、文化等方面的差异和不协调发展，直接影响到农民收入的提高和对发展成果的共享。[1]《中国统计年鉴2016》显示：2015年城镇居民人均可支配收入为31,790元，农村居民人均可支配收入为10,772元。城乡收入比将近3∶1，城乡收入差距大。[2]《国务院办公厅关于加强土地转让管理严禁炒卖土地的通知》（国办发[1999]39号文件）规定："农民的住宅不得向城市居民出售"，该规定禁止城镇居民到农村买房，限制了宅基地的流转，从而阻碍了农房抵押工作的开展。我国现行的宅基地制度过多偏重宅基地的生存保障功能，却忽视了宅基地生产要素功能，阻碍了城乡人口的双向流动，也不利于农民宅基地财产权的实现。农房抵押在一定程度上可以激活宅基地的生产要素功能，有利于统筹城乡社会经济发展。

第一节　农民住房财产权抵押概述

一、农民住房财产权抵押概念

（一）农房范围

1. 农房、宅基地、宅基地使用权之间的关系

研究农民住房财产权抵押问题，首先必须厘清农民住房、宅基地和宅基地使用权之间的关系。农房担负着保障农民生存的重任，与宅基地有着千丝万缕的联系。长期以来，在农村人们习惯将二者混同，以"房子""宅"等指代宅基地，但其实这是两个截然不同的概念。农房是建立在宅基地上的房屋，宅基地是农房存在的基础和承载物，农民的住房属于农民所有，宅基地属于农民集体所有，但农民享有宅基地使用权。

（1）宅基地

宅基地是中国农村土地制度特定的概念，现行法律关于宅基地的规定杯

[1] 李昌麒：《泛论农村法律制度的建立和完善》，载《云南大学学报》（法学版）2008年第5期。

[2] 《中国统计年鉴2016》，载 http://www.stats.gov.cn/tjsj/ndsj/2016/indexch.htm.，最后访问日期：2017年8月5日。

水车薪。《土地管理法》中只有第8条和第62条涉及宅基地的规定。其中第8条明确了宅基地的权属,宅基地属于农民集体所有;第62条则主要规定了宅基地的审批,农民一户只能拥有一处宅基地,宅基地面积不得超过省、自治区、直辖市规定的标准,农民在出卖、出租住房后,再申请宅基地,不予批准。《物权法》没有关于宅基地的直接规定,只是将宅基地使用权作为一种用益物权加以简单规范。对于宅基地的定义,我国目前还没有形成一致的看法。在不同学科上有不同的定义。土地学科上,马克伟认为:宅基地是农村集体经济组织为保障农户生活需要,拨给农户建造房屋使用的土地。包括住房地基、仓库、庭院、厕所、畜圈、沼气池、柴草垛等。[1] 陈洪博指出宅基地是农村集体经济组织划拨给其成员用以建造房舍的土地。包括住房、辅助用房(如厨房、厕所、禽畜舍等)、沼气池和小庭院用地及房前屋后少量的绿化用地。[2] 法学学科上,王利明认为:宅基地是指农村集体经济组织的成员经依法批准用以建造个人住宅的农民集体所有的土地。[3] 王旭光从宅基地是否建了房屋、建过房屋或者决定用于建造房屋的角度出发,将宅基地划分为建了房屋的土地,建过房屋但房屋已无上盖物、不能居住的土地以及准备建房用的规划地三种类型。[4] 孙毅、申建平对宅基地的定义很简单,他们认为:宅基地是指所有用于建筑房屋及其他附属物的土地。[5] 土地学科强调的是宅基地的居住功能,而法学学科注重的是宅基地的建造功能。宅基地是嵌入在农村集体经济组织成员身份关系和农户家庭成员身份关系之中的特定身份物。[6] 宅基地的主要功能是满足农户生活居住需要,因此,从居住功能角度界定宅基地的范围更为可取。

综上,基于宅基地的居住功能,我们认为宅基地是指农村集体经济组织为保障农户居住生活,经农户申请而批给农户使用的,归集体所有的土地,包

---

〔1〕 马克伟主编:《土地大辞典》,长春出版社1991年版,第1016页。
〔2〕 陈洪博主编:《土地科学辞典》,江苏科学技术出版社1992年版,第37页。
〔3〕 王利明:《中国民法典学者建议稿及立法理由》(物权编),法律出版社2005年版,第273页。
〔4〕 王旭光、范明志主编:《物权法适用疑难问题研究》,山东人民出版社2007年版,第280页。
〔5〕 孙毅、申建平:《建设用地使用权·宅基地使用权》,中国法制出版社2007年版,第265页。
〔6〕 向勇:《中国宅基地立法基本问题研究》,中国政法大学出版社2015年版,第26页。

括住宅地基、附属设施用地、绿化地以及自留地。

(2)宅基地使用权

宅基地使用权概念最早出现在1963年中共中央发布的《关于各地对社员宅基地问题作一些补充规定的通知》。2007年《物权法》首次使用了“宅基地使用权”一词,《物权法》第152条规定:“宅基地使用权人依法对集体所有的土地享有占有和使用的权利,有权依法利用该土地建造住宅及其附属设施。”但是未明确其内涵和外延,只是影射了其概念。学者对于宅基地使用权的界定也各执己见。王利明认为宅基地使用权是农村集体经济组织成员依法所享有的在农民集体所有土地上建造住宅的权利。[1] 孙宪忠将宅基地使用权定性为用益物权,指出宅基地使用权是农村村民依法所享有的,在集体所有的土地上建造、保有住宅及附属设施并对其行使占有、使用权能的权利。[2] 袁锦绣认为宅基地使用权是宅基地使用权人依法所享有的占有、使用集体所有的土地,并在该土地上建造房屋、其他附着物,排除他人干涉的权利。[3]

宅基地使用权是中国特色社会主义法制的产物,与中国农村村民生活息息相关。一般来说,宅基地使用权具有如下特征:

第一,宅基地使用权的主体具有身份性。根据《土地管理法》第62条规定,“农村村民一户只能拥有一处宅基地”。《物权法》第152条规定了宅基地的权利主体是“宅基地使用权人”,但《物权法》对“宅基地使用权人”的资格并未进一步明确,通说认为其仅限于农村集体经济组织成员。现行法律将宅基地使用权的主体限定为农户,尽管《土地管理法》和《物权法》等法律并没有禁止城里人在农村取得宅基地使用权,但有些规范性文件却明确表达了这一意思,如《国务院关于深化改革严格土地管理的决定》(国发[2004]28号文件)要求:“加强农村宅基地管理,禁止城镇居民在农村购置宅基地”。

---

〔1〕 王利明:《中国民法典学者建议稿及立法理由》(物权编),中国人民大学出版社2002年版,第157页。

〔2〕 孙宪忠:《中国物权法总论》,法律出版社2003年版,第221页。

〔3〕 袁锦绣:《农村宅基地使用权法律问题研究》,中国商务出版社2013年版,第9页。

第二,宅基地使用权的客体为集体所有的土地。从《物权法》第152条的规定中我们可以看出住宅基地仅能在集体所有的土地上设立,而根据《土地管理法》第62条的规定,农村村民建住宅应尽量使用原有的宅基地和村内空闲地,如果涉及占用农用地的,依照《土地管理法》第44条的规定办理审批手续,但宅基地必须设立在集体所有的土地上,宅基地使用权的客体必须是集体所有的土地。

第三,宅基地使用权目的的特定性。根据《物权法》第152条的规定,宅基地使用权人"有权依法利用该土地建造住宅及其附属设施",设立宅基地使用权的目的主要是用于建造住宅及其附属设施。但在宅基地范围内,宅基地使用权人为居住之目的而对土地为适当的利用均在权利范围内,不应限于建造住宅及其附属设施,只要系为居住的目的而进行的必要建设均无不可。

第四,宅基地使用权的无偿性和永久性。对于依法取得的宅基地使用权,《土地管理法》和《物权法》均未规定农户需支付相应的对价,因而,一般认为其是一项无偿的用益物权。在物权法立法过程中也曾有人建议,对于超过基本居住范围的部分实行有偿使用制度,对超标占用的宅基地,可以采取累进制计算使用费,[1]但这一建议并未被采纳。宅基地使用权的取得派生于其作为农村集体经济组织的成员权,在其保有成员权的期间内,宅基地使用权是无偿的、无期限的。但由于宅基地使用权具有一定的社会福利性质,因而《土地管理法》第62条第1款规定:"农村村民一户只能拥有一处宅基地,其宅基地的面积不得超过省、自治区、直辖市规定的标准。"

第五,宅基地使用权的无收益性。《物权法》将宅基地使用权作为一种用益物权加以规定,《物权法》第117条规定,用益物权有占有、使用和收益的权能。但是其第152规定:"宅基地使用权人依法对集体所有的土地享有占有和使用的权利,有权依法利用该土地建造住宅及其附属设施。"其中只规定了宅基地使用权的占有和使用权能,却未规定收益权能,因此,宅基地使用权还具有无收益权能的特点。

---

〔1〕 胡康生:《中华人民共和国物权法释义》,法律出版社2007年版,第338页。

学界关于宅基地使用权的定性素有争议，主要有三种学说：第一种，“用益物权说”。我国《物权法》特意将宅基地使用权安排在用益物权编进行规范，但是宅基地使用权是一种特殊的用益物权，在权利行使中受到各种限制。第二种，“中国特定财产权说”。王卫国、高富平、王利明等反对用大陆法系的用益物权概念声讨中国的土地利用制度。他们认为中国的土地制度是以土地公有制为基础，通过法律制度实现创制私权，实现制度化权利到私权的转换，这与大陆法系的土地利用制度相去甚远，不宜将中国的土地利用制度纳入大陆法系的用益物权的框架。中国的土地利用制度应有中国自身特色。[1] 第三种，“法定占有权说”。向勇指出宅基地使用权作为一种土生土长的中国土地物权，定性为“法定占有权”更符合实际。宅基地使用权是建立在集体的土地上，而非集体土地所有权上，其并非集体所有权上设定的权利负担，农户与集体在宅基地关系上是平等关系，而“占有权理论”认为占有权与所有权是平等的，这恰好能解释宅基地使用权与集体所有权相互独立平等的生活事实。因此，宅基地使用权是由法律直接规定、由所有权人直接分配、由成员在集体成员所有的土地上享有的法定占有权。[2]

尽管宅基地使用权的概念和定性争议很大，但宅基地使用权本质上就是农户基于集体成员身份所享有的利用集体所有的土地建造住宅及其附属设施，并对其占有和使用的权利。

(3)农房

《物权法》第152条规定：“宅基地使用权人依法对集体所有的土地享有占有和使用的权利，有权依法利用该土地建造住宅及其附属设施。”根据有关部门的解释，所谓“建造住宅”，是指为农村居民所建住房以及与居住、生活有关的建筑物和设施。[3] 在这里是使用“住宅”来指代农房。《土地管理法》

---

〔1〕 王卫国：《中国土地权利研究》，中国政法大学出版社1997年版，第146页；高富平：《土地使用权和用益物权——我国不动产物权体系研究》，法律出版社2001年版，第104页；王利明：《物权法研究》，中国人民大学出版社2002年版，第415～417页。

〔2〕 向勇：《中国宅基地立法基本问题研究》，中国政法大学出版社2015年版，第58～63页。

〔3〕 参见国家土地管理局政策法规司1992年5月28日发布的《关于对农村居民“建住房”含义理解问题的答复》。

也是使用了住宅的概念,《土地管理法》第 62 条第 2 款规定:“农村村民建住宅,应当符合乡(镇)土地利用总体规划,并尽量使用原有的宅基地和村内空闲地。”而在另外一些文件中,则经常使用“房屋”这一概念。根据《房地产登记技术规程》的规定,房屋是指有固定基础、固定界限且有独立使用价值,人工建造的建筑物、构筑物以及特定空间。

综上,农房就是建立在集体所有的宅基地或村内空闲地上的满足农民生活居住需要的房屋等建筑物及构筑物。

2. 农房的范围

“住宅”的表述并不意味着在宅基地上建造房屋只能以居住为目的。关于在宅基地上从事一定经营活动的建筑是否影响宅基地性质的认定的问题,根据《湖南省农房抵押融资试点暂行办法》中的规定,农房是指集体土地上的房屋,包括住宅、生产经营性房屋。上海地区的做法也可以作为借鉴,如 2009 年《上海市工商行政管理局关于鼓励创业促进就业的若干意见》规定:“经所在地村民委员会审查同意,允许农民以宅基地自营或出租给他人开办个体工商户从事小型商业零售、‘农家乐’等于农民生产生活密切相关的经营活动或者作为农民专业合作社的经营场所。”目前绝大多数试点地区都规定农民住房财产权是指农村居民拥有的用于居住、生活的房屋所有权及其宅基地使用权。农房被限定为是农村居民用于居住、生活的房屋。

鉴于农民住房财产权抵押是现行政策推行下的产物,仍处于试点阶段,尚未形成一套可复制可推广的经验。我们认为,现阶段“农房”的范围应做狭义解释。农房必须限定在集体土地上,与城市房屋相对应,即使用集体所有的土地,在集体宅基地建设用地上面建造的供农民生活使用的住宅及其他附属设施,包括厕所、猪圈、厨房等在宅基地使用范围内的房屋。

(二)农民住房财产权抵押的概念

近现代意义上的抵押并非我国古代“抵”或“押”等形式自然演进的结果,而是嫁接西方的舶来品。抵押权是指债权人对于债务人或第三人不移转占有而提供担保的财产,在债务人不履行债务时,依法就担保的财产变价并优先受偿的权利。其素有“担保之王”的美誉,作为一种典型的担保物权,抵押权一定是为了保障债权实现而提供一定的财产进行担保，而且不得移转标的物的占有。若当事人双方约定以移转标的物的占有设定抵押，那么其实是设立质押，抵押权是物权、绝对权、价值权，抵押权因登记而取得对抗世人的效力。

各试点地区对农民住房财产权抵押的界定如出一辙，例如，根据《文昌市农民住房财产权抵押贷款实施细则（试行）》的规定，农民住房财产权抵押贷款，是指在不改变宅基地所有权性质的前提下，以农民住房所有权及所占宅基地使用权作为抵押、由银行业金融机构向符合条件的农民住房所有人发放的、在约定期限内还本付息的贷款。农房抵押在 2015 年才开始在全国试点，但城市房产抵押早已形成一套成熟的机制。《城市房地产管理法》第 47 条是关于城市房地产抵押的定义，其将房地产抵押定义为抵押人以其合法的房地产以不移转占有的方式向抵押权人提供债务履行担保的行为，在债务人不履行债务时，抵押权人有权依法以抵押房产拍卖所得的价款优先受偿。在界定农民住房财产权抵押的概念时，我们可以借鉴城市房地产抵押的定义方法。农民住房财产权抵押是指农房的所有权人或者其他利害关系人为保证债权人顺利实现债权，以特定的农民住房所有权和宅基地使用权承受负担债务的义务，在债务未被及时足额清偿时，该特定农民住房经司法机构裁定，通过折价、拍卖或变卖等方式，将获得的价款支付于债权人，以消灭或减少债务人的债务，保障债权人的债权。

二、农房抵押的学理争论

关于农房能否抵押，在学界引起了很大的争论，学者的观点莫衷一是，主要分为两派。一派认为房屋是广大农民的一项重要财产，允许农房抵押可以带来巨大的经济效益，是农民致富的重要手段；另一派则认为农房具有保障农民生存功能的重大意义，若允许抵押会使农民成为流民，加剧社会动荡。我们在此将其归纳为“肯定说”和“否定说”。

（一）农房抵押“肯定说”

大多数学者支持农房抵押贷款，认为农房抵押贷款是必然之势。王利明认为从现行法来看,法律并没有严格禁止农民以其房屋设立抵押,若禁止农房抵押,会使得农房的交换价值难以发挥,农民不能获得融资,这不仅影响了农民进行经济活动,也阻碍了农村市场经济的发展,在法律没有严格禁止的条件下,允许农房抵押。[1] 刁其怀指出1990年《城镇国有土地使用权出让和转让暂行条例》第33条和1995年《城市房地产管理法》第32条虽然都规定了房地同时抵押,但这些规定仅仅适用于城市房屋,对农村房屋是否适用未作规定。按照《物权法》第182条的规定,建筑物及其所占范围的土地使用权需一并抵押,但立法机关对该条的解释是本条规定的建筑物,主要指国有土地上的建筑物和乡(镇)、村企业的厂房等建筑物,显然,该规定也不适用宅基地上的农房抵押。现行法虽禁止宅基地使用权单独抵押,但并未禁止宅基地上的农房抵押,况且,现行法是认可农村房屋在一定范围内转让的,如果一概禁止宅基地上的农房设定抵押,必然会引起法律适用上的冲突。[2] 李锋认为:农房抵押有利于缓解农民融资难问题,从而促进农民增收致富,促进农村经济发展。[3] 吴敏指出农民的房屋虽然建立在宅基地上,但其实是属于自己所有的家产,国家历来没有通过法律禁止农民的房子抵押、买卖,农民对其拥有占有、使用、收益和处分的权利。从权利上讲,农民手中的房子与城市人手中的房子是没有区别的,既然城里的房子可以抵押,那么农民的房子就可以抵押。[4] 在支持农房抵押的同时,为了避免出现流民等社会动乱的因素出现,有学者主张对于农房抵押要有一定的限制,即抵押人必须提供具有其他住所的书面证明。目前很多试点地区也是采取这种有条件地抵押的方式,如福建省古田县,《古田县农民住房财产权抵押贷款试点暂行办法(试行)》第12条第1款规定,办理农民住房财产权抵押初始登记时,抵押人应提供申请抵押的住房外另有可供长期稳定居住的居住场所的证明。

---

〔1〕 王利明:《物权法研究》(修订版)(下卷),中国人民大学出版社2007年版,第422~423页。

〔2〕 刁其怀:《城乡统筹背景下的农房抵押——以四川省成都市为例》,载《农村经济》2010年第12期。

〔3〕 李峰:《对农房抵押贷款难的调查与思考——以抚州为例》,载《金融与经济》2009年第11期。

〔4〕 吴敏:《农房抵押是否现实?》,载《银行家》2012年第10期。

(二)农房抵押“否定说”

有学者认为农房是农民生存的最后保障,轻率地将农房进行抵押,将会带来严重的经济与社会问题。孟勤国认为宅基地是农民安身立命之地,禁止宅基地转让是我国国土资源紧张与农民人口众多的客观条件所决定的,禁止宅基地转让也是为了维护农民的利益,促进社会稳定,避免强势群体对弱势群体的剥夺。抵押作为转让的一种方式,既然禁止宅基地转让,那么举重以明轻,自然禁止农房抵押。[1] 陈锡文指出在中国这样的发展中国家,土地承包权、宅基地和房产是农民最后的生存依据,在任何情况下都不能拿走,否则会引发农民流离失所,影响社会稳定。[2] 由此可见,提出反对农房抵押贷款的学者,更多的是从农民社会保障、整个社会稳定的角度来思考问题。当然,也有学者主张直接放开农房抵押不现实,可先行试点再推广。吴雨冰认为农房抵押将会引发宅基地的流失,而且不可能解决边远地区农民融资难困境,会影响社会稳定。近期完全放开农房抵押的条件还不具备,时机还不成熟,但可以选择一些有工作基础、区位优势好、市场机制较为完善的地区试点,为下一步推动法规政策改革和完善制度提供实践经验。长远来看,随着城镇化水平的提高、现代农业科技的发展、政府管理手段的加强、法律制度的完善以及农村社会保障特别是住房保障制度的健全,农房抵押的弊端可以被控制在一定的范围内,只有这样才能有条件、有步骤地放开农房抵押。[3] 宋一鸣在论证农户家庭特征和农户个人特征对宅基地抵押意愿有显著影响的同时,指出宅基地及其地面附着物距离县城(市中心)的距离对抵押意愿有着显著的负相关关系,而农户住房的数量对农户的住房抵押意愿有显著的正向影响。如果放开农村住房抵押市场,受益的农户主要是靠近县城的或是临街的农户家庭,而中国农业生产的绝大部分都集中在城市远郊以及大农区,真正希望获得资金以扩大农业生产规模化经营的农户实际上很难通过农房抵押缓解资金紧张。因此开放宅基地流转对农业生产促进作用不大,更多的是让那些

---

〔1〕 孟勤国:《禁止宅基地转让的正当性和必要性》,载《农村工作通讯》2009 年第 12 期。

〔2〕 陈锡文:《农村土地流转与改革试验》,载《农村工作通讯》2009 年第 9 期。

〔3〕 吴雨冰:《农房抵押试点问题研究》,载《中国房地产》2011 年第 21 期。

拥有多处住房即本身经济能力较强的农户获得资产抵押变现的好处,放开农村住房抵押制度并不可能普惠农村居民。[1]

资金是市场经济运动的“血液”,是社会再生产运动的发端性环节。生产的物的要素和人的要素的流动都要首先以资金的投入和流动为前提。一切经济往来,都需要通过资金作媒介来实现。[2] 农房是农民一项重要财产,但是由于法律法规等的限制,使得农房成为“沉睡的资产”,如今,农房对于农民的生存保障功能已经逐步弱化,农民对资本有着更大的需求,允许农房抵押能够盘活农房这个“死资产”,将“死资产”变为“活资本”,为农民融资提供渠道,创造更多的财富。

第二节 农民住房财产权抵押实践与困境

一、农民住房财产权抵押的实践现状

农民住房财产权包括农民住房房屋所有权和宅基地使用权,农民住房财产权抵押是在政府政策推行下的产物,关于农民住房财产权抵押的法律规范很少见,大多集中在地方政府制定的规范性文件中。我国现行有关法律对宅基地使用权作出了禁止抵押的安排,使得农民住房财产权抵押试点工作进展十分缓慢。

(一)立法现状

1. 中央相关立法及政策

《宪法》第 13 条规定:公民合法的私有财产不受侵犯,国家依照法律规定保护公民的私有财产权。作为国家的根本大法,《宪法》具有最高的法律效力,一切法律法规都不得与其相抵触。公民私有财产权受到根本大法《宪法》的保护,任何侵犯或阻碍公民合法行使财产权的行为都为法律所不允许。农房是农民付出自己的劳动依法建造的,是属于农民私人所有的财

〔1〕 宋一鸣:《农村宅基地使用权流转及影响因素分析》,南京农业大学 2009 年硕士学位论文,第 19 页。

〔2〕 许多奇:《债权融资法律问题研究》,法律出版社 2005 年版,第 20 页。

产，农民有权自由处分自己的房屋，这当然包括在自己房屋上设立抵押。《担保法》第34条也规定抵押人所有的房屋和其他地上定着物可以抵押，根据这一条规定，农民理应可以以自己所有的农房设立抵押。然而《担保法》第37条却规定："下列财产不得抵押：……（二）耕地、宅基地、自留地、自留山等集体所有的土地使用权，但本法第三十四条第（五）项、第三十六条第三款规定的除外……"《物权法》沿袭了《担保法》的设计，其第184条规定："下列财产不得抵押：……（二）耕地、宅基地、自留地、白留山等集体所有的土地使用权，但法律规定可以抵押的除外……"《担保法》和《物权法》都明确禁止宅基地使用权抵押，根据《物权法》第147条确立的"房地一体"原则，农民住房抵押也受到限制。但同时《物权法》第153条规定："宅基地使用权的取得、行使和转让，适用土地管理法等法律和国家有关规定。"从这一条来看，《物权法》并没有绝对禁止宅基地使用权的转让，因而也没有绝对禁止宅基地使用权的抵押，为农房抵押留下了可能。但对于宅基地使用权能否一同抵押，《土地管理法》选择了回避。《土地管理法》第62条第4款规定："农村村民出卖、出租住房后，再申请宅基地的，不予批准。"宅基地只能在农村集体经济组织内部流转。农房抵押过程中，若债务人不能如期偿还债务，抵押权人可以主张实现抵押权，实现抵押权时必然涉及宅基地流转处置。但在农村，由于农村村民的特定身份，可以以"户"为单位申请宅基地建造住宅，而且受到农民传统习俗的影响，宅基地流转在农村的市场需求量极小。宅基地流转受限，农房不易处置变现，风险极高，严重挫伤了银行等金融机构办理农房抵押贷款业务的积极性。

2013年十八届三中全会开始探索推进农民住房财产权抵押试点工作。《决定》中规定："保障农户宅基地用益物权，改革完善农村宅基地制度，选择若干试点，慎重稳妥推进农房财产权抵押、担保、转让，探索农民增加财产性收入渠道。"2015年国务院专门出台了《两权指导意见》。《两权指导意见》指出"以落实农村土地的用益物权、赋予农民更多财产权利为出发点，深化农村金融改革创新，稳妥有序开展'两权'抵押贷款业务,有效盘活农村资源、资金、资产”。为农村金融改革、推进“两权抵押”试点提供了指导性的意见。自十八届三中全会以来,农民住房财产权抵押试点工作受到党和国家的高度重视,推进农民住房财产权抵押,对于解决三农问题,促进农村经济发展有着重大作用。2016 年中央一号文件特地强调要“推动金融资源更多向农村倾斜……在风险可控前提下,稳妥有序推进农房财产权抵押贷款试点”。为了促进各地关于农民住房财产权抵押试点工作能够顺利有效开展,2016 年中国人民银行会同相关部门联合印发的《试点暂行办法》,对农房抵押试点工作的开展提供了指导办法,但是其第 12 条规定了“变卖或拍卖抵押的农民住房,受让人范围原则上应限制在相关法律法规和国务院规定的范围内的内容”,这又使得试点地区在开展试点工作时不敢突破现有法律的规定,试点工作进展缓慢,规模小。

2. 地方相关立法及政策

试点地区根据人民银行会同相关部门联合印发的《试点暂行办法》都制定了各地区的《暂行办法》或《实施方案》,为本地区的农房抵押工作开展提供指导。但各地政策不一,地方性法规、规章的规定也各异(见表 2-1)。

表 2-1 各地方相关立法及政策

年份	地区	规范性文件	主要内容
2013	湖南省浏阳市	《浏阳市集体土地上房屋抵押贷款办法》	以集体土地上的住宅、经营性和生产性房屋作为抵押物设立抵押
2016	安徽省宣城区	《宣州区农民住房财产权抵押贷款试点实施方案》 《宣城市国土资源局关于做好宣州区农民住房财产权抵押登记试点工作的通知》	(1)全面开展宅基地使用权和农民住房所有权确权登记颁证工作; (2)建立农民住房财产权抵押登记制度; (3)建立农民住房财产权交易流转平台; (4)规范农民住房财产权评估; (5)完善抵押住房处置机制

续表

年份	地区	规范性文件	主要内容
2016	黑龙江省方正县	《方正县农民住房财产权抵押贷款试点工作实施方案》	完善试点地区确权登记颁证、流转平台搭建、风险补偿和抵押物处置机制等配套政策
2016	山东省肥城市	《肥城市农民住房财产权抵押贷款试点实施方案》	农民住房财产权设立抵押的,应将宅基地使用权、住房所有权一并抵押,建立宅基地使用权有偿转让机制
2016	湖南省耒阳市	《耒阳市农民住房财产权抵押贷款试点工作实施方案》	以农民住房财产权作为抵押,发放5万元以上、30万元以内额度的贷款,主要用于解决"三农"经济发展中存在的资金困难,贷款期限在一年以上
2016	福建省上杭县	《上杭县农民住房财产权抵押贷款试点实施方案》	加快完善权属登记及流转管理体系,健全农村资产评估体系,优化抵押登记服务体系,建立健全农村资产流转处置机制,完善风险分担补偿机制
2016	江苏省常州市武进区	《常州市武进区农民住房财产权抵押贷款试点暂行办法》	拥有农民住房所有权、具有完全民事行为能力的自然人、小微企业、农业新型经营主体、个体工商户或农村集体经济组织,以农民住房财产权及所占宅基地使用权为抵押担保方式申请贷款
2016	贵州省金沙县	《金沙县农民住房财产权抵押贷款试点工作方案(试行)》	加快推进确权颁证进度,建立抵押登记及抵押物处置机制,县域内农村宅基地、农民住房的转让、出租、入股抵押等统一纳入交易中心

由于宅基地确权颁证是农民住房财产权抵押的前提,几乎所有的试点地区都规定了要开展宅基地确权颁证工作,但是在抵押贷款操作方面,各地还是有些不同。有的规定十分细致,直接制定了《实施细则》或《暂行办法》,而有的试点地区则只是制定《实施方案》,为本地区农民住房财产权抵押贷款试点提供一个指导性方向和原则,而非细致到具体每一步流程和细则。

（二）司法现状

在农民住房财产权试点工作开展前,当事人很少会将农房抵押纠纷诉诸法院。即使诉诸法院,法院也会选择性地回避关于农房抵押的问题,只处理借款纠纷。实践中,由于宅基地使用权禁止抵押,出现了很多虽签订了《房屋抵押借款合同》,但没有办理抵押登记的情况。法院在审理孙远铎、李凤玲与陈凯房屋买卖合同纠纷时就遇到村镇办不给办理农房抵押公证,使得抵押权未设立的情形。[1] 因而大量的农房抵押实践得不到法律的保护,造成很大的隐患。在农民住房财产权抵押试点后,法院对于农房抵押借款合同纠纷处理的态度发生了转变,开始承认农房抵押的效力,并且保障抵押权人抵押权的实现。我们在裁判文书网上以"农房抵押"为关键词,共搜索到 26 个案例。[2] 这些案例主要集中在浙江省和辽宁省(见表 2-2)。

表 2-2 相关案例统计表

地区	数量(个)
浙江省	15
辽宁省	8
重庆市	1
吉林省	1
江苏省	1

通过对这些案例进行梳理,可以发现农房抵押纠纷的案件相对来说数量较少,而且这些案例大多数发生在农民住房财产权抵押全国试点工作开展前,主要集中发生在 2014 年。在未试点地区,法院审理农房抵押借款纠纷时,会选择回避农房抵押问题。在中国邮政储蓄银行股份有限公司海城市支行诉何显龙金融借款合同纠纷案件中,辽宁省海城市人民法院认定原告中国邮政海城市支行与被告何显龙签订的"集体土地农房抵押借款及担保合同"依法成立,合法有效,但是判决时却未提到当中的农房抵押问题,只是认为被

---

[1] 辽宁省大连市中级人民法院(2015)大民二终字第 01093 号民事判决书。

[2] 我们在裁判文书网上搜索时间截至 2017 年 6 月,虽然裁判文书网上显示有 27 个,但其中(2015)延中民二终字第 273 号崔松姬与延边国大出入境服务有限公司委托合同纠纷一案二审民事判决书出现了两次,故只有 26 个。

告何显龙理应按照约定履行，现未按照约定全面履行，显系违约，最后判决被告何显龙、刘兰偿还借款。[1] 但在试点地区，法院不再回避农房抵押的问题，在判决书中，法院直接认定当事人之间设立的抵押有效。浙江临海农村商业银行股份有限公司与王和友、朱玉英金融借款合同纠纷一案，法院认为两被告自愿以其共有的房产为180万元借款及其利息提供抵押担保，且抵押物已经依法办理了抵押登记手续，抵押权依法设立并生效，法院判决在被告不履行该债务时，原告有权在设定的最高额抵押担保范围内以该财产折价或者以拍卖、变卖该财产所得的价款优先受偿。[2] 法院从一开始回避农房抵押问题，到如今保障抵押权实现的态度的转变，也意味着农民住房财产权抵押的可能性和可行性。

但实践中法院普遍会遇到农民唯一住房执行问题。此时即使农房能处置，法院也会基于基本人权和社会稳定的考虑，不执行农民的唯一住房。因现有法律政策限制，法院主动接受处理的农房比较少，采取拍卖等手段实现债权的更少。我们在安徽省宣城市宣州区调研时发现目前宣州区银行还没有对抵押权实现的农房进行成功处置的案例。借款到期后，银行会向法院提起诉讼并申请强制执行，但最终法院通常会裁定中止执行，因为农民的住房是其生活必需品，被排除在强制执行的财产的范围外，而且银行诉讼的目的主要是避免债权经过诉讼时效，丧失胜诉权。

（三）试点概况

2015年开始，农房抵押试点工作在各试点地区陆续开展，全国共有59个县（市、区）进入首批试点。目前，农民住房财产权抵押试点积累了一些经验，也取得了不错的成效。1995年，浏阳市率先在全国探索农房抵押融资改革，2014年浏阳市成为全省农房抵押融资改革试点县（市），2015年年底，浏阳市被列为全国农民住房财产权抵押贷款试点县（市），到2016年一季度，浏阳市累计农房抵押贷款余额45.64亿元，1.85万农户（企业）直接受益，有效

[1] 辽宁省海城市人民法院（2014）海民三初字第00409号民事判决书。

[2] 浙江省临海市人民法院（2015）台临杜商初字第217号民事判决书。

缓解了农民"贷款难"问题，促进了县域经济社会的持续发展。[1] 福建省共有四个试点县(市)：晋江市、石狮市、古田县和上杭县。截至2016年6月末，根据人民银行晋江支行提供的数据显示：晋江市金融机构累计发放农村宅基地、农房抵押业务贷款达31亿元，超过2万个农户和农村企业主因此而受益。[2] 甘肃省截至2017年2月底，金融机构向6个试点县区累计发放"两权"抵押贷款7.13亿元，其中农房抵押贷款0.48亿元。[3] 统计数据显示，2016年，海南省琼中黎族自治县全县共2156户村民进行农房抵押贷款，涉及资金达8216万元。[4] 河南滑县在农房抵押试点工作开展之前就开始了农房抵押贷款工作，自2015年以来，在县金融办和人民银行的指导及再贷款支持下，该行总结经验，大力推行"农房抵押贷款"项目，仅2015年以来，发放"农房抵押贷款"531笔，金额9557万元，截至2015年10月末，该行共发出"农房抵押贷款"607笔，累计投放金额12,507万元，余额9648万元，占全行全部贷款余额的30.7%，贷款余额较开展前增长245%。[5]

目前，虽然各试点地区农民住房财产权抵押试点积累了一些经验，但囿于立法层面尚未统一，各试点地区并无统一的试点规范，而是根据本地区的实际情况探索出适宜的试点方案，现梳理其中一些地区的做法作比较见表2-3：

---

〔1〕《以"三有"活"三权" 浏阳农民融资不再难》，载 http://news.sina.com.cn/o/2016-06-27/doc-ifxtmwri4540986.shtml.，最后访问日期：2017年8月6日。

〔2〕《福建晋江试水宅基地农房抵押贷款业务 农村老宅子变成"活资产"》，载 http://news.163.com/16/0811/07/BU5VS31V00014JB5.html.，最后访问日期：2017年8月6日。

〔3〕《甘肃省农村"两权"抵押贷款试点工作稳步推进》，载 http://www.gs.xinhuanet.com/news/2017-02/21/c_1120501622.htm.，最后访问日期：2017年8月6日。

〔4〕《琼中拓宽农民融资渠道 住房财产权可用于产业扶贫等》，载 http://news.hainan.net/hainan/shixian/qz/qiongzhong/2017/04/16/3384826.shtml.，最后访问日期：2017年8月6日。

〔5〕《滑县创新开办农房抵押贷款业务》，载 http://henanjr.gov.cn/portal/xwdt/xsdt/webinfo/2015/12/1450749452561256.htm.，最后访问日期：2017年8月6日。

表2-3 各省地区的试点方案分析比较

地区	评估	抵押率	处置方法	受让人范围	风险防范
福建省古田县	协商、评估机构	原则上不超过农民住房财产权抵押确认价值的70%	(1)贷款重组、按序清偿、房产变卖或拍卖 (2)自行协商处置、委托县公共资源交易中心进行挂牌处置 (3)起诉	原则上应限制在相关法律法规和国务院规定的范围内	(1)每年专门安排200万元风险补偿金 (2)2015年6月财政出资的1400万元风险保证金共享
甘肃省陇西县	共同协商、第三方评估机构	原则上不超过评估价值的80%	(1)租赁 (2)转让给所在集体经济组织或集体经济组织成员 (3)诉讼	集体经济组织或集体经济组织成员	(1)县财政出资设立风险补偿基金 (2)陇西昌盛担保公司注资1亿元担保基金
广西壮族自治区田阳县	第三方房地产评估机构评估、贷款人自评估或者双方协商等	统筹考虑借款人信用状况、偿还能力、用于抵押的房屋和宅基地使用权价值等	(1)贷款重组、按序清偿、房产变卖或拍卖等 (2)建立专门的机构,负责承接和处置"两权"抵押贷款形成不良后的抵押物	原则上应限制在相关法律法规和国务院规定的范围内	(1)县财政按规定出资设立"两权"抵押贷款风险补偿基金 (2)农民住房保险 (3)风险补偿和缓释机制
海南省文昌市	第三方房地产评估机构、贷款人自评估、双方协商等	统筹考虑借款人信用状况、偿还能力、用于抵押的房屋和宅基地使用权价值等	贷款重组、租赁等方式,也可由农村房屋所在集体经济组织收购或由房屋所在集体经济组织成员购置等	原则上应限制在相关法律法规和国务院规定的范围内	(1)建立风险补偿机制,设立抵押贷款风险补偿金 (2)农民住房保险,实施保费优惠机制 (3)农民住房财产权抵押+政策性担保公司担保

续表

地区	评估	抵押率	处置方法	受让人范围	风险防范
湖南省麻阳苗族自治县	自主协商、共同测算、价格认证中心或第三方评估机构(金额超过50万)	最高不超过60%	评估析价、拍卖、变卖、出租、转让等	抵押物所在村集体经济组织内处置→乡镇辖区内处置→县农村产权流转交易中心在全县辖区内处置	(1)县财政出资367万元为贷款农户购买农房财产保险和政策性农业保险 (2)200万元的风险缓释补偿金 (3)风险叫停机制
山西省晋中市榆次区	第三方评估机构、贷款人自行评估、双方协商	统筹考虑借款人信用状况、偿还能力、用于抵押的房屋和宅基地使用权价值等	允许金融机构在保证农户基本生存保障前提下,采取多种方式处置抵押物	原则上限制在相关法律法规和国务院规定的范围内	(1)建立风险补偿基金,专户专用 (2)政策性担保公司提供担保 (3)提高政策性农业保险和农民住房保险保障水平
浙江省青田县	第三方房地产评估机构、抵押权人自评估、双方协商等	统筹考虑借款人信用状况、偿还能力、用于抵押的房屋和宅基地使用权价值等	收购或回购主体以返租形式出租给农民居住,在租住期内(6个月),农民享有优先回赎权,超过该期限的,可以上市交易	原则上限制在本集体经济组织内部县域范围内具有农村户籍的人员	(1)村级担保组织、反担保人 (2)设立风险补偿基金 (3)财政贴息 (4)保险公司承担30%的赔付

从当下的农民住房财产权抵押贷款试点中可以看出:政府在农民住房财产权抵押模式中发挥着主导作用。对于广大农民来说,宅基地承担着社会保障功能,而其生产要素功能却处于相对被“冰封”的状态,在现行法律制度框架中无法得以充分体现。土地资源兼具资产属性与资本属性,是一种稀缺资源,对于我国这个有着14亿人口的大国而言,粮食安全问题始终是最重要的问题,因此必须坚守最严格的耕地保护和节约用地制度。土地制度安排与政府宏观调控的目标紧密相关,土地是整个经济社会发展的重要物质基础,政

府势必要通过土地供给来调控整个国家的经济。因为土地资源的稀缺、社会保障的不完善等诸多因素影响,政府主导自然成为各试点模式的共同特点。

各试点地区虽然具体做法不一,但是在某种程度上都存在一定的共性。在抵押客体方面,除江西省婺源县特意强调了农民住房财产权不包括宅基地使用权外,大多数试点地区都规定了农民申请农民住房财产权抵押贷款时应以房屋所有权和宅基地使用权一并抵押;在抵押登记方面,几乎所有的试点地区都规定办理农民住房财产权抵押贷款要“双证齐全”;在农房价值评估方面,试点地区主要采取由银行等金融机构自评估、双方协商评估或由专业评估机构评估的方式;在风险防范方面,各试点地区都规定了要建立风险基金补偿机制和风险分摊机制,发展农业保险和农民住房保险。尽管农民住房财产权抵押试点已经积累了一定的经验,但仍然存在一些问题,如法律上的阻碍,农房受让人范围受限、处置困难等。

二、农民住房财产权抵押的现实困境

农民住房财产权抵押在现实实践中遇到了很多困境。绍兴市中级人民法院在2011年曾做过专题调研,认为制约农房抵押贷款的因素主要有四项,分别是“农村房屋普遍无产权证书”“农房抵押法律效力受到限制”“农房抵押登记无明确法律依据”“农房抵押权实现存在困难”。[1] 我们主要从主体、客体、抵押权的实现和配套措施这几个方面来阐述。

(一)农民住房财产权抵押主体不明

1.抵押人的界定、范围模糊

根据《土地管理法》第62条规定,农民一户拥有一处宅基地。宅基地以“户”为单位,宅基地的权利主体是农户。但实务中,宅基地使用权登记证上的权利人一栏通常记载为村民个人,而非农户。在学界通说也认为宅基地使用权人为个人。[2] 既然法律规定宅基地需按户申请,宅基地使用权坚持“一

---

〔1〕 赵亮:《基层社会治理创新中的农房抵押贷款问题——以绍兴为分析样本》,载《绍兴文理学院学报(哲学社会科学)》2015年第4期。

〔2〕 崔建远:《物权法》,中国人民大学出版社2014年版,第326页。

户一宅”原则，那么以农民住房财产权抵押时也应以“户”为单位申请，但“一户一宅”中“户”的定义和标准在学界争议很大。“农户”本身并非一个严格的法律概念，而是从家庭联产承包责任制延续而来。[1] 一般认定家庭成员皆为户内成员，家庭财产为大家共有。海南省文昌市、湖南省在其试点过程中都将抵押人界定为农民住房所有权人。但是“住房所有权人”从共有关系出发，界定方法比较模糊。我们在宣城市宣州区调研时发现：宣州区农商行在签订农房抵押协议时，原先合同相对方为房产证上所属名字，即户主。近两年为避免处置房屋时存在潜在风险，借鉴了商品房买卖模式，要求抵押人夫妻双方共同签字。实际上“户”是一个非常不确定的概念，会受到婚嫁丧娶、升学参军、户籍迁移、外出务工等影响发生变化，逐渐走向衰亡。因此对其界定不能只以公安机关登记的户籍资料为基础，必须要制定一个合理恰当的标准，以此来抑制通过分户来额外谋取宅基地的行为，从而规范农民住房财产权抵押行为。

目前虽然国家在政策层面支持农民住房财产权抵押工作的开展，但是作为农民住房财产权抵押的直接参与者抵押人农户参与意愿程度如何？不同地区农户参与的意愿不同。徐晶通过对山东和安徽 228 户农户调查发现：山东潍坊市被调查的农户参与意愿相对较高，样本中 63% 的农户愿意选择农房抵押贷款，37% 不愿意；而安徽省安庆市农户参与农房抵押的意愿相对较低，34% 愿意选择农房抵押，66% 则不愿意。潍坊市样本中的农户主要是基于农房的生存保障功能，农房抵押出去没有安全感，而不愿意选择农房抵押；而安徽省安庆市样本中的农户主要是受传统观念对于宅基地祖传继承意识的影响。[2] 农户参与的意愿对于农民住房财产权抵押实践和推广有着重大意义，只有解除农户对于农房抵押后的担忧，调动农户参与的积极性，才能真正发挥农民住房财产权抵押的融资效用。

---

〔1〕 胡建：《农村土地抵押法律问题研究》，法律出版社 2016 年版，第 135 页。

〔2〕 徐晶：《农户参与农房抵押贷款意愿的研究——基于山东、安徽 228 户农户的调查》，载《湖南农业科学》2016 年第 3 期。

2. 抵押权人的范围不定

根据《试点暂行办法》第 2 条对“农民住房财产权抵押贷款”的定义，在农民住房财产权抵押中，抵押权人也即贷款人主要是银行等金融机构。各试点地区根据该条规定，在制定本地区农民住房财产权抵押贷款的具体实施方案或细则时，大多将抵押权人限定为金融机构。目前实践中，抵押权人主要有农业银行、农村合作银行、农商银行等金融机构。但是《农民住房财产权抵押贷款试点暂行办法》第 22 条规定：“对于以农民住房财产权为他人贷款提供担保的，可参照本办法执行。”因此，对于抵押权人的身份，法律上并无特别的限制。那么本集体经济组织成员或其他非集体经济组织成员的个人能否成为抵押权人目前尚无定论。

农房抵押“牵一发而动全身”，涉及农房和宅基地使用权的处置问题。农房抵押贷款的高风险性和特殊性使得个人和一般的金融机构无力承担。因此，针对农村土地抵押许多国家成立了具有政策性金融机构性质的农地金融机构，如德国的土地抵押合作社和美国的联邦土地银行，农地金融机构成为解决农村融资困难的重要途径。但我国目前将抵押权人限定为银行等金融机构，对于个人是否能成为抵押权人也未明确，实践中金融机构缺乏办理农民住房财产权抵押业务的动力，政府多通过行政干预手段来推行农民住房财产权抵押业务，严重挫伤了金融机构的积极性和主动性。

（二）农民住房财产权抵押客体不清

1. 宅基地确权登记推进缓慢

农民住房财产权抵押的前提是该房屋及其相应土地使用权权属明确，不存在争议，但由于《物权法》并未将登记作为取得宅基地使用权的要件，实践中很多农房和宅基地并没有事先登记，这不仅不利于发生权属争议时纠纷的解决，也不利于后期地上房屋抵押的开展。2010 年中央一号文件提出了要加快推进农村集体土地确权登记发证工作。但在实际执行过程中，一方面由于农户的产权意识和维权意识淡薄，参与集体土地确权工作不积极；另一方面由于农户在国土、房管局等职能部门办理产权证时，程序烦琐、收费偏高、耗时较长，严重挫伤了农户办证的积极性。甘肃省陇西县累计建立地籍档案

105,028 卷,累计发放集体建设用地使用权证书 4.9 万本,完成“两权”抵押登记 23 宗,发放不动产权证书 293 本、不动产权证明 33 本,于 2016 年 6 月底前全部完成确权登记和颁证工作。[1] 截至 2016 年 8 月,湖南省麻阳苗族自治县农房所有权确权面积 243 万平方米、宅基地使用权确权面积 186 万平方米,共发放农房“两证”2.3 万本。[2] 整体来说,宅基地确权登记颁证的工作推进缓慢,实践中在宅基地登记颁证过程也有很多难题。

(1)产权界限不明确

农村宅基地建房与城市建房不同,城市建房有统一的规划,住房集中,而农村宅基地建房分散,农户之间的土地四至边界不清晰,由此引发农户间的矛盾冲突较多,难以解决纠纷。针对这些有争议的宅基地,是否颁发产权证、权证上如何记载尚不明。农村人口多、面积大、范围广,再加上农民的建设习惯,宅基地形状经常与审批示意图不一致,在登记土地四至边界数据时,由于没有精确的参照物为标准,不易衡量,使得确权工作步履维艰,登记工作难度非常大。

(2)超面积、一户多宅如何登记不明

《土地管理法》第 62 条第 1 款规定:“农村村民一户只能拥有一处宅基地,其宅基地的面积不得超过省、自治区、直辖市规定的标准”,但由于农村先建房后审批的情形较多,农村超占宅基地情况非常严重。对于因历史原因超面积、一户多宅,实际占地面积是否登记予以合法化,目前还在斟酌,没有形成一个定论。宣城市宣州区对于不占农用地、符合一户一宅原则的农房,基本确权颁证率为 100%,但为了避免后续农房处置风险,而且区内违法宅基地比例较低,对于违法宅基地一律不予登记颁证。另外,考虑到由于历史原因形成的违建情况,在宅基地颁证工作中设置 160 平方米的标准,超过 160 平方米不予办理登记,主体房子一般在 160 平方米以内,其他附属房屋超过

---

〔1〕《唤醒“沉睡”资产,催化发展活力——陇西县大力推进农村“两权”抵押贷款试点工作》,载 http://www.gsng.gov.cn/a/2017/0619/20170619162355.html.,最后访问日期:2017 年 8 月 8 日。

〔2〕《[怀化]麻阳农房抵押贷款拓宽农民融资渠道》,载 http://hunan.voc.com.cn/xhn/article/201608/201608201403163777.html.,最后访问日期:2017 年 8 月 8 日。

该标准就不予颁证。对于除住宅以外的部分,通常农民会认为其也属于他们的宅基地,但根据法律来说,宅基地的核心功能是供住宅使用,住宅之外的部分不应作为宅基地来登记,这与农民的心里预期可能会有很大落差,因此宅基地的定义涉及如何登记的问题。违法宅基地在整个农村范围占比不低,若一律不予登记,会使得这部分宅基地处于"灰色地带",不能有效发挥其财产价值。

2. 违法宅基地、一户多宅、小产权房抵押问题

(1)违法宅基地

《城乡规划法》第41条第4款规定:"建设单位或者个人在取得乡村建设规划许可证后,方可办理用地审批手续。"然而,由于《物权法》对宅基地的取得采取登记对抗主义,使得农村地区不经登记而径自建房的情况非常普遍,而且,在申请宅基地时并不要求提供准确的位置图,农民在建房时没有确定的界限可以参考。对于一户多宅、超面积占用宅基地或者违法占用耕地等问题如何处理,一直是困扰登记部门的一大难题。《关于进一步加快宅基地使用权登记发证工作的通知》和《关于农村集体土地确权登记发证的若干意见》规定:在1982年《村镇建房用地管理条例》实施前,农村村民建房占用的宅基地,在《村镇建房用地管理条例》实施后至今未扩大用地面积的,可以按现有实际使用面积进行登记;1982年《村镇建房用地管理条例》实施起至1987年《土地管理法》实施时止,农村村民建房占用的宅基地,超过当地规定的面积标准的,超过部分按当时国家和地方有关规定处理后,可以按实际使用面积进行登记。1987年《土地管理法》实施后,农村村民建房占用的宅基地,超过当地规定的面积标准的,按照实际批准面积进行登记。其面积超过各地规定标准的,可在土地登记簿和土地权利证书记事栏内注明超过标准的面积,待以后分户建房或现有房屋拆迁、改建、翻建、政府依法实施规划重新建设时,按有关规定作出处理,并按照各地规定的面积标准重新进行登记。《土地管理法》第77条第2款规定:超过省、自治区、直辖市规定的标准,多占的土地以非法占用土地论处。但《刑法》规定,违反土地管理法规,非法占用5亩以上基本农田或者非法占用10亩以上基本农田以外的耕地改作他用,

造成耕地大量毁坏的,处 5 年以下有期徒刑或者拘役。实际上,一般农村建房极少会占用 10 亩以上耕地的。因为无法达到处罚标准,违法成本低,执法手段少,监管难度大,让农户有恃无恐,随意占用耕地现象愈加严重。[1] 违法宅基地占地面积大是农村宅基地非常严重的问题,但是目前却没有很好的方法去抑制违法宅基地的增长,造成这种现象愈演愈烈。

宣城市宣州区对于违法宅基地抵押持禁止态度,但若禁止违法宅基地抵押,会使大量的宅基地资源浪费,不能得到有效利用;如若允许违法宅基地抵押,会助长违法宅基地的增长态势。在这些违建房屋的登记确权问题没有有效解决之前,农房在法律层面上就会欠缺合法性要件,在农民欲进行抵押农房融资的时候,也会遇到阻碍。农房登记制度的不完善以及农村建房监管力度不足,导致很多农房都存在合法合规性问题。农房是农民以事实行为建造而成,在未妥善解决这些存量农房合法性问题之前,农民就会欠缺抵押农房的前提要件。对于违法宅基地不能一概全盘否定,应分情况处理。对于那些只是违反了审批程序或有申请资格却未经审批的违法宅基地,在处以一定的罚款后,可予以确权并办理抵押登记;而对于一户多宅、超面积占用宅基地或者违法占用耕地则一律禁止抵押。

(2)一户多宅

由于国家法律对于"户"及分户条件没有明确界定,实践中对于"户"的认定弹性较大,为农民套取宅基地提供了便利条件。学者对于"一户一宅"适用范围存在不同理解,有的认为"一户一宅"是针对宅基地分配条件的,农户符合"一户一宅"规定就可以申请宅基地,不符合则不能申请。有的认为"一户一宅"适用于宅基地管理全过程,即在分配和保有阶段都应遵守"一户一宅"规定。由于这些争议的存在,各地对于"一户多宅、一宅多户、有宅无户、有户无宅"现象的看法和处理办法不尽相同。[2]

目前,对于"一户多宅"多出来的宅基地的合法性与否,学界也莫衷一

---

〔1〕 尹璇:《"一户一宅"制度为何遭遇执行难?》,载《中国土地》2016 年第 2 期。

〔2〕 岳永兵:《农村"一户一宅"制度探析》,载《中国土地》2016 年第 8 期。

是。"一户多宅"最普遍的原因就是继承。高圣平、刘守英认为现行法律不允许村民多次申请取得宅基地使用权,但是村民因继承而造成实际拥有两处及以上宅基地的不应当禁止。[1] 周洪亮与陈晓筠认为:对此不能一概否定而应具体分析。根据一户之内是否有成员符合法定建房年龄,若有成员达到法定建房年龄,则可以取得宅基地使用权;若没有成员达到法定建房年龄,则加强对其取得宅基地使用权的法律规制,或者向房屋继承人收取必要的费用,或者要求继承人在一定期限内将房屋转让给本集体经济组织内无宅基地的其他成员;当继承人为非本集体经济组织成员时,继承人可以取得房屋所有权,但不能根据"地随房走"的原则一概取得宅基地使用权;当继承人为城镇居民时,继承人要限期转让房屋,如果期限届满无人认购,由集体经济组织按合理价格购买继承人的房屋;当继承人为其他经济组织成员时,如果其他经济组织成员将户口迁移到本集体经济组织,那么该成员有权通过继承享有宅基地使用权。[2]

"一户多宅"是一个普遍现象对其治理必定是一个渐进的过程。为了坚持贯彻《土地管理法》确立的"一户一宅"原则,多宅的部分在登记时不予登记,被要求有偿或无偿退出。《金寨县农村宅基地资源退出奖励扶持办法》第 6 条规定:对于"一户多宅"的多宅部分实行无偿退出,但因继承而形成的多宅部分实行有偿退出。"一户多宅"的多宅部分由于不能登记合法化,缺失物权证明,因而不能参与抵押。

(3)小产权房

小产权房最初来源于民间,是一些村集体组织或开发商打着新农村建设等名义出售的、建筑在集体土地上的房屋或是由农民自行组织建造或出卖的"商品房"。这主要是根据产权证发证机关所做的区分,由区、县级政府颁发产权证书的是大产权房,由乡镇政府发证书的叫"小产权房",又称"乡产权房"。杨遂全等人认为:宅基地上的农村房屋,由城镇居民购得后,也应当视

---

〔1〕 高圣平、刘守英:《宅基地使用权初始取得制度研究》,载《中国土地科学》2007 年第 21 期。

〔2〕 周洪亮、陈晓筠:《从"一户一宅"的视角探讨农村宅基地使用权取得》,载《中国农业大学学报》(社会科学版)2007 年第 1 期。

为“小产权房”。[1] 这种“小产权房”,购买者即使获得了乡政府的书面认可,但是却无法获得法律意义上的“产权”。从全国来看,“小产权房”并不是个别城市的特有现象,而是蔓延全国大部分地区的普遍现象。“小产权房”销售合同因合同标的的非法性,导致整个合同无效,无法保障购房人的权益,保证交易的稳定安全。“小产权房”能否纳入农房抵押范畴也是有争议的。目前大多数试点地区明确将“小产权房”排除在农房抵押范围外。《古田县农民住房财产权抵押贷款试点区域宅基地和房屋确权登记有关问题的处理办法》中将“小产权房”直接列入不予确权登记的情形。但是江西省婺源县在县域内允许“小产权房”办理抵押登记和转让手续,并在信用优良乡镇优先开展。婺源县在“小产权房”抵押上开了先河。“小产权房”由于没有不动产登记部门颁发的统一的房产权证书,银行在接受“小产权房”抵押时,风险极高。“小产权房”大多集中分布在经济较为发达的近郊区域,面对大量的“小产权房”,采取“一刀切”的处置方法是不合理的,要坚持“禁止与疏导、分类处理”的方法。2017 年 9 月 20 日,国土部、住建部联合发布《关于房屋交易与不动产登记衔接有关问题的通知》(以下简称《通知》)中明确指出:要防止“小产权房”通过不动产登记合法化。“小产权房”的身份失去了转正的希望,这也就意味着“小产权房”本质上可以自住,但不具备投资功能。在目前的形势下,“小产权房”因不能获得权属证书而不满足抵押的前提条件,失去了抵押融资的可能。

3. 宅基地使用权抵押的问题

(1)学界争论

农房和宅基地两者除了在物理构造上存在依附关系之外,更重要的是两者在法律上的关系。农房是农民私人所有的财产,农民对其享有完整的所有权。古老法谚说“私人财产神圣不可侵犯”,我国《宪法》也规定法律应保护私人财产,私人有权在法律允许的范围内自由处分财产。宅基地是集体所

---

[1] 杨遂全等:《“小产权房”处置与土地制度创新——以城乡放上联建权合法化为突破口》,法律出版社 2013 年版,第 14 页。

有，农民使用，在保障集体的所有权时，法律对宅基地使用者的权利进行了一定的限制，“禁止宅基地使用权抵押”。鉴于土地和房屋之间的关系，在宅基地使用权被明文禁止抵押的法律环境下，当农房抵押时，法律是否应对宅基地使用权抵押做出例外规定，对此我国学术界有“房地一体”抵押和“房地分离”抵押的不同观点。“房地一体”源于“地随房走”或“房随地走”原则。“地随房走”模式产生于20世纪前期的苏联。在苏联实行土地公有制后，认为土地是纯粹的自然资源，不具有财产属性，土地仅为承载房屋的基地，在交易中，土地因缺乏财产价值而必须随房屋一同转移。“房地一体”模式是我国现行立法所选择的房地关系模式，其特点是：法律承认土地物权和房屋物权的相互独立，但两者在转让或抵押时不得分离。《城镇国有土地使用权出让和转让暂行条例》最早确立了我国“房地一体”原则，随后颁布出台的《土地管理法》《物权法》《担保法》《确定土地所有权和使用权的若干规定》等法律、规章再次重述了这项法律原则，并将其予以细化。根据“房地一体”原则，在对农房设立抵押的同时，该农房占用范围内的宅基地使用权必须一并抵押，而我国《物权法》第184条、《担保法》第37条明确禁止在宅基地上设定抵押权的行为，所以在农房上设定抵押权，将与我国法律强制性规定相悖，抵押权无效。〔1〕

刘凯湘坚持“房地一体”抵押。他主张宅基地使用权不能单独抵押，但是可以随同房屋一同抵押。〔2〕 韩世远也持这一观点，这样不仅开辟了农村的融资渠道，也保证了宅基地的固有属性。〔3〕 宅基地作为农房的承载和存在的基础，若采用“房地分离”抵押方式，因权利效力上的优先劣后性，用益物权的效力优于债权，宅基地使用权人有正当理由要求房屋所有权人割让其债权利益。房屋所有权人不得不为宅基地物权人“拆屋还地”，这样即不利于物尽其用，也提高了农房抵押贷款的风险。同时，宅基地使用权人的范围限定为集体组织内部成员，大大降低了房屋所有权人顺利转让房屋的可能

---

〔1〕 张爽、张忠毅、张俊楠：《关于农房抵押贷款相关法律问题的探讨——以辽宁省农房抵押贷款情况为例》，载《辽宁经济》2015年第8期。

〔2〕 刘凯湘：《法定租赁权对农村宅基地制度改革的意义与构想》，载《法学论坛》2010年第1期。

〔3〕 韩世远：《宅基地的立法问题——兼析物权法草案第十三章“宅基地使用权”》，载《政治与法律》2005年第5期。

性。采用"房地一体"原则，可以有效避免因抵押权的实现致使房屋和宅基地上存在效力等级有差异的两项权利，一方权利主体被迫放弃自己利益的情况发生；同时，该原则可成为突破宅基地使用权主体被限制的一条路径，能在一定程度上促进农民抵押住房融资的积极性。彭诚信、王卫国和朱庆育等坚持"房地分离"抵押。因为宅基地的特殊性和现行土地市场发育不充分，宅基地使用权连同房屋所有权一起抵押不利于保护农民利益，宅基地使用权是合法取得土地上房屋的前提条件，但这并非意味着房屋所有权的存续必须依附于宅基地使用权。法律完全可以创设一种新的物权形态，赋予房屋所有权人在宅基地使用权不改变权属关系的情况下占用宅基地的合法地位，也即房屋可以脱离土地而单独转让。[1]

(2)试点地区情况

目前试点地区绝大多数都坚持"房地一体"抵押原则，《瑞安市农民住房财产权抵押贷款试点实施办法》第6条、《文昌市农民住房财产权抵押贷款实施细则(试行)》第10条都明确规定了农民住房财产权设立抵押的，需将宅基地使用权与住房所有权一并抵押。但是江西省会昌县和婺源县支持"房地分离"抵押，会昌县为了不违反《物权法》关于宅基地使用权不得抵押的规定，特意强调农民住房财产权作为财产性权利，既可以使用也可以处置转让，但是其财产权利只是房屋的所有权，不包括宅基地使用权。婺源县开创了"小产权房"抵押贷款的创新实践，由于宅基地属于集体所有，故在对"小产权房"抵押评估时，强调宅基地价值不作抵押。

(3)宅基地使用权抵押处分受限

由于农村经济发展滞后，农民整体生活水平较低，宅基地承载了保障农民生存和维系农村稳定的功能。为了避免因抵押处分的行为引发农民丧失宅基地使用权，现行法律对宅基地使用权制度作出了禁止抵押的安排。宅基地使用权本身是一种私权，由于其特殊性，不可避免地带有公权干预色彩，然

---

〔1〕 彭诚信、陈吉栋：《农房抵押权实现的法律障碍之克服》，载《吉林大学社科科学学报》2014年第4期；王卫国、朱庆育：《宅基地如何进入市场？——以画家村房屋买卖案为切入点》，载《政法论坛》2014年第3期。

而在强大的公权力干预下,宅基地使用权逐渐沦为强大公权下的私权,私权属性存在空间极小,但是对宅基地使用权作出限制的界限不应超出其私权属性范围。《宪法》保护公民合法的私有财产不受侵犯,农房是农民的一项私有财产,农民有权处分自己的个人财产,农房抵押作为一种融资手段是农民在法律规范之下合法处置自己的财产的权利,法律应当保护农民行使这些权利,并为之创造条件,这是法律保障自由精神的内在要求。但是房屋的物理构造根基是宅基地,其所有权也需要配合宅基地使用权一起行使才能更大程度上体现权利价值,法律对宅基地使用权禁止抵押的规定,会迫使农民进行农房抵押时只能将房屋所有权脱离宅基地使用权转让。当发生农房抵押权实现情形时,新的受让人取代原所有者受让房屋的所有权,而宅基地使用权人仍为原来抵押住房的农民,造成“两权”主体相异。由此宅基地使用权人无法再在宅基地上新建造房屋居住生活,房屋所有权人也无法取得宅基地使用权以保证自己的产权完整、充分,甚至可能会有很多市场主体囿于宅基地使用权不得抵押的法律规定,不愿意接受农房抵押,反过来导致农房抵押融资受阻。

禁止宅基地使用权抵押是为了保证农民人有所居,居有其屋,担心在抵押权实现后,农民无地可建造房屋,给社会带来不安定因素,但如果禁止农民抵押其耗资建造的农房,这些房产就可能变成“死产”,农民也失去了一个融资渠道。城市居民在需要资金时,可以将自有的商品房抵押给银行金融机构进行贷款,而农民相对城市居民来说本身就少了能够用来担保的标的资产,法律再严格限制宅基地使用权抵押更是缩小了农民可供融资担保的财产范围。《物权法》第3条第3款明确规定:“国家实行社会主义市场经济,保障一切市场主体的平等法律地位和发展权利。”但就宅基地使用权而言,《物权法》对其的设定没有遵循物权平等保护的原则。所谓平等保护是指物权的主体在法律地位上是平等的,即平等保护要求不分身份、性质对任何主体之同类型物权一视同仁地加以保护。以宅基地使用权为例,它在物权属性上与建设用地使用权一样同为用益物权,但是与后者相比,宅基地使用权缺失了一项重要的权利内容,即流转的权利。[1]《物权法》第180条规定了建设用地使用权可以抵押,但是《物权法》第184条却规定宅基地使用权不得抵押。同为土地使用权,却因为主体身份不同就差别对待,按照权利平等保护原则在用益物权制度中的运用,其就应该表现为同种类型的用益物权其权利内容及权利规则等应该大致相同。宅基地使用权制度的设计初衷本是为保护农民利益,但现阶段这种法律的规定与农村和农民的实际需求状况相违背,已导致了农民权利的贫困,加大了农民和城市居民收入差距,使得农民融资的成本变大,渠道变窄,农民的财产性权益得不到有效保障。

(4)宅基地使用权主体范围有限

根据《土地管理法》第62条的规定,将宅基地使用权的资格主体限定为本集体经济组织内部成员,且以"户"为单位,这使得宅基地使用权成为特定身份物,只有是本集体经济组织的农户才能享有宅基地使用权。农房抵押在抵押权实现时,受到宅基地使用权主体资格的限制,使得流转范围局限在本集体经济组织内部,加大了抵押物处置的难度,增加了风险。

(5)"一户一宅"原则的制约

《土地管理法》第62条规定:农村村民一户只能拥有一处宅基地,农村村民出租、出卖住房后,再申请宅基地的,不予批准,农村村民以其特有的身份,可以享有免费申请一处宅基地使用的权利。我国土地资源匮乏,人口基数大,"一户一宅"原则有利于加强土地管制,减少土地资源的浪费,提高土地资源利用效率。《土地管理法》只规定了两种处置房屋不得再申请宅基地的情形,即出租和出卖,举重以明轻,抵押也是一种处分的方式,农房抵押后农户也不得再申请宅基地。《土地管理法》做这样的制度安排是有目的的,因为法律禁止宅基地使用权抵押,在"房地一体"原则下,若《土地管理法》将房屋抵押也纳入不得申宅基地的情形,会导致误解农房可以抵押,有违法律的严谨性。

在现行政策鼓励农民住房财产权抵押的大背景下,农民将房屋抵押后,

---

〔1〕 曹泮天:《宅基地使用权流转法律问题研究》,法律出版社2012年版,第71页。

还不上钱，银行会起诉要求实现抵押权，农房不得不通过处置转让来实现债权，根据“地随房走”原则，房屋所有权的转移会连带着宅基地使用权发生移转。农民丧失宅基地后，根据《土地管理法》的规定，农民再申请宅基地自然不会得到批准。在“一户一宅”原则的制约下，绝大多数农民都只有一套住房可供居住，抵押权实现后，农民的住房被处置，农民不能再申请宅基地，只能通过买房或租房等满足居住需要。但是，由于宅基地流转被禁止，城镇房价居高不下，对于大部分农民来说，没有足够的资金在城镇买房，他们更多的选择依然是生活在生活成本较低的农村，然而农村宅基地使用权的二次申请被禁止，这让一些想要通过抵押农房融资的农民不得不慎重考虑房屋抵押后“无地”能住的风险，进而可能放弃利用农房抵押融资，农房的财产属性无法体现，农民的财产性权益得不到保障。

（三）农民住房财产权抵押权设立障碍

1. 抵押权的设立需经集体组织书面同意不合理

农房抵押是政府政策推动的产物，农房关系到农民生存保障问题，农房抵押需设置一些限制条件。在一些试点地区要求农民住房抵押应当取得本集体经济组织的同意，抵押权人依法处置抵押住房也需经本集体经济组织同意，如《古田县农民住房财产权抵押贷款试点暂行办法（试行）》第 7 条、《成都市农村房屋抵押融资管理办法（试行）》第 5 条和第 7 条、《铜陵市农村房屋抵押融资管理办法》第 5 条和第 7 条、《丽水市农村住房抵押贷款管理暂行办法》第 6 条、《巴中市农村产权抵押融资管理办法（试行）》第 25 条和第 28 条、《鄂州市农村房屋抵押融资管理办法（试行）》第 6 条和第 8 条、《舟山市农村合作金融机构农村住房抵押贷款管理暂行办法》第 6 条。但是从中央推进农房抵押贷款试点工作的目的来看，以及尊重农民对其房屋所有权的处分自由，不应对农房抵押附加此种限制条件。我们在宣州区调研时，有关主管部门也提及在办理抵押手续时需全体村民三分之二人签字同意，事实上增加了设置抵押的难度，阻碍了农房抵押贷款的推广。这一限制看似是维护了抵押人农民的利益，但实际上是不合理的，违反了合同相对性原则。抵押权设立的条件是有主债权存在，双方订立抵押合同，农民住房财产权抵押贷款合同是拥有农房所有权、宅基地使用权的农民与金融机构之间签订的抵押合同,这个合同仅能对抵押人与抵押权人产生约束,而抵押合同的效力则仅及于抵押人与抵押权人,与集体经济组织并无直接关系,抵押权人的抵押权也不应当受到集体经济组织的约束与干涉。另外,该抵押合同的内容是农民对自己所享有的房屋所有权和宅基地使用权的一种处分,抵押权的实现并不会造成对集体土地的侵害,土地的用途也不会发生改变。

2. 农民住房财产权抵押登记规则不完善

随着农村经济的不断发展和城市化的稳步推进,集体土地上的房屋已经成为农民和农村集体经济组织的重要资产。在集体建设用地范围内进行房屋登记,能够明确权利主体及其权利范围,有效解决权属争议,保护权利人的合法权益,促进集体经济发展。实践中很多地方没有开展此项工作,抑或是虽然开展了农村房屋确权登记工作,但没有形成相对完善的登记机制。《物权法》第 9 条规定了不动产物权的设立、变更、转让和消灭,经依法登记而发生效力。农民住房财产权包括房屋所有权和宅基地使用权,房屋和土地在民法上属于不动产,故农民住房财产权抵押也应遵循“登记生效主义”原则。农民住房财产权抵押涉及最广大群体农民的利益,若要确保农民住房财产权抵押登记依法有序进行,规范不动产登记机构的登记行为,做到登记的真实与准确,就必须要有明确而详细的规定对登记行为加以规范。目前农民住房财产权的抵押登记规则多散见于地方政府相关规范性文件中,目前尚未形成一套体系完整的抵押登记规则,不能有效地指导农民住房财产权抵押登记工作。

(四)农民住房财产权抵押权实现困难

实践中很少有通过变现抵押物的形式来使债权获得清偿的情形,银行更注重的是抵押人的信用而非抵押物的价值,银行的贷款风险主要是通过贷前审查和征信制度的监督作用等来保障,未能充分发挥抵押权这一物权的担保功能。银行部门也认为现行的一些法律障碍使得农房抵押的实践价值小,不能有效发挥效用,亟待消除。

1. 农房受让主体受限制

《物权法》对于农村房屋所有权的主体并未做出限制，但是一些行政文件却对农房所有权的资格主体作出了限制，将城镇居民排除在外。如国务院办公厅《关于加强土地转让管理严禁炒卖土地的通知》(国办发[1999]39号文件)规定："农民的住宅不得向城市居民出售，也不得批准城市居民占用农民集体土地建住宅，有关部门不得为违法建造和购买的住宅发放土地使用证和房产证。"此外，国务院办公厅《关于严格执行有关农村集体建设用地法律和政策的通知》(国办发[2007]71号文件)规定："农村住宅用地只能分配给本村村民，城镇居民不得到农村购买宅基地、农民住宅或'小产权房'。"虽然《农民住房财产权抵押贷款试点暂行办法》倡导农民住房财产权抵押贷款，但该文件同时规定"因抵押权实现，试点地区政府在保障农民基本居住权的前提之下，通过不同方式处置抵押的农房，受让人原则上限制在有关法律法规和国务院规定的范围内"。这样原则性的规定使得很多试点地区不敢突破现有法律，掣肘了农房抵押试点的进程，使农民的财产性权益受到影响。

虽然农房是农民的私有财产，但农房的处分，实践中绝大多数法院的态度都是一致的，对于同一集体经济组织的村民之间农房转让合同原则上有效，非同一村民集体内的村民之间农房转让合同无效。最高人民法院在2010年4月30日给湖北省高级人民法院《最高人民法院关于刘三海与李代国房屋买卖合同纠纷一案请示的复函》((2010)民他字第4号)指出：非同一集体经济组织成员之间的房屋买卖合同(含宅基地)无效。很多法院基于此，认定非同一集体经济组织之间的房屋买卖合同无效，典型案例有杨海侠与吴广增、李疼快等确认合同无效纠纷案[1]，雷水根、李细珍等与罗三苟房屋买卖合同纠纷案[2]以及刘家禄与冯官全买卖合同纠纷案[3]等，其他关于非同一集体经济组织之间的房屋买卖合同无效判决亦很多，且观点也不尽相同，大多判决均援引了《合同法》第52条第5项规定，认为买卖合同违反了法律、

---

[1] 安徽省亳州市谯城区人民法院(2016)皖1602民初343号民事判决书。
[2] 江西省吉安市中级人民法院(2015)吉中民三终字第270号民事判决书。
[3] 河南省泌阳县人民法院(2015)泌民初字第2318号民事判决书。

行政法规的强制性规定。[1] 在一些最高人民法院民事审判庭法官的出版物中,也表达了支持无效的观点。[2] 但我们通过检索发现在何玉田与潘龙标等房屋买卖合同纠纷再审申请一案[3]中,法院认为:“现行法律并没有明确禁止非同一集体经济组织成员之间购买宅基地及房屋,只是禁止将农民集体土地使用权用于非农建设”,肯定了非同一集体经济组织之间买卖合同的效力。类似判决肯定非同一村民集体内的村民之间农房转让合同有效,符合合同当事人意思表示一致外,尚需要出卖人农房所在宅基地的所有权人之所在村民集体的同意,如田河丰与何龙全房屋买卖合同纠纷案。[4]

目前,在试点过程中,大多数试点地区都没有逾越现有法律、法规和相关政策的规定,将受让人的范围局限在本集体经济组织内部,但是有 5 个地方突破了现有法律、法规和政策的限制:安徽省宣州区;福建省石狮市;湖南省麻阳苗族自治县;江苏省泗洪县;浙江省青田县。这些地区虽都扩大了受让人的范围,但是受让的方法和范围却又不同。其中安徽省宣州区规定:变卖或拍卖的农民住房,受让人为宣州区户籍居民。福建省石狮市规定:对我市已规划批准的城区、镇区内属于利用农村宅基地或“集体回批地”建造的农民住房作为抵押物处置时,受让人可以扩大至非房屋所在地农村集体经济组织成员。湖南省麻阳苗族自治县则规定:抵押农民住房财产权处置由乡镇产权流转服务中心在抵押物所在村集体经济组织内先行处置,无法处置的在乡镇辖区内处置;在乡镇辖区内仍无法处置的,交县农村产权流转交易中心在全县辖区内进行处置。浙江省青田县在坚持“一户一宅、法定面积”的前提下,规定,受让人原则上限制在本村集体经济组织范围内,若无法处置的,允

---

[1] (2014)粤高法审监民提字第 52 号民事判决、(2012)豫法民提字第 224 号民事判决、(2015)洪民三终字第 149 号民事判决、(2015)威民一终字第 507 号民事判决、(2015)川民初字第 01428 号民事判决、(2012)一中民终字第 937 号民事判决、(2012)浙甬民二终字第 86 号民事判决等,没有援引具体法律条文者有(2015)浙民申字第 3336 号民事裁定等。

[2] 奚晓明、韩延斌、王林清:《房地产纠纷裁判思路与规范指引》(上),人民法院出版社 2014 年版,第 178 页。

[3] 湖北省高级人民法院(2014)鄂民申字第 1181 号民事裁定书。

[4] 重庆市高级人民法院(2016)渝民申 36 号民事判决、重庆市第一中级人民法院(2015)渝一中法民终字第 3572 号民事判决、吉林省高级人民法院(2015)吉民申字第 1959 号民事裁定等。

许县域范围内,具有农村户籍的人员作为受让人参与处置。江苏省泗洪县则允许抵押农房依次在村、乡、县范围内再流转。

受地理人文因素的影响,农民住房利用价值不高,升值潜力小,若将农民住房的受让范围局限在本集体经济组织内部,由于受到传统观念习俗的影响和"一户一宅"原则的制约,农房的转让、拍卖很少有人接手,集体内部市场需求量极小,抵押农房处置变现十分困难。

2. 抵押物处置机制不健全

财产权抵押的前提是该项财产产权明晰,能在市场上自由流动,然而现状是银行依据农民信用状况,考虑农民经济状况后再办理农房抵押贷款,农房抵押流于形式。之所以这样究其根本还是因为抵押物处置机制不健全。农民到期不能履行债务时,由于农房处分受到限制,抵押权无法实现或实现有障碍,金融机构面临很大的风险。虽然农房产权归属于农户,但其承载物宅基地却属于集体所有,由于农房的特殊属性,一旦借款人无力偿还贷款,银行处置农房事先须由地方法院裁决后,房产管理部门才能办理过户登记;再加上农房房源主要集中于离城市较远的农村地区,处置范围只能是本集体经济组织内部,给抵押物处置带来极大困难,致使银行机构在不良贷款处置上耗费了大量人力和财力,严重挫伤了金融机构开办农房抵押业务的积极性。以辽宁省为例,2012 年、2013 年、2014 年全省农房抵押中,抵押不良贷款余额分别为 6449.5 万元、6660 万元、7220.7 万元,2013 年和 2014 年增长率分别为 3.3% 和 8.4%。受制于法律法规以及相关政策规定的限制,银行机构在处置不良贷款,实现抵押权时存在较大困难,不良风险呈上涨趋势。2011 ~ 2013 年浮梁县农房抵押贷款不良贷款率分别为 41.34%、43.69%、42.88%,均远超 5% 的监管红线。如此居高不下的不良贷款率不但给浮梁县农村商业银行和农商村镇银行造成较大的经营压力,而且难以落实银行债权。浮梁县农村商业银行和农商村镇银行暂停了农房抵押贷款业务。[1]

---

〔1〕 中国人民银行景德镇市中心支行课题组、曹景华、汪东方:《推进农村"两权一房"抵押贷款的现实阻力分析与建议——基于浮梁县实证调查》,载《金融与经济》2014 年第 9 期。

(1)处置方法不符合农村实际

《物权法》第195条规定实现抵押权的方式主要有三种:一是抵押人与抵押权人协议以抵押财产折价受偿;二是协议以拍卖、变卖抵押财产所得的价款受偿;三是申请人民法院拍卖、变卖抵押财产受偿,但相关国家政策对宅基地流转做了较多限制性规定。1999年国务院办公厅《关于加强土地转让管理严禁炒卖土地的通知》、2004年国务院《关于深化改革严格土地管理的决定》、2007年国务院办公厅《关于严格执行有关农村集体建设用地法律和政策的通知》以及2008年中共中央国务院《关于切实加强农业基础建设进一步促进农业发展增收的若干意见》等都规定:(1)农村宅基地只能分配给本村村民;(2)农村住宅和宅基地使用权不得出售给本集体经济组织成员以外的人,不允许城镇居民到农村购买宅基地和农民住房或"小产权房";(3)城镇居民购买宅基地及其上住宅或城镇居民在宅基地上建造的住宅的,相关部门不得为其发放土地使用证和房产证。根据上述政策规定,银行机构在实现抵押权时不能为集体经济组织以外主体办理农房产权及宅基地使用权证书,银行机构无法以折价的方式实现抵押权,即使现行法律、法规允许农房在本集体经济组织内部流转,农房仍然难以转让变现。农村属于"熟人社会",多数村民担心影响邻里熟人关系而不愿购买抵押农房,使得本就很小的农房流转市场上农房拍卖、变卖成交量极低。

(2)唯一住房执行难

唯一住房是指被执行人除了此房屋外,再无其他可保障其基本居住的房屋。唯一住房之强制执行是指在被执行人没有其他可供执行的财产时,人民法院依据债权人的申请,根据生效法律文书,在能够保障被执行人及其家庭成员的基本居住权后,将被执行人超过生活标准的唯一住房作为执行标的。虽然大多数试点地区都要求农户在申请农民住房财产权抵押贷款时,要提供有其他可供居住的住房的证明。但是实践中,仍然会有唯一住房执行的问题。在当前社会保障体系及个人信用体系不够健全的背景下,"唯一住房执行难"不仅仅是法律问题还是社会问题。在司法实践中,执行唯一住房必然涉及被执行人及其所扶养家属的基本居住权与债权之间冲突与平衡的问题,当债权和居住权处于天平的两端时，如何选取一个平衡点从而兼顾申请执行人和被执行人的合法权益，是解决唯一住房执行难的关键所在。利益平衡原则是指通过运用法律手段，促使相关各方的权益能够在共存和相容的基础上达到合理的优化状态，进而实现各方的目的。我国《最高人民法院关于人民法院民事执行中查封、扣押、冻结财产的规定》（以下简称《查封规定》）第6条规定了对被执行人及其所扶养家属生活所必需的居住房屋，人民法院可以查封，但不得拍卖、变卖或者抵债，然而第7条为保障基本居住权而限制唯一住房执行作出了例外规定：对于超过被执行人及其所扶养家属生活所必需的房屋和生活用品，人民法院根据申请执行人的申请，在保障被执行人及其所扶养家属最低生活标准所必需的居住房屋和普通生活必需品后，可予以执行。在执行上，权利保护是有限度的，为了保障基本人权，既不是无条件不执行，或无限度的保护，也不是无条件地满足被执行人拥有住房的所有权。[1]对于符合执行条件的唯一住房，只要保障被执行人居住权即可执行，但唯一住房执行中仍然存在诸多问题。

首先，《查封规定》中明确了超过生活所必需的房屋，经过申请执行人的申请，人民法院可以予以执行，但“生活所必需”不是一个明确的法律概念，当以此作为判断是否执行的前提条件时，一般由法官根据个案的具体案情行使自由裁量权。但不同的法官价值判断标准往往也不同；其次，执行唯一住房，法官往往需在居住权和债权的天平上寻找一个平衡点，但是法官自由裁量权空间太大，申请执行人可能为了最大限度地实现债权，对法官行贿，或法官以权谋私，滥用自由裁量权，容易导致“权力寻租”行为，滋生司法腐败；最后，由于农民住房承载着社会保障功能，在执行过程中容易激化矛盾，法官极易产生畏难情绪，可能会依据《民事诉讼法》第256条的规定，以不符合执行条件对唯一住房要求的执行案件裁定中止执行，或依据第257条，裁定终结执行。我们在宣城市宣州区调研时也发现：银行向法院提起诉讼后申请强制

---

〔1〕 邱晓玲：《论唯一住房之强制执行》，西南政法大学民事诉讼法学2015年硕士学位论文，第5页。

执行,法官最后也都是裁定中止执行。唯一住房执行难,不仅时时刻刻困扰着法院,也使胜诉的债权人面临生效法律文书成为一纸空文,既不能真正解决争议,也让公民丧失了利用司法手段解决法律争议的信心。

(3)农村宅基地流转被禁止

禁止农村宅基地流转的设计初衷是为了保障农民的生存,但如今随着工业化和城市化的加速发展,农村宅基地社会保障功能逐渐弱化。宅基地使用权作为一种福利性保障,由农民无偿取得,只应体现在宅基地使用权的初始设立阶段,而在后期存续期间应淡化其社会保障色彩。禁止宅基地使用权流转会产生巨大的负外部性问题,由于流转受限,大量的宅基地不得不闲置,但在现行制度安排下,对于闲置的宅基地并不能进行有效的处理,使得大量的宅基地资源被浪费,土地资源得不到有效利用,违背了资源优化配置理论。

目前不少农民仍然面临贷款难、贷款贵问题,其中最主要原因是缺少抵押物,而缺少资金导致一些新型农业经营主体难以扩大生产规模、实现农业转型升级。农村宅基地被禁止流转,使得抵押农房变现更为困难,农房抵押举步维艰。即使是靠近城区,地理位置比较好的农房,由于只能在本村集体经济组织成员之间流转,"接盘"的村民很少,流转处置时缺少竞争者,经常会出现"一口价",不能体现农房的真正价值,这对农房所有人和银行来说都很不利。宅基地是一项稀缺、特殊的社会资源,只有通过市场机制调节才能实现资源的优化配置,发挥资源的最大效用,只有在流动中,才能发现农房真正的价值。农村住宅是农民最重要的财产,如果能从在本村流转扩展到可在本乡镇或县域内集体成员(不含城镇户籍居民)之间流转,流转成功的机率会高出很多,甚至那些位置并不是很好的农房也能实现抵押,银行放贷的积极性也会提高很多。

(五)农民住房财产权抵押配套制度不完善

1. 抵押房屋价值评估机制缺乏

抵押物的价值评估一直以来都是抵押制度理论与实践高度关注的问题,目前试点地区评估方法有:双方协商评估、第三方房地产评估机构评估、自评估(贷款人或金融机构)、委托有关专家测算等。宣城市宣州区采用银行内部自评估的方法,由银行内部人员根据抵押农房所在地区房屋市场供应价的了解,先银行内部确定价格,再与农户进行协商。若双方意见不一,则根据当地市场价上下浮动来确定最终价格。虽然这充分尊重了双方的意愿,但是却忽视了抵押农房自身真正的价值。相对于双方协商评估、自评估等方式,第三方评估机构评估是一种更为公平公正的评估方法,但这一评估方法在具体实践过程中存在三大方面的难题:

第一,缺乏客观的价值评估标准。价值评估是产权认证的前提,[1]农房抵押能融资的贷款资金数额取决于房屋被评估的价值大小,但是农村房屋建造材质复杂、分布范围广、居住分散,而且农村距离城市的远近也会影响农房本身的价值,加大了评估的难度。除了物理上的原因外,现行法律限制农村房屋的流转,使得评估机构难以评估出一个相对公允的价值,让抵押双方都能满意。在禁止宅基地使用权抵押的前提下,其价值认定上只考虑房屋自身的构筑成本,宅基地的隐形附加价值并没有包含进去,在"房地一体"抵押原则下,宅基地使用权需要同房屋所有权一起进入抵押市场被评估价值,因此在认定农房的融资价值时,就需要客观准确地评估出房屋和宅基地使用权的价值。然而,由于缺乏一套客观、科学、准确的评估标准,给农房价值的评估与认定带来了困难。

第二,缺乏专业权威性性评估机构。目前,尽管各地存在诸多价格评估公司,价格认证中心等,但是由于农民住房财产权抵押处于起步阶段,极少有评估机构将农房价值评估纳入其业务范畴,即使有些评估机构承担了该项业务,但是往往不能胜任,农房价值评估对于评估机构专业性资质要求非常高。农村房屋的价值评估机构大多来自城市,他们并不了解农村的相关情况,实地评估成本高、难度大。

第三,评估监管缺失。评估人员由于缺少评估相关知识和专业性市场分析能力、未勤勉尽责地对估价对象进行详实的查勘,会使得评估的结果并不真实可靠。由于评估费用是按照土地评估价值的百分比收取的,对于农民来

[1] 袁锦秀:《农村宅基地使用权法律问题研究》,中国商务出版社2013年版,第81页。

说,本身就缺少资金,在评估时还要支付一笔评估费,实则增加了贷款成本,实践中会出现评估机构高估抵押物价值获取更高收益的情形,抑或是有些估价师为了逃避责任特意去编造一些假设或是为了迎合估价委托人高估或低估的要求而特意去编造一些假设。因此,除了需要建立专业性评估机构,还应对评估行为进行监管。

2. 农村产权交易平台体系不完善

农村土地产权交易平台是指为强化市场力量对土地资源配置的影响,对被政府征用的农民土地、农村土地承包经营权、农村集体建设用地使用权、农村宅基地及房屋所有权、农村林地使用权,按照依法、诚信、公开、公正、公平的原则,通过拍卖、竞价、招标投标、协议和其他法律、法规、规章规定的方式进行交易,并提供信息咨询、交易行为规范与监管、争议处理等综合服务的机构。[1] 2014 年安徽省农村产权交易平台正式投入运行,可通过该平台入场交易的 8 类农村产权包括:农村土地承包经营权、小型农田水利设施使用权、林地使用权和林木所有权"四荒地"以及土地水面和房屋经营权、依法可以交易的农村闲置宅基地使用权和房屋所有权、生产性工具及设施所有权和使用权、农业类知识产权、其他依法应当交易的农村产权。但目前打造的农村产权交易平台属于集体性质,往往适用于国有土地和集体土地交易,导致私人所有的农房交易处于尴尬位置,而且各类农村产权交易存在不规范问题,阻碍了产权交易发展,影响了农民产权增值。[2]

在平台服务方面,虽然有试点地区已经规定了要建立县、镇、村三级农村产权交易管理中心,但是由于地域上的限制,目前在全国范围内尚未建构农房交易平台的网络化信息共享体系,而且平台的纠纷调处功能尚未能充分发挥作用。农村土地流转处于起步阶段,且多是自发、无组织的流转,由于缺乏一套完整的土地流转法规和具体实施细则,造成了各地区在流程程序、方式、监督管理方面各自为政的混乱局面。

---

〔1〕 李树超、丁慧媛:《农村土地产权交易平台建设的必要性、问题及对策分析》,载《江苏农业科学》2016 年第 2 期。

〔2〕 洪曙光:《安徽农村产权交易平台启用》,载《西部资源》2014 年第 5 期。

3. 政府收储机制不健全

土地储备制度是政府为规范土地市场,盘活存量土地,优化配置土地资源,理顺政府与企业之间土地收益分配,解决土地无偿使用制度下诸多历史遗留问题而进行制度创新的产物。1996 年 11 月,上海市成立我国第一家土地储备机构——上海市土地发展中心,通过土地储备制度的实施,有效推进了土地市场的健康运行。随后,以青岛、武汉、杭州为首的城市纷纷开始尝试建立土地储备制度,并形成了以上海为代表的"市场主导型"、以杭州为代表的"政府主导型"和以武汉为代表的"政府市场混合型"三种土地储备运行模式。农村房屋建筑材料、成本质量差异大,受地理位置、周围环境影响,抵押价值评估和变现时价值的公允性难以保证。目前未建立完善的农房交易管理制度和公开的农房交易市场,农房交易流转大多私下以契约形式完成,不规范的市场运作会造成土地管理的混乱,抵押农房需要由专业的收储机构进行收储。大多数农房抵押试点地区都规定要建立抵押物收储机制,但有些地区尚未建立起收储机制,抑或是即使建立了,但该机制具体如何运行却不规范。当前,抵押农房收储工作主要存在四个基本问题:

第一,收储主体难以确定。金寨县为降低金融机构的信贷风险,由县财政整合不少于 1000 万元资金作为"两权"抵押贷款不良资产的收储资金,由县农村资产收储中心依法收储,但有的地方规定由集体经济组织收储。最终具体由村集体还是政府抑或是担保公司进行收储,目前尚无定论。《土地储备管理办法》(以下简称《管理办法》)第 8 条第 1 款规定:"下列土地可以纳入土地储备范围:1. 依法收回的国有土地;2. 收购的土地;3. 行使优先购买权取得的土地;4. 已办理农用地转用、土地征收批准手续的土地;5. 其他依法取得的土地。"由此可以看出,抵押农房并不在土地收储范围内,除非抵押农房被政府收购,抑或是由政府行使优先购买权取得后再收储。但若允许政府行使优先购买权,则变相使政府垄断了农村集体建设用地,政府并非营业性企业,不能与其他市场主体争利,故政府不应享有优先购买权。农民住房和宅基地使用权都依附于集体所有的土地,农民集体理应享有处分集体土地的权利,但若由村集体进行收储,村集体缺少资金,收储后没有足够的资金去处置,而且村集体缺乏专业性人才,青黄不接,难以担起收储的重任。

第二,缺少相应的收储价格标准。目前政府对收储价格的形成机制缺乏清晰的认识,尚未制定收储指导价格。由于土地收储性质不一,加上土地交易双方关系多样化,土地收储操作方式也不尽相同,同一地区、相同用途的土地收购储备价格因地、因时、因人而异,这严重阻碍了土地收储工作的顺利开展。[1]

第三,缺乏法律监管。虽然土地收储制度有利于盘活存量土地,但是以地方利益为中心的储备动机造成新的土地闲置和浪费,有悖于"十分珍惜、合理利用土地和切实保护耕地"的基本国策,但实践中又缺乏相关法律对政府收储行为进行监管。

第四,收储资金缺乏。收储机构在对收储的房屋进行处置时,需要大量的资金投入。但这些收储资金要如何筹集,如何运用,资金由谁监管都是收储机构亟待解决的问题。目前试点地区收储机构的收储资金来自政府的财政支持,但是政府财政资金有限,不一定能够满足收储机构的资金需求,而且"财政兜底"模式的风险性高。

4. 风险保障机制不健全

当前的农房抵押是在国家政策的号召下支持"三农"的一项工作,银行等金融机构在贷款发放过程中,由于借款人农民认识不够,经济困难,加之自然灾害、恶意赖账、泥草房改造等原因会形成不良贷款。由于法律阻碍和现实中的处置困境使得农房抵押风险很高。如何有效破解农房抵押贷款风险处置难题,风险保障成为农房抵押贷款试点并推广的关键。

(1)政府财政支持不到位

农房抵押试点是在政府的支持下开展的一项业务,关系到"三农"问题,涉及面广而复杂,离不开政府的财政支持。几乎所有的试点地区都规定了政府通过财政筹集风险补偿基金,但是并非所有地区的风险基金都能充分到位。比如宁夏回族自治区平罗县,县财政曾承诺在三年试验期间出资1000

[1] 张金华:《高地价对中国土地储备制度的冲击》,载《中国土地科学》2003年第6期。

万元设立农村产权抵押贷款风险补偿基金，首期注入了300万元资金，但后期资金注入一直未兑现。我们在宣城市宣州区调研时发现：虽然宣州区政府为鼓励农村房屋抵押贷款业务的发展，自2013年度开始建立贷款风险补偿机制，按照银行当年新增农村房屋抵押贷款业务金额的5‰比例予以风险补偿，为银行做好做优农房抵押贷款这项业务提供了一定的空间，但这项政策支持一直未予以兑现。由于政府财政有限，风险基金完全由财政兜底，政府财政压力大，银行等金融机构的信贷风险也很大。风险补偿基金政府离不开政府的财政支持，要顺利开展农房抵押业务，必须保障风险补偿基金充足。

(2)贷款风险分摊机制不足

金融机构作为贷款人，发生不良贷款时，必定要承担坏账的损失，但农房抵押是为服务"三农"问题而开办的业务，本身风险大，若没有风险分摊机制，完全由金融机构自担损失，只会导致这项业务被叫停。目前各试点地区在农民住房财产权抵押风险防控机制方面作出了很多探索尝试，大多数试点地区设计了抵押融资担保机制，例如，宣城市宣州区将农房抵押贷款纳入"4321"新型银政担保合作机制，鼓励政策性融资担保公司开展担保业务；金寨县引入"两权"抵押贷款担保机制，规定由金寨县利达融资担保公司为县域金融机构开展的"两权"抵押贷款提供一般责任担保，并适当降低担保费率，建立"银行+'两权'抵押+担保"模式，以提高"两权"抵押的积极性。但是，我们在实际调研过程中发现：金寨县利达融资担保公司的担保积极性很低，主要原因在于农村产权具有特殊性且农房不易变现处置。虽然融资性担保公司可以缓释风险，但由于资金短缺与风险补偿机制缺失的问题，一旦发生不良贷款，担保公司极易面临亏损，为了避免亏损严重，担保公司只能选择缩小担保规模，从而控制成本支出和运行风险，最终导致不能发挥其应有的分担风险功能。

5. 农村社会保障机制不完备

宅基地承载着农民的居住保障功能，能够最大限度地实现"居者有其屋"，一旦放开农房抵押，可能面临农民成为流民的风险。但农民的社会保障问题是一个综合性社会问题，仅仅保有宅基地是解决不了的，真正的解决方法在于建立和完善农村社会保障体系,健全农村社会保障制度。目前农村社会保障机制不完备,与城市相差甚远。城市有城镇廉租房、经济适用房等,但是农村没有。农村医保、最低生活保障、养老保险等社会保障机制也不健全。

(1)农村社会保障覆盖率低

当前我国农村的社会保障覆盖面极小,绝大多数农民并未被纳入社会保障范围内。而且我国社会保障制度内容不完善,未能很好地保障农民的整体权益,也不能针对老龄化农民、失地农民、农民工等特殊群体给予保障。在现实国情下,以货币支付为主要方式的现代社会保障制度不可能覆盖全体社会成员,只能是主要针对城镇居民。近年来,虽然城乡居民保险人数在增加,但是覆盖率仍然比较低。尚有一大部分农民并未享受或享受很少的社会保障,大多数的农民处于社会保障的“真空地带”。

表 2-4 城乡居民基本养老保险[1]

年份(年)	人数(万人)
2010	10, 276. 8
2011	33, 182. 0
2012	48, 369. 5
2013	49, 750. 1
2014	50, 107. 5
2015	50, 472. 2

自 2010 年以来,我国城乡居民基本养老保险人数在不断增加,但是参保人数还是占比较少。农村社会保障水平低,覆盖面小。农房抵押在抵押权实现环节,若农民的住房被处置变现,可能会遇到农民失去宅基地成为流民的情形。这时候,我国的社会保障体系不健全,农民的利益得不到保护,生存得不到保障,会造成社会动乱问题。

---

〔1〕《中国统计年鉴 2016》,载 http://www.stats.gov.cn/tjsj/ndsj/2016/indexch.htm.,最后访问日期:2017 年 8 月 5 日。

(2)社会保障内容不健全

到目前为止,我国仅初步建立了农村养老保险制度、农村最低生活保障制度、农村五保供养制度、新型农村合作医疗制度、农村社会福利制度、农村灾害救助制度、农村医疗救助制度、农村优抚安置制度,但这些制度内容不健全,而且其中的一些制度还只在发达的农村地区的试点过程中,尚未成形,并不成熟。农村最低生活保障制度是农村社会保障体系的首要工作,对农村社会稳定有着重要意义。但农村低保工作的进展不尽如人意,其中中西部大部分地区的农村社会保障水平较低。政府是社会保障最重要的责任主体,为公民提供社会保障是政府的主要职责之一,但长期以来,我国政府对农民的社会保障建设财政支持力度远远小于城市。另外,由于农村社会保障权利的实现缺少法律上的支持,致使农村长期停留在保障范围小、项目少的低层次保障水平上。我国当前农村社会保障制度的发展严重滞后于城乡统筹发展的进程,传统的土地保障模式已经无法满足市场经济发展的需要。我们应以完善我国农民的社会保障权益为出发点和落脚点,及时、合理、合法地采取有效措施建立健全我国农村社会保障制度。

第三节　农民住房财产权抵押制度完善对策

一、农民住房财产权抵押制度的完善

(一)农民住房财产权抵押制度的立法调整

农房抵押涉及农民的房屋所有权权益和宅基地使用权权益等财产性权益,由于当前法律对宅基地使用权过多限制,致使农房抵押较难推进,农民的财产性权益难以得到有效保护。为破除对农房抵押的法律障碍,解决农房抵押面临的法律问题,课题组提出对现行法律的相关修改建议,从而充分发挥农房的融资功能,保障农民财产性权益的最大化的实现。

1.《物权法》应规定宅基地使用权自登记时取得,采登记生效主义。

2. 修改《土地管理法》关于宅基地使用权流转对象的规定,删除宅基地使用权流转对象仅限本集体经济组织内部成员的规定;规定在农房抵押权变

现时，本集体经济组织及其成员对该农房享有优先购买权；同时增加本集体经济组织外部人员有偿取得宅基地使用权。

3. 规定基于法律行为而发生的农房所有权及其他物权的变动，自登记于不动产登记簿上时生效。

4. 农民建造房屋应在取得的宅基地的范围内，超出宅基地面积建房应当缴纳使用费，具体收费标准由省、直辖市、自治区规定。

5. 删除《物权法》第 184 条、《担保法》第 37 条有关宅基地使用权禁止抵押的规定，增加宅基地上房屋抵押时，宅基地使用权一起抵押的规定。

6. 增加规定农民以宅基地上房屋抵押，当抵押权实现后，农民可以行使宅基地使用回赎权。

7.《物权法》第 195 条之后另辟条文，规定，(第 1 款) 土地及土地上建筑物，同属于一人所有，而仅以土地或仅以建筑物为抵押者，于抵押物拍卖时，视为已有土地权之设定，其地租由当事人协议定之。协议不成，由法院裁定。(第 2 款) 土地及土地上之建筑物，同属于一人所有，而以土地及建筑物为抵押者，如经拍卖，其土地及建筑物之拍定人各异时，适用前款之规定。

(二) 农民住房财产权抵押制度的保障性原则

农民住房财产权抵押制度的保障性原则，是指贯穿在农业现代化建设推进中、农业农村投融资机制发展过程中，保障农户宅基地用益物权，对慎重稳妥推进农民住房财产权抵押、担保、转让等实践活动中起指导作用的具有权益保障性质的原则。

农民住房财产权抵押制度的保障性原则在农房抵押实践中占据极为重要的地位，无论是对农村产权改革发展，还是对农房抵押权实现活动过程，都发挥着重要的作用和效能。具体而言，农村住房财产权抵押制度保障性原则的意义主要体现在以下几个方面。

第一，有利于准确理解我国的农民住房财产权抵押制度。学习和掌握保障性原则，有助于完整、准确地理解政策性发展农房抵押的深度思想，真正把握国家创新农业金融经济体系，并且指导抵押法律关系主体在具体农房抵押实践中合理有效解决所遇困难。

第二,有利于保障农民的财产性利益,实现物权平等。理解并掌握保障性原则,有助于人民法院、不动产登记机关、金融机构等涉及农房抵押实践的主体以保障农民权益为核心,准确认定案情和适用法律,及时解决纠纷,实现物权平等,保证慎重稳定地发展农村经济。

第三,有利于正确处理实践中出现的新问题。由于社会生活丰富多彩,变化万千,因而在实践中遇到法律条文没有明确规定的情况时,只有依照保障性原则指导去解决,才能更加维护农民利益,稳定整个土地制度的大的社会局面。

1."房地一体"抵押原则

"房地一体"抵押原则是指源于房产与地产不可分离的自然属性,土地使用权与土地上的房屋等建筑物和附着物归属于同一主体,在抵押时房屋所有权和土地使用权必须同时抵押。此原则又分为两种具体表现形式:"房随地走"原则或者"地随房走"原则,区别是以地权作为确认房权的依据还是以房权作为确认地权的依据。〔1〕

虽然在我国物权法律体系中,土地和建筑物被视为独立的不动产。不过,据全国人大法工委的有关人士表示:"在我国,建筑物、其他附着物的权属虽然相对独立于土地的权属,但在转让中必须实行'房地合一'原则,否则将会出现在土地上的'空中楼阁',既不符合生活逻辑,也不利于保护土地权利人和建筑物所有权人的合法权利。"〔2〕在我国众多法律条文里,"房地一体"原则贯穿其中,均要求土地使用权和房屋所有权的主体应当同一,例如1990年5月19日颁布的《城镇国有土地使用权出让和转让暂行条例》第23、24、33条,1994年7月5日颁布的《城市房地产管理法》第31条皆肯定了该原则。《物权法》第146、147、182、183条等条文,再次以法律形式肯定了"房地一体"原则。当然,这些条文主要涉及国有土地使用权,但其立法目的是规范土地使用权主体和房屋所有权主体保持一致。"房地一体"原则在不动产登记程序上主要表现在《不动产登记暂行条例实施细则》第2条第2款:"房屋等建

〔1〕 赵玉东:《"房地一体"原则在农房权属纠纷中的司法适用》,载《法律适用》2012年第6期。
〔2〕 王胜明主编:《物权法学习问答》,中国民主法制出版社2007年版,第243页。

筑物、构筑物和森林、林木等定着物应当与其所依附的土地、海域一并登记,保持权利主体一致。”另外,国务院改革文件《国务院关于开展农村承包土地的经营权和农民住房财产权抵押贷款试点的指导意见》中指出“农房财产权设立抵押的,需将宅基地使用权和住房所有权一并抵押”,这是国家以正式政策文件形式确定宅基地使用权应同农村住房所有权一并抵押。

结合我国房地产实情,对城市建设用地及地上房屋权利变动适用“房地一体”原则无可非议。针对农村土地,由于中国特色国情以及当代中国所处的特殊阶段,为保障农民财产性权益和住房安全,我国对宅基地使用权的主体加以限制规定,因而在农村确实存在“地随不了房走”的法律困境。房屋与土地如“肉与骨”一般,房屋依靠土地得以被建立,没有土地的支撑,房屋如“空中楼阁”。宅基地作为农房赖以存在的基础,若采用“房地分离”抵押方式,在抵押权实现后,宅基地使用权作为用益物权在效力上优先房屋所有权人享有的债权,就会造成拆屋还地的局面。同时,宅基地使用权人范围限定在本集体组织内部成员,这就大大降低了房屋所有权人转让房屋的可能性。所以在“房地分离”抵押方式下转让房屋所有权时,产权主体也会因缺失土地使用权做保障而面临很多阻碍,致使其房屋所有权的完整性存在瑕疵,也在一定程度上遏制了农房抵押市场的发展,阻塞了农民融资渠道。为了给农民抵押住房营造一个良好环境,简化程序,降低抵押成本,应尽快将政策确定的农房抵押中“房地一体”的原则上升为法律规定。由于宅基地使用权是无偿取得的,不同于国有建设用地是以有偿方式取得,法律在为宅基地使用权抵押开禁时应当同时规定“农民不得以单独的宅基地使用权抵押”。此外,坚持房地一体原则,还有利于减少登记错误避免房地分开登记的烦琐与出入。只有在登记程序和登记簿的制作上遵循一体登记原则,才能从根本上避免房地人为的分离所引起的法律纠纷。

2. 农村土地集体所有制原则

农村土地集体所有制原则,是指农村坚持土地归农村集体经济组织所有的土地公有制为原则。《土地管理法》第 2 条第 1 款规定:“中华人民共和国实行土地的社会主义公有制,即全民所有制和劳动群众集体所有制。”根据这一规定,我国的土地所有制有两种基本的形式,一种是全民所有制土地即国家所有土地,另一种是劳动群众集体所有制土地即农民集体所有土地。

农村土地集体所有制是按马克思主义政治经济学理论设计的十分精巧的制度结构。在我国农村实践中是自1949年10月中华人民共和国成立,先后通过开展土地改革、农业合作化、人民公社化等运动,废除了封建地主土地所有制,逐步建立起了农村土地的社会主义集体所有制。随着经济社会的发展变化和农村改革的推进,农村土地集体所有制也面临着与实践不相适应的境地。《宪法》在规定集体土地所有制时,没有明确具体享有集体土地所有权的"集体",导致现行集体土地所有权主体存在虚位状态,造成"大家都管"变成了"大家都不管",土地管理的效率降低,使得农村土地集体所有制广受诟病;再加上国家可以行使征收这一公权力,尤其使得集体土地所有制名存实亡,集体所有者的身份被弱化的直接后果就是集体土地所带来的土地效益被国家收取,农民的权益难以得到有效保护。

鉴于此,不少学者主张我国土地实行私有制,以保护个人化的利益,提高农业效率。也有学者主张取消我国土地二元制所有结构,实行土地国家所有制。对于第一种观点,该主张本身是个伪命题。土地实行私有制并不能提高农业效率,反而难以扩大经营规模,并给租入土地耕种的佃农造成高投入而低产出的回报,使得农业生产力严重受制于土地私有制这一生产关系。而支持我国土地私有化的学者必定是所观美国、加拿大、澳大利亚等殖民国家的大农业发展的优势。因为殖民者侵入土著居民的领地,占据了广袤的土地,人地关系没有东亚地区如此紧张,而且不同的历史传统下,殖民国家的土地仅仅是生产资料和生产要素,并没有将村庄故乡与土地耕种联系到一起,土地相对集中在少数农场主手中,才有基础去从事高度现代化、商品化的农业生产。相比较中国的原住民国家,土地是世世代代生活在村庄里劳作人的生活支撑,土地不仅具有经济性,而且社会性和保障性更加凸显。[1]

---

〔1〕 贺雪峰:《论农村土地集体所有制的优势》,载《南京农业大学学报》(社会科学版)2017年第3期。

对于第二种观点，显然这种改变更侵害了农民的利益，在新中国成立初期，我国发展落后，为改变经济落后的局面，提升国家综合实力和国际地位，以农业反哺工业，大力发展城市工业、商业经济，经过几十年来以牺牲农村农民利益为代价换来了城市的快速发展。国家以“廉价”的方式从农民手中将集体土地变为国有土地，再以高价出让土地使用权，将从中获得的巨大级差收益用来发展工业、商业，换来了城市的发展。土地是财富之父，如果再将集体所有的土地直接变为国家所有，农村和农民就彻底丧失了土地带来的利益。对于将土地私有化的这种观点，我们认为是站不住脚的，若将土地所有权赋予农民，使农民获得更大的土地权利，其实只有很少一部分位于城乡结合部区域内的农民可以获得巨大的土地收益，对于一些远郊和偏远地区的农民来说，是无法获得因土地私有带来的收益，在土地私有制度下，城乡结合部的农民凭借其土地的有利位置和极高的谈判能力，会大大增加城市扩张和基础设施建设的成本，且因为政府不能从这些土地上获得收益，政府财政收入减少，无力进行城市基础设施建设，也无力为真正从事农业生产的农民提供大量的财政转移支付。[1] 在这种情况下，国家的公共服务能力水平就会降低，带来的直接后果是整个国家缺乏公共设施配套建设，民众基本的社会生活保障水平下滑。

无论是将集体土地所有制变为土地农民私有制还是国家公有制都难以站得住脚，彻底改革农村土地集体所有制的主张存在主要问题是：分析方法存在缺陷，以交换价值论简单代替劳动价值论，以农民简单替代劳动者。[2] 经济社会的发展必然要推动制度的改革完善，但是偏离最初目标的制度设计是不被赞成的，简单的肯定或否定必然不适合复杂的社会实践，只有在顺应劳动分工的前提下，学会将原先的制度设计中隐含的思想、假设和条件显性化。几十年来以牺牲农民农地的利益换取城市发展，使得城乡收入差距甚大，农民的土地利益被国家以征收等方式攫取，在将农村土地变为城市土地

---

〔1〕 贺雪峰：《地权的逻辑——中国农村十地制度向何处去》，中国政法大学出版社 2010 年版，第 325 页。

〔2〕 秦中春：《农村土地集体所有制的阶段性特征考量》，载《改革》2015 年第 10 期。

时,农民取得的对价远远不及土地应获得的收益,若再将土地直接变成国家所有,农民更是丧失了现在仅有的变换土地取得的对价。农民作为单独的个体更是无足够的能力承担起整个土地的义务,也无能力承担因发展需要带来的基础设施建设的义务。集体作为土地的所有者和管理者,可以较好地在维护农民利益的前提下,承担农村基础设施的建设义务。

农村集体土地所有制在当前处于城市化浪潮的背景下必须进行适应性调整,才能满足农村市场化的开启与推进。我国的土地制度要服从国家发展的大局,更要保护好农民的利益。而现阶段集体土地改革的重点应当是首先明确集体土地产权主体,只有确定了所有者身份,所有者才能更好地行使权利,承担义务。

3. 农房财产功能与农房住房保障功能相协调原则

自古以来,土地便是中国农民生存之根本。在土地兼并现象极少的年代,国运昌盛、百姓幸福安康,人民利用手中所有的土地加大生产、自给自足,基本能够满足自身生存需要。但在土地兼并现象频发的年代,土地被极少数地主阶级所垄断,农民失去安身生存之根本,往往伴随着阶级矛盾尖锐、农民起义频发、统治阶级统治形势恶化。中国共产党领导的反帝反封建的土地革命,让动荡五千年的农业大国归因于土地而安定下来,取得了较长时间的和平稳定。以史为鉴,可以明得失,土地对中国农民的重要性不言而喻。新中国成立以来基于对土地所有权重要性之考虑以及当代中国特色的国情出发,确立了城市土地国有以及农村土地集体所有的土地政策。

“自古以来我国农业社会人口的生存与发展都是以千村万落而展开的,这里包含众多社会、伦理、经济的单元,体现了习惯、宗族、人文等要素,既然几千年如此,短期就同样难以改变。因此,‘村’的概念形成是为我国农业存在的依托,不然也不会称之为‘农村’。”[1]在农村,尽管当今工业化、城市化浪潮推动速度极其之快,农村以土地形成的稳定性尚未进行剥离,农村社会

---

〔1〕 郑尚元:《土地上生存权之解读——农村土地承包经营权之权利性质分析》,载《清华法学》2012年第3期。

依旧需要土地来保障农民作为弱势群体而享有的福利。“保障农村人口居住权,实现居者有其屋”一直是宅基地使用权制度的立法设计中最重要的价值目标,从我国立法现实来看,“农者有其屋”的生存利益是宅基地使用权制度的核心。从《宪法》到相关政策文件都体现了对农村居民居住权的关注,这有效地防止了农民流离失所。另外,宅基地使用权制度是国家为维护农村社会的政治稳定而制定的一项连续性的公共政策,以防止在经济下行或波动时,农民工返乡之时能够有基本的落脚处。

无论是从历史角度还是从现实发展来看,农房的住房保障功能一直是国家制度设计者首要考虑的问题,对于早期的农村和农民来说,社会发展落后,农民的需求也较少,基本的生存保障权是他们最看重的。但是现在我国社会经济生活已经发生了巨大变化,相关法律规定已经不适应农村现阶段的发展要求,宅基地使用权承载的政治和社会功能已经不能满足农民对个体发展权的追求。法律的更新速度跟不上社会变化的节奏,现在适用的有关宅基地的法律规定都是在 20 世纪 90 年代和 21 世纪初制定的,如《土地管理法》《担保法》和《物权法》,其都在限制宅基地的流转,导致宅基地上农房的财产功能远没有其保障功能强。宅基地社会保障制度的设计使得农村宅基地的使用效率降低,削减了宅基地和农房的财产权性质,从而在保障农民居住权的同时漠视了农民的发展权。另外,片面强调宅基地和住房的居住保障权的属性也滋生了一些宅基地隐形流转现象,如小产权房屡禁不止。在改革开放的大背景下,一味追求“以不变应万变”的农村住房保障制度,不仅不能提高农民个人的生活水平,而且无法形成农工商相协调发展的市场经济。

在市场经济日益完善的现阶段,不应再片面注重农房的保障功能,不应想当然地把农民认为是非理性的,而人为地将农房交易从市场经济的大市场中分离。限制农房交易主体导致农房交易价格较低,农房交易数量减少,这种做法背离了市场经济的发展轨道,也对农民拓展其融资渠道造成一定影响,致使大量的农房被闲置浪费。农房财产权益保护力度的欠缺,最终损害了农民的利益,加大了城乡居民收入的差距,对农房抵押来说,在抵押权实现拍卖农房的情况下也损害了债权人的利益，不利于和谐社会的构建。[1]

宅基地使用权的保障属性和财产属性之间的偏重幅度是农民生活保障权和财产权之间的博弈，在城镇化发展迅速的背景下，协调好二者的关系是对农民自身发展诉求的回应，也是缩小城乡贫富差距的应对措施。宅基地使用权是农民居住环境的基本保障，也是农民生存权的内容之一，其配置合理与否关系到农村社会稳定、农村经济发展和农民社会安定。[2] 承认农民集体及其成员的物质利益，保护他们对财产的进取心，同时确认和保护农民集体及其成员享有合法土地权益，鼓励他们为提高经济效益而占有、使用或转让土地权利。[3] 因此，在农房抵押之时应遵循协调农房的财产属性和住房保障属性的原则，不应严重偏颇一方，在坚持农民有居住保障的同时，真正发挥出农房抵押的财产权属性。

现行法律的规定对农房抵押制度的实施造成的种种阻碍根本在于重宅基地社会保障轻财产权益的立法模式，法律法规将农房保障权和财产权有意区别，实则是认为宅基地是农民安身立命之场所，宽松的宅基地立法政策易引起其使用权主体的变动，影响一国社会的安稳，宅基地鲜明的福利色彩被赋予肩负维护农业、农村稳定的重要使命。仅仅注重宅基地的社会功能，而忽略宅基地的财产权性质，甚至是牺牲农民私有的房屋财产性权利，这种立法模式的选择已脱节于社会经济的发展，不符合当今时代的要求，尤其是尊重公民财产权、保障农民权益、增加农民收入等宏观公共政策应该紧随时代发展的步伐或者更应该引导时代中主体对权利诉求的发展。因此对于农房抵押这项国家政策来说，有关的改革侧重点应当是重视农民房屋所有权和宅基地使用权的发展并为之发展创设有利的环境，改变之前过度重视农民社会福利保障的思路。在现阶段保障农民的财产性权益是正视农民的权利需求，为其谋取福利，限制农民的财产性权利和收益，并不是保障农民的福利。在以人为本的时代，所有的社会制度都应该体现人类追求的价值目标，法律的

---

[1] 袁锦秀：《农村宅基地使用权法律问题研究》，中国商务出版社2013年版，第50页。

[2] 陈小君：《农村土地问题立法研究》，经济科学出版社2012年版，第47页。

[3] 陈小君：《农村土地问题立法研究》，经济科学出版社2012年版，第41页。

价值包括自由、平等、效率和秩序,放在农房抵押制度中来看,城市居民可以抵押房屋且法律对此并没有设置太多的阻碍,而农房抵押就面对较多的法律限制,这有违现代法律追求的价值目标,损害了农民的权益。同时,在立法过程中,应当追求"物尽其用、地尽其利",即让土地承载的各项农民权益都能得到有效地发挥。

4. 以保障农民权益为核心的原则

俗话说"为政之要,首在足食"。没有土地,焉能足食?2015 年 5 月,习近平总书记对耕地保护工作作出重要指示,指出:"耕地是我国最为宝贵的资源。我国人多地少的基本国情,决定了我们必须把关系十几亿人吃饭大事的耕地保护好,绝不能有闪失。要实行最严格的耕地保护制度,依法依规做好耕地占补平衡,规范有序推进农村土地流转,像保护大熊猫一样保护耕地。"习总书记的话语中透露着土地所承载着农村经济功能,在今后从事有关土地耕地相关政策方面,需要承认农民集体和农民的物质利益,保护他们对于财产资本的追求心和渴求心,不断解放和发展农村社会生产力,激发农村发展的新活力。土地不仅仅具备人类生存保障的基础经济功能,而且承载着政治功能和社会功能。在政治功能保障方面,要求在保持《宪法》确立的公有制经济和非公有制经济关系的前提下,可以适当设计农地权利体系,对现有的农地权利类型进行整理,优化适应社会经济发展的相对开放的权利体系,明确不同类型农地权利的享有者,不断地促使该体系有良、有序、有法地运行,并强化其相关类型的保障。在社会功能保障方面,传统的以地养老养家的思想观念依旧影响着农民群众,土地依旧担负着传统农村社会保障的重责,农村土地的社会保障内容涵盖了最低生活保障、养老保障、失业保障、医疗保障,[1] 其功能要求在保障农民相关土地权益的基础上,相应地提升农民的社会地位和生活幸福指数。

目前,或为保护社会稳定,或为公共利益,我国始终谨慎对待有关宅基地

---

〔1〕 李长健、张兵、袁蓉婧:《农村土地的社会保障功能与农村土地制度的完善——兼论农民权益保护问题》,载《农村经济》2009 年第 5 期。

的制度问题,连同涉及宅基地流转的有关制度也受到了法律政策的阻碍,比如农房抵押。立法初期,在农村生产力低下、小农经济占据主导地位的时候,土地是农民仅有的维持生活的支柱,一旦失去耕地、失去宅基地,就会对农民的生活生产造成巨大影响。但是随着时代的发展与变化,整个社会的结构已经发生根本性的变化,农业作为第一产业支撑起整个国家经济发展的时代已经过去,第二产业工业和第三产业服务业已经成为社会财富创造与积累的主要动力,社会整体的风险抗击能力也远远强于先前的农业时代。在如此深刻变化的社会环节中,依旧要靠限制土地交易来保护农民利益,让农民始终守着一亩三分地经营生活,将会与立法本意背道而驰,农民个体与集体发展都跟不上时代的脚步。不可否认,社会经济结构发生了变化,农民是阶级力量中最朴实和最理性的人民群体,他们也十分清楚,社会的重心不在于求一温饱和一席容身之地,人们追求的是自我的发展和财富的增长。所以改变传统观念,开拓农村市场经济是十分必要的。

秉行依法治国理念的国家,其法律制度的构建需要正视和尊重社会基础,从我国长期形成的固有观念和思维方式去照应国情与国史。反观如今的法律体系,立法者限制宅基地交易的价值取向非常明显,这种立法模式也相应影响到农房的流转速度,掣肘了农民和宅基地的财产性权利,减少了社会交易,使资源不能得到充足的优化配置。因此在解决"三农"问题上,国家应当是鼓励交易,适度放宽对土地的监管,允许农民在坚持宅基地是集体所有,不侵害国家、集体和第三人合法权利的前提下流转宅基地使用权。鉴于此,立法者应当在坚持维护社会稳定为根本的价值取向时,以保障权益为核心,树立和培养公民财产权保障的理念。

(三)农房财产权抵押制度的主体范围

1. 抵押人的界定、范围和条件

抵押关系的当事人包括抵押人和抵押权人。抵押人是设定抵押的人,以自己的财产为自己或为他人作担保,设定抵押是一种法律行为,法律规定设定抵押之人必须是具有民事行为能力的人,无民事行为能力人和限制民事行为能力人独立或超过其能力范围实施民事行为,应当认定无效。我国最高人民法院在《关于认真贯彻执行〈中华人民共和国民法通则〉若干问题的意见》(以下简称《意见》)第113条第1款中规定:“以自己不享有所有权或者经营管理权的财产作为抵押物的,应当认定抵押无效。”《海商法》第12条中也规定:“船舶所有人或者船舶所有人授权的人可以设定船舶抵押权。船舶抵押权的设定,应当签订书面合同。”以自己的财产作为担保设定,其前提是对抵押财产享有处分权。在农地市场化尚未完全开放的情况下,由于抵押权实现可能给当事人造成影响,所以对抵押关系当事人的资格作必要限制是合理的。[1]

各地试点地区关于农房抵押登记的管理办法中,设定抵押人能用农房进行抵押所具备的普遍条件是:(1)具有完全民事行为能力,无不良信用记录;(2)用于抵押的房屋所有权及宅基地使用权没有权属争议,依法拥有政府相关主管部门颁发的权属证明,未列入征地拆迁范围;(3)除用于抵押的农民住房外,借款人应有其他长期稳定居住场所,并能够提供相关证明材料;(4)所在的集体经济组织书面同意宅基地使用权随农民住房一并抵押及处置,以共有农民住房抵押的,还应当取得其他共有人的书面同意。其他款项各地的抵押登记管理办法设计得大同小异,对于农房抵押是否应当设置其他一些限制条件,则存有不同意见。在一些试点地区要求农民住房抵押应当取得本集体经济组织的同意,抵押权人依法处置抵押住房也需经本集体经济组织同意,如《成都市农村房屋抵押融资管理办法》第5条和第7条、《铜陵市农村房屋抵押融资管理办法》第5条和第7条、《丽水市农村住房抵押贷款管理暂行办法》第6条、《巴中市农村产权抵押融资管理办法(试行)》第25条和第28条、《鄂州市农村房屋抵押融资管理办法(试行)》第6条和第8条、《舟山市农村合作金融机构农村住房抵押贷款管理暂行办法》第6条。但是,从中央推进农房抵押贷款试点工作的目的以及尊重农民对其房屋所有权的处分自由来看,应当充分尊重农民的意愿,不应对农房抵押附加此种限制条件。在宣城市宣州区进行调研时,有关主管部门也提及在办理抵押手续时需全体村

[1] 高圣平:《农地金融化的法律困境及出路》,载《中国社会科学》2014年第8期。

民三分之二人签字同意，事实上增加了设置抵押的难度，阻碍了农房抵押贷款的推广。因此，删去"所在的集体经济组织书面同意宅基地使用权随农民住房一并抵押及处置"较为妥当。

对于农民进行房屋抵押所取得的贷款的用途，有的地方规定只能用于农业生产经营，如《重庆市农村土地承包经营权、农村居民房屋及林权抵押融资管理办法》第4条；而在另外一些地方，则没有此种限制，因而也可以为生活消费之目的而进行农房抵押贷款，如《厦门市农村房屋抵押融资管理暂行办法》第3条、《舟山市农村合作金融机构农村住房抵押贷款管理暂行办法》第8条。有学者认为：根据中央《决定》的精神，推进农民住房抵押的目的在于增加农民的财产性收入，而非完全是满足农业生产经营的需要，因而，只要是通过农民住房抵押贷款能够增加农民财产性收入的，都应当允许，而不应当对其使用目的进行不必要的限制。〔1〕

2. 抵押权人需具备的条件

抵押权人在抵押合同中为被担保的债权人，是按照约定取得抵押权的一方，享有债务人违约而受益取得处分抵押担保财产优先受偿。在农地抵押关系中，在试点初期农地抵押权人应先以农业银行、农村合作银行、农商银行等金融机构为宜。《农民住房财产权抵押贷款试点暂行办法》第2条规定："本办法所称农民住房财产权抵押贷款，是指在不改变宅基地所有权性质的前提下，以农民住房所有权及所占宅基地使用权作为抵押、由银行业金融机构（以下称贷款人）向符合条件的农民住房所有人（以下称借款人）发放的、在约定期限内还本付息的贷款。"该定义上可以很直观地看出现国家政策所要求的抵押权人也是限定为银行等金融机构，其原因在于如今国家对于信贷管制十分严格，只有金融机构才能发放贷款；农业发展受自然因素影响较大，不稳定因素较一般商业发展来说潜在爆发力大，农业产品缺乏必要的竞争力，农民收回成本的时间较长，此类不确定、周期较长的农业金融风险较大，一般的个体和集体经济组织的财政金融无法承担，只有具有强有力的金融支撑的金融

---

〔1〕 房绍坤：《农民住房抵押之制度设计》，载《法学家》2015年第6期。

机构才能在试点实践中尝试发展农房抵押贷款业务，这有利于逐步缓解农村中可能存在的不稳定因素。我们在宣州区调研时发现：宣州区开展农房抵押贷款业务的仅是银行，包括中国农业银行、农村商业银行、中国邮政储蓄银行等，然而一般都是由农村商业银行承担的，其他银行在试点以后也办理农房抵押业务，但数量累计不多。截至目前，宣州区农商行共发放农房抵押贷款163 万元，其他银行加起来共 349 万元。对抵押权人的金融机构来说，需要国家对其加大信贷扶持，支持金融机构积极稳妥参与试点，减少金融机构因农房抵押权无法实现产生的焦急感和不良贷款率上升的不安感。各地区的银监办要落实差异化监管政策，合理确定资本充足率、贷款分类等方面的计算规则和激励政策，支持金融机构开展“两权”抵押贷款业务。

（四）农房财产权抵押制度的客体范围

1. 确立宅基地使用权的登记生效主义

“严格地讲，登记行为作为一个整体，是当事人所实施的申请登记的私法行为和登记机关所实施的登记许可的公法行为的特别结合，我们完全可以将登记行为分而划之，将当事人所实施的申请登记的私法行为认定为物权行为的特别成立要件，而将登记机关所实施的登记许可的公法行为与其他主管机关的审查批准行为同等对待，认定为物权行为的生效要件。”[1]我国《物权法》对不动产物权变动的效力，采取了登记生效和登记对抗相结合的原则，登记生效原则是指当事人不仅需要具备物权变动的合意，同时还需向不动产主管部门申请登记不动产事项，否则物权变动行为不能生效；登记对抗原则，是指只要当事人一经合意，物权变动即可成立，但是不经登记不得对抗善意第三人。根据定义比较能发现，登记生效主义向人们提供了形成不动产物权变动的激励[2]，督促人们主动将不动产变动情况进行登记，使将人们取得的不动产权利处于一个相对安全的保障环境里。

---

〔1〕 参见[德]曼弗雷德·沃尔夫：《物权法》，法律出版社 2002 年版，第 221 页的案例 a 以及第224 页的解释。

〔2〕 李林林：《实现不动产登记规则的“一元主义”——登记生效主义》，载《山西师大学报》（社会科学版）2010 年第 3 期。

《物权法》第153条中规定："宅基地使用权的取得、行使和转让，适用土地管理法等法律和国家有关规定。"对宅基地使用权的取得并没有作出直接的规定。在农民取得宅基地使用权的登记问题上，《土地管理法》也规定的十分模糊，主流观点理解"登记仅为宅基地使用权取得的对抗要件"。2014年国土资源部、财政部、住房与城乡建设部、农业部、国家林业局出台《关于进一步加快推进宅基地和集体建设用地使用权确权登记发证工作的通知》，但由于农村现实问题十分复杂，确权登记工作尚在完善，档案、电子化数据库的建立还缺乏规范化、统一化标准。在这个问题上，2016年年初实行的《不动产登记暂行条例实施细则》第40条第1款只规定"依法取得宅基地使用权，可以单独申请宅基地使用权登记"，从中无法看出宅基地使用权登记是生效要件，还是对抗要件。程啸在《不动产登记法研究》中阐述到立法本意表明已经登记的宅基地使用权的转让或消灭应以登记为生效要件，具有设权效力，而非对抗要件。[1] 因此《物权法》第155条规定："已经登记的宅基地使用权转让或者消灭的，应当及时办理变更登记或者注销登记。"2004年11月2日国土资源部印发《关于加强农村宅基地管理的意见》的通知也指出"应当变更一宗，登记一宗"，突出登记是农村宅基地管理规范化的要件之一，但"宅基地使用权登记对抗要件"的观念导致生活在传统乡村的农民在实践中极少主动申请登记宅基地使用权，不动产登记主管部门也只能通过这种办法缓慢的推进宅基地使用权的登记工作。[2]

同样的情况也适用于集体建设用地使用权，《不动产登记暂行条例实施细则》第44条第1款规定："依法取得集体建设用地使用权，可以单独申请集体建设用地使用权登记。"不过，有学者认为：目前法律实际上并没有就集体建设用地使用权的首次登记具有何种效力做出规定，并建议未来我国应明确将建设用地使用权的首次登记规定为当事人取得集体建设用地使用权的生

[1] 程啸：《不动产登记法研究》，法律出版社2011年版，第224页。

[2] 程啸、尹飞、常鹏翱：《不动产登记暂行条例及其实施细则的理解与适用》，法律出版社2016年版，第224页。

效要件。[1] 实际上，根据《不动产登记暂行条例》第 5 条的规定，宅基地使用权、建设用地使用权均属于需要办理登记的不动产权利类型。

土地承包经营权、地役权、农村宅基地使用权的取得采取的是登记对抗主义，处于熟人村落的农民，各户的房屋土地都是确定的，很少会有第三人来侵占。在农村宅基地使用权的取得不以登记为要件，导致农房的合法性存在效力瑕疵的问题，比如超占、多占、违法占用耕地建房。农房抵押是一种物权性行为，《物权法》第 6 条规定："不动产物权的设立、变更、转让和消灭，应当依照法律规定登记。动产物权的设立和转让，应当依照法律规定交付。"所以农房作为不动产，按法律规定应采取登记生效主义，宅基地使用权采取登记对抗主义会使得农房及其宅基地在交易时缺乏合法性要件，无法取得足够的法律保障。法律监管不严导致农房抵押试点地区存在诸类不安因素，给实践工作带来很大困扰。确立宅基地使用权的登记生效主义，在法律层面可以更有效便捷地减轻不动产主管部门推进登记工作的压力，有利于规范化、统一化地梳理复杂的农村宅基地问题。并且处于"熟人社会"的农村随着时代的变化，传统和封闭的壁垒将慢慢消逝，在农房抵押制度的推进过程中，选择登记生效主义能激励人们积极进行登记公示，将不动产物权变动透明化，营造出安全的交易环境，这能够很大程度地去拉动农村市场经济增长，提高农民生活水平。

2. 完善农房登记制度

加快农房登记制度的完善，收集整合农房的面积、位置，录入统一的数据库，更有利于国家依据登记的数据，拟订工作计划与规划，出台促进农房抵押制度的针对性政策措施。为维持交易秩序和保护交易安全，需要采取登记手段，而《物权法》第 30 条规定："因合法建造、拆除房屋等事实行为设立或者消灭物权的，自事实行为成就时发生效力。"法条规定的因事实行为而取得的物权因缺乏必要的公示方法，不透明化的物权变动势必会引起社会混乱。因

[1] 程啸、尹飞、常鹏翱：《不动产登记暂行条例及其实施细则的理解与适用》，法律出版社 2016 年版，第 232 页。

此,《物权法》第31条规定:“依照本法第二十八条至第三十条规定享有不动产物权的,处分该物权时,依照法律规定需要办理登记的,未经登记,不发生物权效力。”处理一般的不动产需要经登记才能发生物权效力,然而《不动产登记暂行条例实施细则》第40条第2款规定“依法利用宅基地建造住房及其附属设施的,可以申请宅基地使用权及房屋所有权登记”;原来的《房屋登记办法》第82条第1款规定“依法利用宅基地建造的村民住房和依法利用其他集体所有建设用地建造的房屋,可以依照本办法的规定申请房屋登记”,相关法律条文中并未规定农房也必须进行登记。根据《不动产登记暂行条例》第5条第2项的规定,房屋等建筑物、构筑物所有权属于需要办理登记的不动产权利类型,该款也并未对农房所有权做出例外的规定。有学者因此认为:对于未登记的农村房屋,宜仿照土地承包经营权和宅基地使用权,以占有作为公示方法,在物权变动上采交付生效模式。而对于已登记的农村房屋,应以登记作为公示方法。[1] 因此,我们建议农房所有权应当办理登记才能进行处分,这有助于保护交易安全。

2007年《物权法》和2008年《房屋登记办法》使得房屋登记在全国范围内推行,然而现实农村存在很大的阻力,农房的实际登记与颁证率比例较低,许多因素在制约着农房登记,比如在合法取得的宅基地上建造的农民住房难以流转,住房流动性差;由于过去农房建设管理的缺位,“一户多宅”、超占多占的违规建筑现象严重,无法进行合法的农房登记等。[2] 根据在宣城市狸桥镇的调研发现:狸桥镇共有9800农户,现已完成发证9600户左右,200户的未发证空缺原因主要是:一是一些老房屋产权不清,家中并无产权证书,或是未办,或是产权证遗失;二是农户常年在外务工,房屋长期处于闲置状态;三是房屋破败不堪,现无人居住其中,户主认为房屋发证的意义及需求不大,明确表示不需要办证;四是农房的发证程序烦琐,上房照相、换证等环节多,

---

〔1〕 高圣平:《不动产统一登记视野下的农村房屋登记:困境与出路》,载《当代法学》2014年第2期。

〔2〕 徐晓松:《中国农房登记的制约因素及制度改革思考》,载《天津师范大学学报》(社会科学版)2013年第1期。

办证成本大于实际意义。诸如此类的现实问题阻碍着国家统一进行农房登记,所以为完善农房登记制度,需要采取一些变通措施去对待农村违建房屋的登记问题。只有在法律层面上承认农房具有合法性,程序上要求房屋所有权人进行所有权登记,取得所有权证书,才能进行农房抵押。对于农村历史遗留的问题和农村地区建房行政监管不到位造成的违法农房,应当在查明房屋来源之后区别对待:第一,根据《关于进一步加快宅基地使用权登记发证工作的通知》和《关于农村集体土地确权登记发证的若干意见》的规定,在1982年《村镇建房用地管理条例》实施前,农村村民建房占用的宅基地,在《村镇建房用地管理条例》实施后至今未扩大用地面积的,可以按现有实际使用面积进行登记。1982年《村镇建房用地管理条例》实施起至1987年《土地管理法》实施时止,农村村民建房占用的宅基地,超过当地规定的面积标准的,超过部分按当时国家和地方有关规定处理后,可以按实际使用面积进行登记。由于历史原因形成的主体建筑超过现行面积标准的超占农房,应本着法不溯及既往和尊重历史的态度,可以按住房实际面积予以确权登记,允许这部分农房抵押;但是对于主体建筑之外的附属建筑,因其主要用途不是供农民居住使用,而且这部分建筑建造的成本较小,可以允许农户继续使用这些附属设施,但对此部分不予以确权发证。第二,法律对于因继承或者赠与而获得另一处住宅,打破了"一户一宅",但因其来源合乎法律规定,是公民依照相关法律取得的房屋产权,法律理应当对这部分房屋进行确权登记,允许该部分农房进行抵押融资,以此更好地保障农民的财产性权益。第三,根据《城乡规划法》第41条第4款的规定:"建设单位或者个人在取得乡村建设规划许可证后,方可办理用地审批手续。"然而,实践中农民建房采取先建房后补手续的情况仍大量发生,这是由于《物权法》对宅基地的取得采取登记对抗主义,使得农村地区不经登记而径自建房的情况非常普遍,而在申请宅基地时并不需要提供准确的位置图,农民在建房时并没确定的界限可以参考。对于一户多宅、超面积占用宅基地或者违法占用耕地等问题如何处理,一直是困扰登记部门的一大难题。

除此之外由于其他的缘由造成一户多宅,事实上应当允许农民进行使用,但依照法律不能确权发证,也不得允许农民利用该部分住房进行抵押贷款,如若允许此种做法,相当于牺牲集体和成员的利益换来部分农民的个体利益,因为超过一宅的宅基地面积是农民侵犯了集体经济组织和其成员的土地利益才取得的,如此更为激励农村乱建房之行为,阻碍了农村建房监管。对于多占的宅基地和房屋,需待将来宅基地有偿使用机制完善后,可以考虑通过缴纳宅基地有偿使用费来弥补其合法性,予以登记之后允许农民利用住房抵押贷款,这样保证充分利用住房资源,又不滥用宅基地的福利性和身份性要素。

(五)拓宽宅基地使用权受让主体范围

1. 宅基地使用权受让主体拓宽的必要性

市场经济的发展运行依靠的是市场交易主体的需求量与交易量,只有市场中可交易主体达到一定的规模,才能形成市场竞价机制。在农房抵押制度的运行模式中来看,农房价值的提升不仅依靠所处的地理位置和发展空间,而且取决于买方市场需求量如何,需求量大形成供不应求,农房的价值才会上升,农民从中的获利性机会才会增大。而宅基地和房屋一体处置的原则,减轻了买受人因宅基地使用权的禁止性流转而不愿购买农房的担忧,使得潜在愿意受让房屋所有权和宅基地使用权的主体范围扩大,从而提升农房价值。

《土地管理法》第62条第4款规定:“农村村民出卖、出租住房后,再申请宅基地的,不予批准。”《国务院办公厅关于加强土地转让管理严禁炒卖土地的通知》规定:“农民的住宅不得向城市居民出售,也不得批准城市居民占用农民集体土地建住宅,有关部门不得为违法建造和购买的住宅发放土地使用证和房产证。”法律条文限定了宅基地使用权流转对象只限于本集体经济组织内部成员,然而根据“一户一宅”原则,本集体经济组织的成员往往没有购买本地农房的需要,或者碍于熟人社会的人情往来并不会优先考虑购买他人所抵押的农房。经济学基本理论认为“供求关系影响价格”,是指在商品经济条件下,商品供给和需求之间的关系,其中有研究市场供求结构与市场需求结构之间的适应状态,是否存在结构性失衡,农房处于买方市场时供大于求。因为受让人范围过小导致需求的相应减少,甚至本农民集体内部需求为零,使得农房抵押权的实现变得十分困难,抵押物的交换价值也不能体现出市场价值,不仅损害了农民的财产性权益,而且增加了金融机构从事此类抵押贷款业务的风险,这不能完全凸显农房作为抵押物的本身价值,金融机构在接受抵押时更多地考虑借款人的信誉(或信用)、经济状况以及借款人提供担保情况。

宅基地使用权交易范围的严格限制是阻碍银行等金融机构开展农房抵押业务的一大因素,由于市场上缺乏足量的买受人,抵押权无法得到有效的实现,开展此类业务会使银行的不良贷款率上升,在没有政府的财政扶持下,鲜有银行等金融机构愿意开展这项业务。现如今出现"小产权房"概念,这是相对于"大产权房"衍生出来的概念,"小产权房"是指在农村集体土地上建设的房屋,没有缴纳土地出让金等费用,其产权证不是由国家房管部门颁发,所以在产权的效力上有所欠缺,不被国家所认可的。为什么"小产权房"现象屡禁不止,很大原因在于占有集体建设用地的农民与希望购买房屋的市民都能在房屋交易中获得一定的利益,利益的推动是市场运转的"轴轮"。从小产权房现象热俏局面,我们可以看到拓宽宅基地使用权的受让主体,对农房抵押制度的实施带来了新的生机,使得农村金融市场开始活跃,农民财产性权益也会增多。

2. 宅基地使用权受让主体拓宽的范围

国家政策和立法一直从严控制宅基地转让,为的是让全国 9 亿农民可以"安身立命"。为推进农房抵押制度,拓宽宅基地使用权受让主体范围是十分有必要的,如何拓宽才既能增加农民的融资渠道又能维持社会稳定和谐呢? 在国家政策和立法中,对于宅基地使用权主体的身份限制也存在一些例外。《关于农村集体土地确权登记发证的若干意见》指出:非本农民集体成员的农民,因地质灾害防治、新农村建设、移民安置等集中迁建,在符合当地规划的前提下,经本农民集体大多数成员同意并经有权机关批准异地建房的,可按规定确权登记发证。[1] 2010 年 5 月 27 日国务院转发了国家发改委

〔1〕 程啸、尹飞、常鹏翱:《不动产登记暂行条例及其实施细则的理解与适用》,法律出版社 2016 年版,第 222 页。

《关于2010年深化经济体制改革重点工作的意见》中提出在全国范围内实行居住证制度，现如今居住证制度都在大城市中推行，借鉴"绿卡"模式，尝试持有居住证的外地户口居民在本地区可以获得与本地居民相同的待遇。虽然这个制度正处于户籍改革浪潮中的尝试阶段，但是也给考虑在农村建立居住证制度提供了想法和思路。适时地修改相关法条，在农村地区实行居住证制度，放宽城市居民，尤其是离退休人员在农村取得居住证的限制，使得有想法回归农村故土的人们获得宅基地使用权，该举措对于缓解城市人口重压、促进农村生机都有着不可细数的裨益。

二、农民住房财产权抵押制度配套措施的完善

（一）建立宅基地有偿使用及退出制度

1. 非集体成员房屋受让人有偿使用宅基地

宅基地使用权的福利性特征表现在本集体内部成员无偿并永久取得宅基地使用权，宅基地初始无偿使用的基础权源是成员权，[1]践行农房抵押制度，作为抵押权人的银行等金融机构，实现抵押权时都会选择将抵押的农房处置变现以最大化地实现房屋的使用和财产价值。在坚持"房地一体"抵押原则下，宅基地使用权和房屋所有权一起流转，再加上宅基地使用权的受让主体范围狭小，为推进农民财产性权益最大化实现，势必会突破法律法规政策的限制，将房屋连同宅基地使用权转让给集体外部成员，此时，如果坚持宅基地使用权无偿取得，则会侵犯集体和成员的利益。如何在极大化发挥农民财产性权益和保障集体及其他成员的利益之中取得平衡点，需要对现行宅基地使用权的规定作出变通，尝试探索性建立宅基地有偿使用制度。

实践中部分省份也开始探索宅基地的有偿使用，如《安徽省人民政府关于深化农村综合改革示范试点工作的指导意见》第9条规定，建立农民通过流转方式使用其他农村集体经济组织宅基地的制度。《余江县农村宅基地有

---

[1] 陈小君、蒋省三：《宅基地使用权制度：规范解析、实践挑战及其立法回应》，载《管理世界》2010年第5期。

偿使用、流转和退出暂行办法》规定,因历史原因形成的“一户一宅”超标准占用宅基地的,以及非本集体经济组织成员通过继承或其他方式占有和使用宅基地的,可以收取合理使用费。2015 年 1 月出台的《关于农村土地征收、集体经营性建设用地入市、宅基地制度改革试点工作的意见》提出,要完善宅基地权益保障和取得方式,探索农房保障在不同区域户有所居的多种实现形式;对历史原因形成超标准占用宅基地和一户多宅等情况,探索实行有偿使用。随着农房财产权抵押贷款试点和宅基地使用权改革试点及集体经营性建设用地入市试点工作的推进,宅基地有偿使用的机制将会逐步被扩大适用。

宅基地有偿使用制度的构建可以从宅基地有偿使用主体范围、收费标准、资金管理三个方面进行。

(1)宅基地有偿使用主体范围

集体经济组织内成员无偿使用。根据《土地管理法》第 8 条规定,农村宅基地属于农民集体所有。第 62 条进一步规定,农村村民一户只能拥有一处宅基地,其宅基地的面积不得超过省、自治区、直辖市规定的标准。农村村民建住宅,应当符合乡(镇)土地利用总体规划,并尽量使用原有的宅基地和村内空闲地。农村村民住宅用地,经乡(镇)人民政府审核,由县级人民政府批准;其中涉及占用农用地的,依照《土地管理法》第 44 条的规定办理审批手续。农村村民出卖、出租住房后,再申请宅基地的,不予批准。按照法律规定,出卖、出租或以其他形式非法转让现有住宅后,再申请宅基地的,不得安排宅基地用地。立法如此安排是为了防止农民大幅度流动而给社会稳定造成威胁,但是社会环境的变化冲击着人们的思想观念,农民不再固守那一亩三分田,具有创业思想的农民尝试着发展新型农业。农房抵押权的实现会导致房屋所有权主体身份发生变化,在“一户一宅”管制之下,宅基地使用权的主体身份紧随着房屋所有权主体身份发生变化,这对富有创业精神的农民会造成“无房无地”的局面,打击了创业融资的积极性。运用宅基地有偿使用制度,在集体内的农民丧失宅基地使用权后,可以赋予农民二次申请有偿使用宅基地的权利,一方面可以将集体内存量的宅基地有效利用起来,达到节约集约利用土地资源的目的，另一方面可以保障“失地农民”，鼓励农民发展农村经济。那么对于集体内部成员多占违占宅基地进行建造房屋的情况，能否也对超出规定范围内的宅基地进行收费呢？我们倾向于否定答案，原因是从宅基地的性质出发，宅基地的取得应当是无偿取得，集体成员是作为集体土地所有者的成员，被分配的符合法律规定面积的宅基地使用权是其享受集体利益的方式，是平等地享有的普遍权利，集体没有理由向自己的成员收取使用费或者使用权的对价，宅基地无偿使用是公平的，是集体土地的集体公有制性质的体现。曾经在八九十年代也尝试过对多占宅基地户收取费用，但是实践上并不是很成功，当时顶层设计初始考虑的因素为：第一，通过缴费这一经济手段，打消农民无偿多占宅基地的念头，促使其将多占的面积退出来；第二，若规定多出来面积收费并没有收上来，只是将其多占面积记录在案，等将来宅基地要流转，再将这部分扣除，促使将多占面积退出来；第三，将这些多占宅基地的农户记录下来，纳入信用体系里面。韩松老师不赞成对宅基地超出部分收费，他认为“如果集体成员必须从集体购买宅基地或者租赁宅基地，那么他们作为集体土地的所有者就失去了意义，集体土地所有权就异化为脱离集体成员的私有权”。[1] 国家设计这个超面积使用费用的目的是为了遏制农民少批多占的现象，但是农民无法承担多占宅基地费用，超面积使用费难以收齐，而且对于很少从事借贷活动的农民来说，记录诚信系统对农民来说的限制意义很小，此举措对上述农民没有可行性。并且对于多占宅基地面积始终不能合法化，多占部分要不要收费与多占的面积要不要登记是两回事，无权占有是不能登记的。对于少批多占的现象应当通过行政手段予以纠正，不能通过收取对价促使其合法化，否则会出现为多占宅基地而支付相应对价的情况，这与保护耕地和节约土地的基本国策相违背。

非集体经济组织成员有偿使用。允许受让人在支付使用对价后有偿使用宅基地，不仅可以保证在“房地一体”抵押原则下受让人受让房屋的同时

---

[1] 韩松：《论对农村宅基地的管理与〈土地管理法〉的修改》，载《国家行政学院学报》2011 年第 1 期。

受让宅基地使用权，保证完整的房屋所有权，以促使农房抵押发挥房屋物权财产属性，[1]也有利于减少拓宽宅基地使用权受让人范围的阻力；而且又可以达到区别对待本集体组织成员和非成员，[2]维护集体利益和成员利益的目的。实践中一些试点地区就采用了此种做法，如前文提到的义乌模式，在义乌市出台的《农村宅基地使用权转让细则（试行）》中就可看出“在本市行政区域范围内跨集体经济组织转让的，受让人需要有偿使用，且转让后使用最高年限为70年”。宅基地有偿使用必须规定期限，期限届满后宅基地要退回，才能平衡农村稳定，维护宅基地管理秩序。

（2）宅基地有偿使用收费标准

宅基地有偿使用的收费标准应该根据宅基地的面积，同时结合土地所在的地理位置要素来确定，通过分析宅基地的土地价值，采取级差收费和超面积阶梯计费相结合的方法来确定不同区域间的土地价值，以合理体现宅基地的财产价值。

在确定以合理标准收取宅基地有偿使用费用之后，应当明确如何进行收取。国有建设用地的土地出让金是一次性缴纳，虽然此种方式有助于体现宅基地的资产特性，但是对于农民而言，一次性交足宅基地有偿使用费是一笔沉重的负担，按年分期支付更切合农民的实际经济状况。

（3）宅基地有偿使用资金的管理

首先，收缴宅基地有偿使用费的主体应该是集体经济组织。因为集体经济组织是宅基地的所有者及管理者，由该组织收取费用不仅体现了其作为产权者的收益权和履行管理者的监管职责，而且更容易让农民接受，增加农民的信任感。依法理分析，集体需要承担保障其成员基本居住义务，所以根据“一户一宅”原则让农民享受宅基地使用权的福利，免除收取宅基地使用费用；对非本集体经济组织的人员享用宅基地使用权的行为，集体为方便管理和保护其成员的利益，有权请求利用其土地产权的使用者履行缴纳土地使用

---

〔1〕 赵树枫：《改革农村宅基地制度的理由与思路》，载《理论前沿》2009年第6期。

〔2〕 陈光华、马成：《农村宅基地使用权流转法律问题研究——以中国不同时期立法演变为视角》，载《云南社会科学》2011年第4期。

费的义务,对方除依法律规定可申请另一处宅基地的情形之外,不得拒绝集体的请求。所以由于集体在农村中扮演的特殊、重要的角色,让其承担收缴宅基地使用费的责任有理有据。

其次,关于宅基地有偿使用费用的分配。对于土地增值收益的分配问题,一直是争论的焦点。有学者根据“涨价归公”的理论主张这部分收益归国家所有,更多的学者基于产权理论和地租理论主张由个人、集体、政府共享。2015 年中共中央相关文件明确指出:“要建立兼顾国家、集体、个人的土地增值收益分配机制,合理提高个人收益。”因此,我们认为对于宅基地的增值收益,应该由宅基地使用权人、所有权人和国家共同分享。

最后,在资金的使用用途上,集体收得的宅基地有偿使用费应该用于集体建设,比如建设利民的公共基础设施、帮贫互助的公益事业建设、农村社会保险、基础保障之类等,将“取之于民、用之于民”的理念充分发挥,不断地加大村集体的成员利益,提高村民的社会福利。在资金的账目管理上,应当由村集体经济组织统一管理,专设账户,制作专门性的会计账本,明细每一笔款项的支出。在资金使用程序上,应当以民意为本,款项的支出须经三分之二以上的村民代表同意,在资金使用情况中应当保障村民的知情权,集体应当及时公布资金的使用情况,公示时间借鉴《村民委员会组织法》第 30 条的规定,一般事项至少每季度公布一次;集体财务往来较多的,财务收支情况应当每月公布一次;涉及村民利益的重大事项应当随时公布;对于涉及村民利益的事项,村民有权提出查询的要求,村集体要及时提供真实的数据账目。

2. 集体经济组织成员的宅基地有偿退出机制

中国现行的农村宅基地管理是在计划经济福利思想下建构的,[1] 在保障农民的住房基本生存权、维护农村社会的稳定等方面发挥了积极作用,不可否认,随着城市化进程的加快,农村人口不断涌现城市,成为“事实上的城市人”,随之引发一系列的宅基地管理问题,比如大量的农村“空关房”的出

---

〔1〕 欧阳安蛟、蔡锋铭、陈立定:《农村宅基地退出机制建立探讨》,载《中国土地科学》2009 年第 10 期。

现,在城市化不断推进、农村居住人口减少的背景下农村宅基地逆向增加的怪异局面等。[1] 国家根据“有序发展城市化、建设节约型社会”宗旨的指引,在建设用地总量收紧的情况下,《国土资源“十三五”规划纲要》提出:“将实行建设用地总量和强度双控措施,逐步减少新增建设用地计划,控制单位国内生产总值建设用地强度。”事实上与经济发展对用地的需求形成了一对矛盾。尽管通过科学合理规划用地结构、节约集约使用土地等方式使得用地矛盾得到些许缓解,但依旧不能从根本上解决问题,从农村建设用地特别是农村宅基地资源中寻找新的用地空间,是今后解决用地需求的关键所在。

1999 年国务院办公厅颁发的《关于加强土地转让管理严禁炒卖土地的通知》第 2 条中规定了:“农民的住宅不得向城市居民出售,也不得批准城市居民占用农民集体土地建住宅,有关部门不得为违法建造和购买的住宅发放土地使用证和房产证。”《土地管理法》第 62 条规定:“农村村民一户只能拥有一处宅基地……农村村民出卖、出租住房后,再申请宅基地的,不予批准。”现有的法律法规表明农民拥有对自有农房的自由处置权,但是法律限定的条件为宅基地不得向本集体经济组织以外的人流转以及不得再次申请宅基地。这样的规定虽然限制了宅基地的有偿流转,却也为开辟对宅基地有偿退出机制的构想空间提供了法律依据。国土部在《关于加强农村宅基地管理的意见》(国土资发[2004]234 号文件)第 10 条中提出“加大盘活存量建设用地力度”“对‘一户多宅’和空置住宅,各地要制定激励措施,鼓励农民腾退多余宅基地”,给宅基地有偿退出制度提供了政策保障。

在目前法律现状以及理论上,农村宅基地有偿退出制度有较强的实现可能性,但是在制度实施的过程中依旧存在诸多障碍。首先,宅基地有偿退出的具体操作上碍于农村现实情况具有困难性,因为按照国土资源部下发的《关于规范城镇建设用地增加与农村建设用地减少相挂钩试点工作的意见》(以下简称《意见》)的要求,实施城乡挂钩必须要在国家下达的指标以内,且

---

〔1〕 陈梦娇、陈美球、刘志鹏:《基于土地收储的农村宅基地有偿退出机制思考》,载《中国国土资源经济》2015 年第 1 期。

要实行项目的整体报批。整体报批在农村的实现可能性较低,每个村组在每年都会有部分宅基地进行有偿退出,但是宅基地不一定呈片状退出,不能达到时间上和空间上的相对统一,且数量和面积不一定能达到国家下达的上报要求,这在实际操作中增加了很多难度。[1] 其次,《意见》要求在实施挂钩项目时必须确定好建新区的具体位置以及面积,由于宅基地退出非整体、非全面,使得建新区难以落实,项目呈现不确定性。最后,筹集资金以及退出价格的制定成为农民宅基地有偿退出的极大限制"瓶颈"。中国农民受传统观念影响,家中宅基地以及老宅不会轻易自行退出,只有在适当的经济补偿下才能实现。这部分补偿资金的筹集如何解决,是由农村集体经济组织补贴,亦是地方财政解决,或是在土地出让金收入中拮取,都是值得探讨的问题。而农村宅基地使用权退出价格的制定也有一定的考究,现有以耕地产值为标准的政府指导价、集体议价和市场议价三种,但是每一种都存在自身难以克服的缺陷,比如以耕地产值为标准的政府指导价模式无法将宅基地使用权的土地稀缺性以及农村现况体现出来;集体议价模式在经营性征地过程中剥夺少数人的自由交易权;市场议价模式的合法空间狭窄。[2] 所以需要设计新型的农户宅基地使用权退出价格形成机制,为后期盘活以宅基地为主体的农村集体经济用地提供良好的基础。推行宅基地有偿退出机制是促进农民住房财产权抵押制度稳步前进的部分配套措施,结合退出的宅基地,批量性地进行规模化的土地规划设计,不仅解决用地矛盾,而且给农村经济注入新活力。

(二)建立房屋抵押权实现后政府收储机制

《物权法》第195条规定:"债务人不履行到期债务或者发生当事人约定的实现抵押权的情形,抵押权人可以与抵押人协议以抵押财产折价或者以拍卖、变卖该抵押财产所得的价款优先受偿。协议损害其他债权人利益的,其他债权人可以在知道或者应当知道撤销事由之日起一年内请求人民法院撤

---

[1] 林远、叶含勇:《多省探索宅基地有偿退出机制》,载《农村·农业·农民》(A版)2016年第10期。

[2] 刘庆乐:《农户宅基地使用权退出价格形成机制探究》,载《中国人口·资源与环境》2017年第2期。

销该协议。抵押权人与抵押人未就抵押权实现方式达成协议的，抵押权人可以请求人民法院拍卖、变卖抵押财产。抵押财产折价或者变卖的，应当参照市场价格。”根据该条文当农房抵押权需要实现的时候，农房就会面临折价或拍卖、变卖，而农房抵押权实现最核心的是农房能否变现。目前，由于宅基地使用权的法律禁止性规定，导致购买农房的受让主体范围狭小，农房流转没有市场，农房的价值受市场房屋价值的影响波动小。再加之，针对已进入司法程序的农房处置，受到法院执行拍卖的情况下，面对该农房是农民的唯一一套住房时，法院该如何处置，是尊重人权，保护农民的生存安居的保障，还是从其他渠道去缓解该矛盾的激化，减轻银行等金融机构进行农房抵押形成不良贷款的风险，都是农房抵押权实现遭遇的困境，亦是银行对农民住房财产权抵押制度持消极态度的原因。

为了使得金融机构积极主动地接受农户贷款，真正解决农户利用住房财产权融资难的问题，建立房屋抵押权实现后政府收储机制不失为一个极佳途径，真正解决农房处置变现的根源性问题。

1. 政府土地储备的概念及意义

《土地储备管理办法》第 2 条规定“土地储备”的概念，是指市、县人民政府国土资源管理部门为实现调控土地市场、促进土地资源合理利用目标，依法取得土地，进行前期开发、储存以备供应土地的行为。土地收储作为一项政府对土地实施的宏观管理制度，为提高土地的利用效能，运用政府或公共部门的土地控制权积极为公众提供合格的公共产品。[1] 我国土地储备的作用在目前城市存量土地利用管理混乱的局面中起了重大的调节作用。首先，政府收储土地将政府宏观调控的作用充分发挥，对城市土地资源进行优化配置。其次，土地储备盘活了存量的土地资产，充分利用现有土地资源，集约化地开发土地价值，不仅有利于增加财政收入，而且对城市土地开发和整理、改变市容市貌起到了举足轻重的作用；同时，政府收储土地有利于贯彻实施《土

〔1〕 沈福俊：《我国土地储备范围的法学透视——以我国土地储备的制度与实践为分析对象》，载《政治与法律》2010 年第 12 期。

地管理法》,防止地块的过度炒作,缓减房价市场的热度,调控房地产市场。最后,土地储备的资源能够很好地利用到安居工程的实施,开展土地的单租或短租模式地运转,保障土地的发展权,促进社会经济可持续发展。[1]

2. 初探农房抵押权实现后的集体收储模式

我国建立土地储备制度的初衷在于处理城市土地利用混乱的情形,当时是为解决旧有土地制度遗留下来的问题,没有将农村集体所有土地纳入收储范围。在《土地储备管理办法》第 10 条中也明确规定可以被纳入土地储备的土地范围:依法收回的国有土地、收购的土地、行使优先购买权取得的土地、已办理农用地转用和土地征收批准手续的土地以及其他。根据该条规定,显然农房及其宅基地并不能成为国家收储的土地类型,农用地需要进行转用审批后进行集体土地征收才能依法转为集体经营性建设用地。现农民住房财产权抵押制度推进得如火如荼,但是农房抵押权实现又如一条"拦路虎"阻碍了其推行。城市土地收储在对存量土地即国有建设用地使用权征收的基础上,实践中也扩大到对增量土地即农村集体所有土地征收,这给农房抵押权实现的创新方式提供了新思路。银行在办理农房抵押工作时,农房抵押不良贷款的抵押权实现,对于如何处置收回的宅基地之上的农房,是否可以参照政府收储城市国有建设用地使用权的模式,由农村集体经济组织对抵押权实现后的农房进行收储?

农村集体经济组织是否有其资金实力、组织实力去操作农房收储项目,显而易见,目前的村集体并不能承担如同政府的"土地收储发展中心"的职能。例如,安徽省国土资源储备发展中心的工作职责是负责国土资源储备利用服务工作,承担全省建设用地批后实施、土地市场、土地储备监测监管和城市地价监测技术性工作;负责土地市场动态监测监管系统和征地批后实施信息系统运行及日常管理和维护工作。[2] 农村集体经济组织的性质以及职能

---

[1] 高向军、张文新:《国内外土地储备研究的现状评价与展望》,载《中国房地产金融》2003 年第 6 期。

[2] 《安徽省国土资源储备发展中心——中心简介》,载 http://www.ahgtcj.org.cn/about.jsp.,最后访问日期:2017 年 10 月 4 日。

定位，无论是法律还是学术界，尚未有统一、明确的界定。《宪法》第 8 条第 1 款规定："农村集体经济组织实行家庭承包经营为基础、统分结合的双层经营体制。农村中的生产、供销、信用、消费等各种形式的合作经济……"该定义规定的农村集体经济组织可区别于村民委员会。"由于农村集体土地产权依然沿袭了人民公社时期'三级所有、队为基础'的所有权格局，造成农村土地的产权管理、农业经营、收益分配等方面存在农村集体经济组织及其成员身份界定模糊的现象，"[1]现阶段尚无法厘清农村集体经济组织的职能范围，故让其推进集体收储难度可想而知。从土地所有关系角度分析，宅基地所有权是集体土地上的所有权，尽管农房是属于农民个人的，但是按照"房地一体"模式，宅基地是属于集体的，所以收储农房之工作本应由集体进行，但是鉴于土地收储成本大，集体尚无经济实力开展此业务，国土部门有土地收储发展中心，可以考虑农房抵押变现的收储由储备中心负责操作，待农村集体经济组织实力壮大或职能更为清晰，再交回农村集体经济组织，抑或成立以集体名义的农房收储中心。这些在未来都是可以实现的，在过渡时期做好农房收储工作，此时政府扮演的角色不仅仅是管理者，也是服务者。

3. 建构政府收储农房模式

(1)农房收储平台的建设推进

在各省、市、县、区的土地收储中心开设农房收储平台，结合市场机制，根据土地利用和土地规划设计，实现土地资源的有效配置。借鉴城市土地储备机制，将对象置换成集体土地上的宅基地使用权以及农民住房，利用此平台，建立相关农房收购储备制度，帮助农房抵押、宅基地的有偿退出机制等试点改革解决农房变现难的处境，从而使农房市场、土地市场更为秩序化、透明化、公正化。随着数字化、网络化的新媒体科技推进，传统的管理模式难以满足当代社会对于高效合理的土地储备管理制度的要求，同时也难以满足对土地资源合理分配的需要。[2] 农房收储平台也要不断实现数字化、网络化，学

---

[1] 李学慧、李乐、姜广辉、陈翠华、王森、姜峥嵘、李光宗、张纯涛:《土地产权视角下农村集体经济组织存在问题的历史分析——以山东省东营市为例》,载《山东国土资源》2017 年第 2 期。

[2] 高春阳:《土地储备全流程动态管理系统初探》,载《吉林农业》2017 年第 18 期。

习城市土地储备制度中的土地储备管理技术规章，共享土地确权成立的相关宗地面积数据库，建立起相应的数字化、网络化的管理规程，实现全网络化处置农房的管理模式。在调研过程中，从2017年7月开始，安徽省宣城市宣州区金融办负责的农房收储平台正在建设，这一平台将有力促进农房抵押贷款在网络上的交易，并且有利于农房的收储，即使形成不良贷款，这一平台也能够将农房进行处置。这一举措能够最大限度地降低银行损失，增强银行推广贷款的积极性。同时，当地区金融办与市国土局、人行、农商行展开座谈会，初步形成《宣州区农民住房财产权抵押贷款农房收储试点实施方案（征求意见稿）》，对该平台的管理操作提供指导规范。

（2）农房收储基金的设立

农房收储基金的设立可以借鉴安徽省宣城市宣州区试点，其于2017年开始设立农房收储基金，是由区、镇（乡）两级财政分别出资50%，首期规模达200万元，收储基金进行专户管理，专项用于农房抵押贷款不良资产收储，不得用作其他用途。同时宣州区也给后期大规模农房收储留下了口子，当收储业务超过200万元规模后，由区农房抵押贷款试点工作领导小组根据收储进度和需要对收储基金进行动态调整。动态化管理模式使得农房收储管理张弛有度，各地农房收储平台可以根据当地经济发展水平去设定首期规模款项，之后根据收储情况改变由财政出资的农房收储基金，将处置收益投放再利用。

（3）农房收储程序的设计

农房收储中土地来源包括农房抵押权实现后的农房、农民有偿退出的宅基地、旧城改造、“城中村”改造等。作为农房抵押试点后续农房变现处置方式的政府收储农房，设计收储程序以及设定收储价格，是现实操作亟待需要解决的问题。借鉴试点地区的经验，宣州区在农房抵押贷款逾期3个月以上，贷款银行可向区农房抵押贷款试点工作领导小组提出收储申请，区农房抵押贷款试点工作领导小组审批后，收储机构启动收储程序，以收储基金进行收储。对于收储价格，政府收储农房工作顺利开展的关键是合理确定农房收储价格，借鉴城市土地收储应当遵循“土地使用者对被收购土地的权利与利益相一致的原则"[1]，今后对于农房的收储不仅要对农房进行定价评估，而且也要对宅基地使用价值进行评估。现宣州区对收储农房进行价值评估，由贷款银行、收储机构、农房所在地村委会平等协商、共同认定抵押农房评估价值，目前确定收储价格是以未偿还的农民抵押贷款本息的70%进行收储，同时农房抵押权人由原贷款银行转为农房收储平台。

(4)农房收储后的资产处置及收益分配

农房收储平台可将收储的农房委托农房所属村集体组织管理，村集体可通过协议转让、出租及区公共资源交易中心交易等多种方式进行资产处置。收储农房成功处置后，收储机构按处置价值1%支付农房所属村委会手续费，扣除处置费用后余款部分弥补收储基金，剩余部分补偿银行30%未还贷款本息，若仍有结余，结余部分返还给抵押农房所有人。农房处置过程中所涉及相关税费，相关部门给予减免。根据政府土地储备机制的运行，政府可以将宅基地复垦为耕地，集约化规模化将碎片式土地交给集体作为增量自留地进行利用；亦可以通过整合耕地换取建设用地指标，为周边城市的经济发展提供可能，也拉动本村庄的市场经济发展。农房坐落不一，如何统一规划整合，可在本集体内考虑置换拟被复垦的宅基地位置，将村中不能复垦或复垦成本大的宅基地与村内存量的、毗连耕地、尚未建房的宅基地对换[2]，此类处理方式可以在不浪费社会资源的基础上完成土地收储。

(三)强化农房抵押风险防范机制

1. 推进农村信用体系建设

在普及社会信用体系的社会发展中，农村信用体系建设占着举足轻重的地位。近些年来，为发展农村经济、缓解农户创业流动资金紧张问题，国家政府以及理论界专家学者都比较关注推进农村信用体系建设。

---

[1] 唐礼彬、李忠云：《基于循环经济的土地储备法律机制研究》，载《中国国土资源经济》2008年第1期。

[2] 汪莉、张伟：《农房抵押的法律困境与对策研究——基于安徽省农房抵押试点地区的调研》，载《安徽农业大学学报》(社会科学版)2016年第4期。

(1)建设农村信用体系的意义

当代中国农村经济主要以发展农村金融为主,这为解决农村“三农”问题提供了资金保障。推进农村基础设施建设、建设美丽乡村、发展现代农业,必须要建立高效、便利、快捷的农村信用体系。同时,良性的农村信用体系有助于稳步推进社会主义新农村建设,有助于构建社会主义和谐社会。

(2)建设农村信用体系的具体举措

首先,通过网络、报纸等媒介对农村地区信用进行宣传。各乡镇政府、各村民委员会应积极宣传社会主义核心价值观,弘扬社会正气,增强农民管理财产的风险意识及信用意识。其次,加快推进农民个人信用账户建设。各级政府的财政及农业主管部门应当利用之前所掌握的农民个人信用信息,同时协同农村地区的金融机构进行个人信用账户登记,以建立良性信用信息共享机制。再次,农村地区各金融机构应积极改善其金融服务。为发展农村金融,各级政府应鼓励各金融机构降低对农户信贷的条件要求,积极引导农村地区金融机构在贷款数额等各方面对信用良好的用户给予优惠。同时,针对中国农村的特殊环境,各金融机构应创新担保方式,积极推进小额贷款以提高农村金融服务水平。最后,努力争取各级政府政策支持,推广农村信用信息产品的交流。各金融机构在建设农村信用体系过程中,应时刻与各地方政府所规划的农村发展项目保持一致,以便获得政府税收减免等政策支持。同时,各金融机构、中小型企业以及各农户应当积极推进农村信用信息产品之间的交流,建立良性信用监督机制。

2. 引入担保分担风险机制

(1)引入多元化贷款担保机制

基于中国农村经济发展的特殊性以及农户对信用贷款的特殊要求,各级政府应当改进传统的农户信用贷款模式,重新构建符合解决我国“三农”问题的多元化贷款担保机制。首先,在认知层面上,金融机构应当牢固树立合理区分贷款对象效益回收的概率理念以保障信用贷款资金恢复的最大可能性;其次,应当从农户农业收益、个人信用评价、信贷利率等方面对农户贷款担保机制进行改进,以降低对农户个人住宅等担保物的依赖;最后,金融机构在对农户发放贷款之时，应当合理考察农户农产品等农业项目的发展前景、预期收益等因素，而非仅仅关注农户的资产、负债以及贷款数额、贷款利息等情况。

如何引入多元化贷款担保机制？第一，风险大小与收益高低成正比应是市场经济发展的内在机理，各信贷机构在对农户发放贷款之前应当依据农业项目发展前景、技术条件、潜在收益对农户所贷农业项目进行评估，从而确立不同的贷款利率。第二，为保证金融机构信贷资金的如期回流，各信贷金融机构应当在条件允许的范围之内协助农户发展农业项目。上述贷款担保机制，能够使得农户信用贷款的风险评估掌握在金融机构手中，比传统的依赖提高担保条件的门槛来保障信贷资金的安全更加合理、有效。多元化贷款担保机制的构建及改进需要来自政府财政部门、金融机构、农户以及社会各方的协同参与与共同努力，只有社会各方协调一致才能促进多元化贷款担保机制良性健康发展。

(2)扩大风险补偿规模

在农房抵押市场中引入第三方机构以分化农房抵押的信贷风险，在抵押过程中增加适格的担保主体担保抵押贷款；农村信用社和地方农业类担保公司要积极探索创新担保方式，尤其是对一些市场经济发展水平较为落后的地区，可尝试将农房抵押与农村产权保护中心、农业风险补偿基金及多户联合担保相结合的双重或多重担保方式，进一步防范信贷风险，提高银行等金融机构开展抵押贷款的积极性，如在西安市高陵区试点地区，就对农房抵押担保实行三阳担保公司担保和农业风险补偿基金担保的方式；政府在保险公司开办农业保险时应给予一定的财政支持，适当补贴保险公司亏损，以鼓励农业保险公司开展农房抵押担保业务。

(四)配套农房抵押权实现的交易体系

1.完善农村产权流转交易平台体系

数据是组织最具价值的资产之一，在“互联网＋”大数据爆发的时代背景下，项目的数据质量与项目成效之间存在直接联系。建立农村土地确权颁证数据库，在降低成本的同时能高效地运作，银行等金融机构、参与农房抵押的政府部门可以进行数据搜索，针对不同的数据情况采取相应有效的处理对策。各地的国土资源局和房管局要做好宅基地使用权和农民住房所有权确权登记颁证的动态管理，积极有效地录入数据库信息，并将全国数据库进行联网整理，实现信息的全国化、整体化。

在登记程序上，农村产权服务中心学习打造"一站式"服务平台，将信息发布、产权鉴证、政策咨询、组织交易等服务项目营造立体化服务体系，中心进驻县农委、国土、房管等服务窗口，负责办理"两权"抵押贷款资产的登记、组织专家评估、交易、收储等工作。具体操作工作要做到以人为本，对需要办理农村居民房屋抵押贷款的农户，优先予以确权登记颁证；针对农村现状反映的登记程序繁杂问题，每个地区的国土资源局、房管局等部门要增强责任感，做到不推卸责任、平易待人，并结合实际完善抵押登记办法，简化登记程序，及时办理抵押登记。

2. 健全农房抵押评估专业机构

(1)健全农房抵押评估专业机构的必要性

价值评估是产权认证的前提，[1]获得产权证书才能进行相关抵押融资活动。价值评估是指具有资质的评估机构接受当事人的委托，对农村产权抵押价格进行评定、估算的行为[2]。产权证书是指"房屋所有权证"和"土地使用权证"的合二为一称谓，是房地产的法律凭证。在房屋产权证书中包括如下细节数据：产权类别、产权比例、房产坐落地址、产权来源、房屋结构物、间数、建筑面积、使用面积、共有数纪要、他项权利纪要和附记，并配有房地产测量部门的分户房屋平面图。如上数据必须得通过专业的测绘部门进行记录，同时具有专门知识的评估部门才能根据以上信息评估出该房产的价值。相比较城市房屋建造的相对统一性，我国农村地区农房影响因素相对复杂，农村地区地形多样、位置布落差异大、相邻位置房屋的设计规划不统一、建造材料瓦玉集糅，这些不确定、不统一因素都导致对农房价值评估的难度比城

---

[1] 袁锦秀：《农村宅基地使用权法律问题研究》，中国商务出版社2013年版，第81页。

[2] 参见2014年12月29日《重庆市物价局、重庆市金融办关于印发〈重庆市农村产权抵押价格评估暂行办法〉（渝价〔2014〕385号）》的通知。

镇商品房复杂得多。尽管在推行农房抵押试点,禁止宅基地使用权抵押的法律障碍依旧没有突破,所以对于农房抵押的价值评估自然就忽视了对宅基地价值的认定,宅基地的隐形价值没有包含在农房整体评估中,使得农房价值量低于实际价值。在“房地一体”抵押原则下,宅基地使用权的价值需要与房屋所有权的价值共同被评估,从而客观真实地认定农房的融资价值,此时建立专业化的评估机构和规范化的评估细则可以为农房抵押交易双方提供更具针对性的服务,构建健全的农房抵押交易市场。

(2)农房抵押评估方法的制定

宅基地使用价值的研究日益成熟,但如何对宅基地的使用价值进行评估仍处于起步阶段,若不能制定合理有效的评估方法,容易引发一些社会问题。因此,在此种意义上而言,需要对宅基地使用价值的评估做出宏观指导。为公平地对宅基地使用价值进行评估,以确保农房和宅基地评估价值的真实性,从而防止官商勾结的现象出现损害到农民的利益,应当由五名以上单数的且具有相关专业知识的成员组成农房和宅基地使用价值评估委员会;对于农房和宅基地使用价值的最终评估结果应当采用去除评委会中最高值和最低值之后取平均数的方法来确定;至于农房和宅基地使用价值评估结果认定书,则需要经双方当事人共同签字才产生法律约束力。其中对评估结果有质疑的当事人,赋予其一定期限内可向第三方机构再行委托进行评估的权利。法律必须以看得见的形式实现,农房和宅基地使用价值评估程序应当依法公开,对于部分相对人对评估结果产生的疑问,评估委员会应当以其能够知晓的方式进行解答。同时,当事人可申请有利害关系或者可能影响评估结果公正性的人员回避,以保障评估过程的程序合法。私法自治是民事法律区别于刑事法律等法律的标志,农房抵押行为作为一种民事法律行为,应由双方当事人在平等自愿的基础上达成合意以选择双方均信赖的评估机构。

对农村居民房屋进行价格评估,应当在评估房屋自身价值的基础上,充分考虑农村居民房屋所处区域的经济发展水平、资源条件、交通条件、基础设施完备程度、当地交易活跃度、预期规划以及是否存在征地拆迁可能性等因素。农村居民房屋抵押价格评估根据评估对象状况、当地市场交易情况和资料收集情况，可选择地票价格参考法、成本逼近法、市场比较法和收益法进行评估，也可采用两种或两种以上方法同时进行评估。[1] 所形成的农房抵押的价值信息，应当依法保障农房抵押的价值信息透明化、公开化。农业信息是一种特殊的商品，与农业相关的价值信息应当加以披露并依法进行规制。[2] 随着时代的发展，信息传播的速率日益提高，在此种形势下，为了保证农民和银行等金融机构能够及时、有效的获取农房抵押价值的信息，以防止农民和银行等金融机构双方因有效信息的延误遭受损害，应当及时在各种公共传播媒介上公布农房抵押的评估程序和价格，并于农民所在村委会的信息公示栏上实时发布农房抵押评估的价值等信息。

(五)农房抵押与土地制度改革的设想

1.典权制度的立法构想

回赎权在我国历史上有历史记载可寻，现在的回赎权即古代典权之含义。所谓典权，是指支付典价，占有他人的不动产而为使用、收益的物权。[3] 其通俗之意为典期届满时，出典人承担原典价及其相应利息即有赎回原典物的权利。依我国台湾地区“民法”第 911 条的定义，“称典权者，谓支付典价在他人之不动产为使用、收益，于他人不回赎时，取得该不动产所有权之权”，该用益物权是我国传统孝悌文化的产物，因为在中国传统文化里，出卖祖产是败家之兆，会使祖宗蒙羞，而典权的创设很高的兼顾不动产的融资功能和使用收益的需要。[4] 有学者认为，清政府之所以在成文法中正式认可典权支付，是为了照顾农村被迫出卖土地的弱势群体，而典权则正好符合这种仁

---

〔1〕 参见 2014 年 12 月 29 日《重庆市物价局、重庆市金融办关于印发〈重庆市农村产权抵押价格评估暂行办法〉(渝价[2014]385 号)》的通知。

〔2〕 张燕、吴正刚:《论农村市场的经济法规制》，载《长江论坛》2008 年第 4 期。

〔3〕 崔建远主编:《我国物权立法难点问题研究》，清华大学出版社 2005 年版，第 135 页。应予以说明的是:崔建远、王轶教授执笔的本书典权部分认为我国物权立法应当规定典权制度，晚近以来我国立法对于典权制度的态度以及典权的存废之争，一个详细的论述可参照本书第 136 ~ 147 页。

〔4〕 王泽鉴:《民法物权》，北京大学出版社 2010 年版，第 342 页；谢再全:《民法物权论》(中册)，中国政法大学出版社 2011 年版，第 548 页。

政的理想。[1]

现行法限制宅基地使用权抵押的主要考虑,是担忧农民失去住宅以及宅基地使用权以后居无定所,甚至成为流民,影响社会稳定。[2] 清政府承认典权的社会背景与当下农村的现状存在一定的相似性,如果赋予抵押人在一定时期内的回赎权,既赋予农民以其农房所有权以及宅基地使用权进行抵押融资的权利,又赋予农民在经营失败的情况下一定期限内的回赎权。上文中已有提及,农民借款一般数额不大,且用住房作抵押实出于迫不得已缘故,因此,我们可以利用典权具有的促使出典人返还典价的积极作用,在实现农民住房抵押权时考虑赋予债权人典权人身份,债务人出典人身份,典价即为主债务(主债权)。债权人享有对农民住房占有、使用、收益的权利。回赎权的引入,可缓解局面的紧迫性和抵押权实现的绝对性,不仅能够给予农民筹集资金的宽限期,减少农民矛盾的激发;而且能减少银行农房处置风险,释放抵押权实现的空间。回赎权有一定的期限限制,一般意义上的出典人行使回赎权具备的条件是出典人需在回赎期限内提出原典价,向典权人表示回赎典物的意思,即可产生消灭典权的效力。在农房抵押上的房屋回赎权,不必要遵循典权的制度,其回赎期限以及回赎费用由房屋所有权人和宅基地使用权人自行协商,遵循意思自治原则,而且在回赎期限内,原宅基地使用权人可以赎回宅基地使用权,并享有房屋优先购买权。

2. 法定租赁权制度的设计

我国台湾地区"民法"规定了土地的法定租赁权制度。第 425 - 1 条规定:"(第一款)土地及其土地上之房屋同属一人所有,而仅将土地或仅将房屋所有权让与他人,或将土地及房屋同时或先后让与相异之人时,土地受让人或房屋受让人与让与人间或房屋受让人与土地受让人间,推定在房屋得使用期限内,有租赁关系。其期限不受第四百四十九条第一项规定之限制。(第二款)前项情形,其租金数额当事人不能协议时,得请求法院定之。"结合

[1] 黄宗智:《中国历史上的典权》,载《清华法律评论》(第 1 卷),清华大学出版社 2006 年版,第 1 页。

[2] 崔建远:《物权法》,中国人民大学出版社 2014 年版,第 333 页。

该法第876条规定:"(第一款)设定抵押权时,土地及其土地上之建筑物,同属于一人所有,而仅以土地或仅以建筑物为抵押者,于抵押物拍卖时,视为已有地上权之设定,其地租、期间及范围由当事人协议定之。不能协议者,得声请法院以判决定之。(第二款)设定抵押权时,土地及其土地上之建筑物,同属于一人所有,而以土地及建筑物为抵押者,如经拍卖,其土地与建筑物之拍定人各异时,适用前项之规定。"由此可以看出:我国台湾地区法定租赁权制度与地上权制度并行而不悖。我国大陆地区可仿照台湾模式同时规定之。

3.集体土地所有权之地上权制度

有学者提出"使农民能够在保留宅基地使用权的情况下转让其房屋所有权,在获得进城发展的资金的同时,保留将来返归故园的选择权"[1]的美好愿景。

我国现行法下,宅基地所有权归农民集体,宅基地使用权归农民集体内承包户,宅基地上房屋所有权亦归农民集体内承包户。按照"房地一致"主义抵押模式,农房抵押权的实现必然导致农民宅基地使用权的永久丧失。韩世远教授通过法解释论指出:"宅基地使用权一并抵押"的困境可以从"房地一致"主义的解释路径出发,对"房地一致"中的"地"进行创造性解释。[2]沿着法解释论走下去,学者又提出了立法论观点。

实现这一愿景的理论路径之一便是地上权制度的创设。地上权(Superficies/Surface Rights)是指以在他人土地上拥有建筑物或其他工作物为目的而使用他人土地的权利。[3] 地上权制度作为大陆法系国家的独创,滥觞于罗马法。[4] 德国、日本、法国、我国台湾地区等大陆法系国家和地区

---

〔1〕 王卫国、朱庆育:《"宅基地如何进入市场?——以画家村买卖房屋案为切入点"》,载《政法论坛》2014年第3期。

〔2〕 韩世远:《"宅基地的立法问题——兼析物权法草案第十三章'宅基地使用权'"》,载《政治与法律》2005年第5期。需要特别说明的是:韩世远文章中对"房地一致"中"地"解释为"宅基地法定租赁权",课题组认为,这里还可以进一步思考,解释为"集体土地所有权之地上权"或"宅基地使用权之地上权"。

〔3〕 王卫国、朱庆育:《"宅基地如何进入市场?——以画家村买卖房屋案为切入点"》,载《政法论坛》2014年第3期;王泽鉴:《民法物权》,北京大学出版社2010年版,第279~313页。

〔4〕 汪洋:《罗马法上的土地制度:对罗马土地立法及土地归属与利用的历史考察》,中国法制出版社2012年版,第323~324页;陈朝壁:《罗马法原理》,法律出版社2006年版,第293~294页。

将这项传统的土地用益权制度一直保留到今天。[1]

根据我国《物权法》规定，住宅建设用地使用权期间届满的，自动续期。[2] 王卫国、朱庆育教授认为宅基地使用权作为一种用益物权更接近于所有权，宅基地使用权虽无所有权之名，却行所有权之实；而宅基地使用权赖以设立的农村集体土地所有权虽有所有权之名，实际效能基本上被架空。[3] 王卫国、朱庆育指出我国设立集体土地上地上权制度的可行性与必要性："当宅基地上房屋所有权让与他人时，宅基地使用权本身不必随之让与，仅需为取得房屋所有权之人设定法定或约定地上权即为已足。该地上权为设立于宅基地使用权上的限制物权，宅基地使用权人因而有权要求房屋所有权取得人支付地租；地上权期限届满时，宅基地使用权人得在补偿地上建筑物价值的条件下收回土地及其地上建筑物。如此，宅基地使用权人不至于因为转让地上房屋而失去宅基地，亦不必为保有宅基地而听任闲置房屋破败凋敝，可谓两全之策。"[4]

依孙宪忠教授之见："在市场经济发达的国家或者地区，常常可以在不动产登记簿上发现一宗土地上同时登记有两重以上的地籍：土地所有权地籍、

---

〔1〕 德国有专门的《地上权条例》调整地上权法律关系；《日本民法典》第265条："地上权人因在他人土地上对工作物或竹木的所有使用其土地的权利"，参见《最新日本民法》，渠涛编译，法律出版社2006年版，第58页；我国台湾地区"民法"见第832条："称普通地上权者，谓以在他人土地之上下有建筑物或其他工作物为目的而使用其土地之权利。"第838条之1第1款："土地及其上指建筑物，同属于一人所有，因强制执行之拍卖，其土地与建筑物之拍定人各异时，视为已有地上权之设定，其地租、期间及范围由当事人协议定之；不能协议者，得请求法院以判决定之。其仅以土地或建筑物为拍卖时，亦同"；需要特别说明的是：法国法上用益物权体系包括用益权、使用权、居住权和地役权，地上权由学说和判例发展而来，并未体现在法条中，参见李永军主编：《民事权利体系研究》，中国政法大学出版社2008年版，第273页。

〔2〕《物权法》第149条第1款。

〔3〕 王卫国、朱庆育：《"宅基地如何进入市场？——以画家村买卖房屋案为切入点"》，载《政法论坛》2014年第3期。课题组对王卫国、朱庆育二位教授上述观点有保留的赞成。课题组认为：据王卫国、朱庆育所信，宅基地使用权人享有所有权之实，但常识告诉我们宅基地使用权人对宅基地是不能随意处分的；另外，作为农民集体经济组织成员的农民而言，现行法"一户一宅"模式下，在安土重迁的中国农村，处分也不可能成为常态（当然，对于因继承获得多块宅基地除外）。基于以上分析，课题组认为王卫国、朱庆育二教授尽管论证上有瑕疵，但结论无疑是正确的。

〔4〕 王卫国、朱庆育：《"宅基地如何进入市场？——以画家村买卖房屋案为切入点"》，载《政法论坛》2014年第3期。

一个或者多个'次地上权'(或空间权)地籍等。"[1]我国台湾地区学者苏永钦教授适切指出:"构建物权堆叠规范时,不能忽略贯穿物权法的物尽其用原则,只要存在权利堆叠的空间,原则上就应该让物权人自由堆叠。"[2]

我们认为:地上权制度可以作为农民集体土地制度改革的一个新尝试。现阶段,可以对《物权法》进行完善,宅基地使用权人可依法定或约定方式设定地上权。法定地上权人享有的法定地上权可以对抗宅基地使用权人享有的宅基地使用权,一如宅基地使用权人享有的宅基地使用权对抗农民集体经济组织依法享有的宅基地所有权;台湾地上权制度承袭了大陆法系的地上权制度,基于同文同种缘故,我国大陆地区物权立法之法定地上权制度可参照台湾地区"民法"第876条等规定定之。

---

〔1〕 孙宪忠等:《论物权法》(修订版),法律出版社2008年版,第463页。

〔2〕 苏永钦:《寻找新民法》,北京大学出版社2012年版,第406页。

调研报告篇

安徽省金寨县“两权”抵押调研报告

（2017 年 8 月 17 日）

为进一步深化农村金融改革创新，加大对“三农”的金融支持力度，引导农村土地经营权有序流转，慎重稳妥推进农民住房财产权抵押、担保、转让试点，做好农村承包土地的经营权和农民住房财产权（以下统称“两权”）抵押贷款试点工作，根据《国务院关于开展农村承包土地的经营权和农民住房财产权抵押贷款试点的指导意见》（国发［2015］45 号）、《全国人民代表大会常务委员会关于授权国务院在北京大兴区等 232 个试点县（市、区）、天津市蓟县等 59 个试点县（市、区）行政区域分别暂时调整实施有关法律规定的决定》，安徽省金寨县作为“两权”抵押贷款的试点县之一。在接近两年时间的试点期内，金寨县在承包土地的经营权抵押和农民住房财产权抵押方面有了一定的成就。为了解该地区“两权”抵押贷款工作的进展情况，2017 年 8 月 17 日至 18 日，安徽省不动产工作中心人员连同安徽大学课题组师生赴金寨县进行座谈调研，现就主要情况汇报如下：

一、金寨县“两权”抵押贷款的总体情况及主要做法

（一）总体情况

1. 承包土地的经营权抵押贷款的基本情况

（1）承包土地经营权抵押登记工作的相关情况

根据中国人民银行、国土资源部等六部委印发的《农村承包土地的经营

权抵押贷款试点暂行办法》和《金寨县承包土地经营权抵押贷款试点暂行办法》规定，金寨县农业发展委员会负责对抵押的权属、面积、地界、抵押时间等登记事项进行登记、公示、确认，出具登记凭证。

承包土地经营权抵押登记的先决条件是承包土地经营权登记。金寨县创新性地提出流转经营权，即新型农业经营主体通过多种形式从承包农户中获得的承包土地的经营权，流转经营权的登记信息主要包括五大方面的内容：地块所有权的权属、承包土地的土地登记证号、土地的具体数量、承包土地经营权流转的具体期限及流转价格，由县农委为其颁发《流转土地经营权证》。

在办理经营权抵押登记时，农委需将经营主体的《承包土地经营权证》收回，为依法办理抵押登记的主体颁发《承包土地经营权抵押证》。相应地，承包土地经营权抵押登记分为农户经营权抵押与新型经营主体的经营权抵押两类。若农户在其土地经营权上设定抵押时，需提供的材料包括：个人有效身份证明、生产经营内容及收入情况、借款用途、合法取得的《农村土地承包经营权证》、抵押人对抵押物的权属状况、抵押状况、同意处置抵押物等做出的承诺，需第三方提供担保的，应出具第三方担保函等文件资料、借款人不能按期偿还贷款时，发包方同意处置抵押的农村土地承包经营权的书面证明、其他共有人同意抵押的书面证明；若新型经营主体在其土地经营权上设定抵押时，除需上述材料外还需提供《农村土地承包经营权流转合同》。

(2)承包土地经营权抵押办理的实际情况

金寨县自2016年正式实施承包土地经营权抵押贷款试点工作以来，抵押贷款金额已达1710万元，其中新型农业经营主体通过土地经营权流转抵押获得的贷款金额约为1300万元，正式试点的第一笔抵押贷款是由村镇银行发放的，金额为600万元，涉及三个猕猴桃合作社，分别为台台、天源、良田合作社；截至目前，建行发放土地经营权抵押贷款1笔，金额为250万元，农行发放一笔，金额为20万元，邮储银行发放1笔，金额为50万元，徽银村镇银行共发放1390万元，农商行尚未办理土地经营权抵押贷款，仅授信土地经营权抵押贷款1户，授信金额为3000万元；银行贷款利率参照市场利率，设定为 8‰左右,因农业具有周期长的特点,贷款期限一般设定为三年。

2. 农民住房财产权抵押贷款的基本情况

(1)农房抵押登记工作的相关情况

根据中国人民银行、国土资源部等六部委印发的《农民住房财产权抵押贷款试点暂行办法》和《金寨县农民住房财产权抵押贷款试点暂行办法》规定,县不动产登记中心负责办理房屋所有权和集体土地(宅基地)使用权抵押登记。

第一,宅基地使用权及房屋所有权登记。对已经持有集体土地使用证和房屋所有权证的农民住房,经权籍调查审核后,符合登记条件的,可以直接申请宅基地及房屋所有权登记,办理不动产权证;对没有办理集体土地使用权证和房屋所有权证或只有其一的农民住房,需要办理不动产登记的,首先到所在乡(镇)政府申请办理用地规划许可证或办理符合用地规划和建设规划证明,办理之后再向所在地村委会申请宅基地,经村委会公示无异议后报乡镇政府审批,取得建设用地批准通知书;然后向辖区内国土资源和不动产登记所申请不动产登记,由中心进行权籍调查出结果后交由县不动产登记中心,申请人到县政务中心不动产登记窗口申请办理不动产登记经公告无异议后颁发不动产权证。

第二,农民住房和集体土地抵押登记。申请人取得不动产证后,到县政务中心不动产登记窗口申请不动产抵押登记。申请材料包括:银行和借款人双方的不动产抵押登记申请、申请人身份证明、不动产权证、抵押及贷款合同、贷款确认书、农民住房所在村集体经济组织出具的抵押不动产无权属争议未列入征地拆迁范围和同意宅基地使用权随农房一并抵押处置的文件、房屋非唯一住房及其他住房土地证或房产证,属于共有房屋的还须共有人同意。符合条件材料齐全的,10 个工作日内颁发不动产登记证明。目前,金寨县农房共有 11.53 万宗,建筑面积约为 1237 万平方米,宅基地面积约为 1268 万平方米。自 2016 年正式实施农民住房财产权抵押贷款试点以来,办理农房抵押登记的共有 14 宗,土地面积达 2270.09 平方米,房屋面积为 6192.43 平方米。

(2)农房抵押贷款办理的相关情况

金寨县农民住房财产权抵押贷款主要由政府负责,相关职能部门协调配合。金寨县制定了《金寨县农村承包土地的经营权和农民住房财产权抵押贷款试点方案》《金寨县农村“三权一诚”抵押贷款实施方案》和《金寨县农村居民建房抵押贷款管理办法》,明确了抵押贷款从申请、估价、审批、登记和不良资产处置等一系列制度,为农民住房抵押贷款提供了依据和保障。自2016年正式实施农民住房财产权抵押贷款试点以来,农民住房财产权抵押贷款经办受理银行为县内10家银行业金融机构,主要包括农商行、邮储银行、建行、农行及徽银村镇银行、江淮村镇银行等多家银行。抵押贷款金额为1084万元,贷款利率应参考中国人民银行公布的同期同档次基准利率,结合贷款人的实际情况合理自主确定农民住房财产权抵押贷款的利率,但在同期基准利率的基础上上浮不超过3个百分点。贷款期限综合考虑借款人的年龄、贷款金额、贷款用途、划款能力和用于抵押的农房和宅基地状况等因素合理自主确定。目前农房抵押贷款的不良率约为9.7%,还未出现抵押权实现的情形和农房变现的事例。关于农房评估方面,双方可委托第三方房地产评估机构评估,双方协商确定房屋所有权及宅基地使用权价值。关于农房处置方面,因借款人不履行到期债务或者按双方约定情形需要实现抵押权的,贷款人可以依法将抵押资产进入县产权交易中心进行变卖、拍卖或收储,处置收益由贷款人优先受偿。关于风险防控方面,形成了“银行+‘农房’抵押+担保”的组合模式进行信贷风险的分担和防范。

(二)主要做法

1.加强政策支持与部门联动

为推动“两权”抵押试点工作,金寨县相继出台了《金寨县关于开展农村承包土地的经营权和农民住房财产权抵押贷款试点工作实施方案》《金寨县农村承包土地的经营权抵押贷款管理办法》《金寨县农民住房财产权抵押贷款不动产登记有关事项的通知》《金寨县农民住房财产权抵押贷款试点暂行办法》《金寨县农村“三权一诚”抵押贷款实施方案》《金寨县农村居民建房抵押贷款管理办法》《金寨县农村产权流转交易市场建设实施意见》《金寨县农村产权流转交易管理办法》等与“两权”抵押贷款相关的一系列文件,金寨县国土局、金融办、农发委、银行业金融机构等多方主体积极参与,形成了政府主导,各部门协助,分工负责、相互配合的工作机制。为“两权”抵押贷款工作的推进提供了政策引导和力量支持。

2. 推进贷款机制的创新

(1)“三权一诚”抵押贷款模式

为深化农村金融综合改革,有效盘活农村资产,金寨县根据本地实际情况,推出“三权一诚”抵押贷款机制,并制定《金寨县农村“三权一诚”抵押贷款实施方案》,推出农村居民财产权、承包土地经营权、农村林权及个人诚信(以下简称“三权一诚”)抵押贷款模式,包括贷款方式、贷款对象、条件及用途、贷款操作流程、贷款承办机构、贷款时限及不良资产处置等方面。以搞活农村“三权”为支点,以打造金融生态为目的,以完善配套政策为保障,探索和创新农村金融服务,推进农村资源资产化、资产资本化,破解农村融资难问题,促进农村经济健康发展和农民持续增收。2015 年至 2017 年,每年实现农村“三权”抵押贷款 1.5 亿元。

第一,贷款方式。农村居民财产权抵押贷款,指农户自愿以本人修建在集体土地上的房屋(含宅基地使用权)、交通工具、大型农机具、设备设施等为抵押申请的贷款;农村承包土地的经营权抵押贷款,指在不改变土地所有权性质、不改变土地用途和不损害农民利益的前提下,以借款人持有的农村承包土地的经营权或通过流转方式取得的经营权作为抵押申请的贷款;农村林权抵押贷款,指在不改变林地所有权及林地用途的前提下,对经济组织、农户自愿将其依法可以流转的林木和林地的所有权和使用权为抵押申请的贷款(以下简称“林权抵押”);“一诚”指通过大力开展诚信宣传教育,加强农村信用体系建设,建立农村信息共享机制,逐步形成“农户 + 征信 + 信贷”模式,不断提高农户诚信度,利用诚信进行的贷款。

第二,贷款对象、条件和用途。贷款对象主要是县内专业大户、农民专业合作社、家庭农场、农业企业等新兴农业经营主体和家庭经营农户;贷款条件:资信良好、从事经营活动符合国家政策和环保政策、有固定的场所,生产设施齐全，懂技术会管理、不得改变土地用途、产品的市场经济效益好等；贷款用途：主要用于农业种植、养殖生产资料、人员工资、生产配套设施、农业生产机具、运输工具、节水灌溉设备、农产品经营加工和农业资源保护。休闲农业以及农民扩大再生产、消费升级和自主创业。

第三，贷款流程。借款人申请——承贷机构调查、审查、审批——借款人、承贷机构签订贷款合同——“三权”主管部门办理抵押登记——承贷机构发放贷款——借款人偿还借款。

第四，承办经营机构。包括农行、农商行、徽行、邮储行、徽银村镇行、江淮村镇行。

第五，贷款办理时限。从申请到审批，原则上不超过7个工作日。

第六，关于不良资产的处置。通过产权交易中心，以拍卖、变卖、流转等方式处置抵押资产。首先在本集体内进行转让，如果再无法处置，则可以向社会进行处置。

(2)“农村居民建房”抵押贷款机制

为促进扶贫和移民搬迁，加快脱贫攻坚步伐，切实发挥金融支持脱贫攻坚的撬动作用，金寨县结合农村居民住房财产权抵押贷款试点制定了《金寨县农村居民建房抵押贷款管理办法》，其中居民建房是指经批准同意，在全县集镇、规划布点村庄内按统一规划新建的房屋。用于抵押的新建房屋应取得乡村规划许可证和集体土地使用证。该办法规定了农村居民建房抵押贷款的申请、抵押登记及债权实现三大方面的内容。贷款主要用于农村居民新建房屋支出，贷款使用期限一般控制在8年以内，授信额度一般控制在10万元以内，实际贷款额度由乡镇政府、村委会协助银行审核把关。金融机构发放贷款利率执行中国人民银行同期公布的基准利率。对建档立卡贫困户，县财政给予不超过5年贷款利息的20%贴息，贷款可以选择按月、按季度、按年三种还款方式。经办银行包括农商行、农行、徽银村镇行、江淮村镇行。债权实现时需要处置抵押物，通过产权交易中心进行，若不能通过产权交易中心处置的，由县农村资产收储中心依法收储。为保障农民权益，在处置抵押物期间由借款人所在乡镇政府负责解决借款人的过渡安置问题。

(3)综合服务平台与产权交易中心的设定

为建立农村产权流转交易市场,推动农村产权流转交易规范运行,优化生产要素配置,增加农民收入,推进现代农业建设,促进城乡一体化发展。金寨县制定并实施了《金寨县农村产权流转交易管理办法》按照“统一标准、逐步实施”的工作原则,建立集农村产权流转交易信息发布、产权交易、法律咨询、资产评估、抵押融资等多功能为一体的为农服务综合平台。依托县政务中心设立全县农村产权流转交易中心,各乡镇利用乡镇为民服务大厅等场所建立农村产权交易所,形成“一个屋顶之下,多个服务窗口,多品种产权交易”的县乡二级综合服务平台。管理办法对农村产权交易的管理与组织机构、交易范围与程序及交易的具体行为、争议解决规范作出了规定。农村产权交易中心由金融办负责管理,农委、林业部门及国土部门配合,以实现农村产权交易流转的市场化。

(4)设定并实施风险防范机制

为减少银行贷款风险,增强银行放贷积极性。金寨县在“两权”抵押贷款试点工作中设定并实施了多种风险防范机制。金寨县“两权”抵押贷款风险防控机制主要涉及四方面的内容:一是风险补偿金,目前县内设定有9000万元风险补偿基金,以实现对县内“两权”抵押贷款的补偿和奖励;二是担保机制,金寨县《关于开展农村承包土地经营权和农民住房财产权抵押贷款试点工作实施方案》中规定了有关抵押贷款担保机制,规定由县利达融资担保公司为“两权”抵押提供担保;三是农业保险机制,县有意扩大农村保险的范围,在政策性保险的基础之上增加更多的农村商业保险,除对八大农业产业进行保险外,逐步扩大农村保险的产业范围,实现银行抵押贷款与农业保险的联动运行;四是政府收储机制,在发生抵押权实现的情况时,由政府出面收购市场不能消化的土地经营权与农民住房财产权,目前县内建立有“两权”抵押贷款收储基金,一旦发生抵押物处置情况时,由政府及时出面收储抵押物,有效解决银行抵押权的实现难问题,县政府相关部门有意在“两权”抵押收储机制中建立风险收储增长机制,实现收储风险基金逐年增长,逐年扩大收储基金的规模。

二、存在的问题

(一)承包土地经营权抵押贷款试点工作中存在的问题

1. 经营主体的管理水平与生产技术低下

流转土地经营权的经营主体主要存在两方面的问题:一是管理水平方面,金寨县的经营主体普遍存在管理水平低下、风险应对能力弱的问题,造成此种情况的原因在于企业主体进入农业产业后没有及时引入现代企业管理理念,仍然采用家庭农场经营管理模式,管理理论与管理实践均存在不足;二是技术水平方面,经营主体的生产技术不娴熟,金寨县徽银村镇银行的相关人员指出现代农业对科学技术水平的要求在不断提高,但经营主体对农业的科技含量存在低估现象,导致农业产业的科技水平不高,应对旱涝等自然灾害的能力存在不足。

金寨县农委黄主任指出:从目前的情况来看,农业企业经营总体状况不好,60% ~70% 的农业企业处于亏损状态,且在县法院失信名单中有 70% ~ 80% 的部分是农业经营主体。

2. 土地经营权抵押贷款评估标准设置不合理

土地经营权抵押贷款评估机制存在的问题主要在于评估标准的不统一以及评估机构的设置不合理两个方面。

一方面,上级部门没有制定相应的土地经营权抵押贷款评估管理办法,目前金寨县的抵押评估采用的是其内部的评估办法,即根据《金寨县农村“三权一诚”抵押贷款实施方案》,由县农委组织专家出具评估证明,评估主要涉及四方面的内容:一是承包土地的地租,但此部分是否应纳入评估存在疑问,目前的特殊情况在于地租一般一年一交,若将其纳入评估价值可能会造成对农民权益的侵犯;二是土地前期投入,此部分价值纳入评估同样存在疑问;三是农地的预期收益,但是此部分存在较大的风险且具有不可控性,另外预计收益存在计算方面的难题;四是附属设施,即将相关农机具的价值纳入评估之中。这一评估机制仅在县域范围内试行,存在效力层级不高的缺陷,将造成各大银行抵押贷款申报审批难以实现的问题。

另一方面,金寨县缺乏具有权威性的土地经营权抵押评估机构。设立县级评估机构存在不合理之处。县级评估机构首先存在效力层级不高的缺陷,由于银行实行“条条管理”模式,县各大银行发放贷款需要经省市级银行的审批,县级评估机构出具的贷款评估报告难以获得银行上级部门的认可,另外地方政府的实力可能难以负担评估机构的正常运行。目前评估机构的中立性与独立性存在不足,评估机构可能会根据贷款双方当事人的意愿确定评估价值。根据县建行相关工作人员的发言,农委评估中心的评估价值存在过高的问题,在建行办理的经营权抵押贷款中县农委评估中心曾将 350 余亩的土地经营权评估至 3000 万元价值。建行在此笔贷款中由建行的二级分行通过贷款额度及贷款比率倒推评估价值的方式确定评估价格,这一方式存在不合理之处。

3. 流转合同稳定性不足

在农户与经营主体的土地经营权流转合同中一般约定流转的期限为土地承包期的剩余期限,但租金支付方式通常是一年一付,若经营主体因经营不善无法支付租金则农户会收回土地的经营权,致使流转合同无法继续履行下去,进而影响抵押合同的履行和抵押物的处置。因此,流转合同的稳定性问题是实践中金融机构十分关心的问题,如果不能保证流转合同的长期履行,则一方面会影响金融机构发放贷款的态度,另一方面会影响作为抵押物的土地经营权的流转市场。

4. 土地经营权处置难度大与过程的不明确

从目前的情况来看,土地经营权抵押贷款均未到期,因此目前尚不存在抵押权实现的实际案例。

受地理人文因素影响,农村土地缺乏流动性,商业价值不高,升值潜质不大,且受到传统观念的影响,土地经营权流转的转让、拍卖很少有人接手,根据 2016 年县农村承包土地的经营权流转统计数据:梅山镇流转单位或大户 10 家,流转面积 3194 亩,涉及 1142 户,一旦出现抵押权实现,将会涉及大量农户,影响面大。

另外,目前对抵押物的处置过程设计不明确,土地经营权处置主要有三种方式:协议转让、挂牌交易、政府收储,但是抵押权实现时对于三种模式的选择方面没有明确具体的规定,究竟是同步进行抑或有先后顺序抑或择一进行尚无定论。

5. 风险分担机制存在的不足

由于农业受自然环境因素影响较大,农业风险较高,经营权抵押贷款中需设定相关规则以防范银行贷款存在的风险。

金寨县土地经营权抵押贷款风险分担机制主要包括四方面的内容,但均存在一定的不足,一是有关风险补偿金的设定,目前设定有 9000 万元的信贷风险补偿,对土地经营权抵押贷款有 10% 左右的补偿,但是风险补偿金的使用、程序、责任均无具体规范,一旦出现抵押难以实现的情况,启用风险补偿金将存在障碍;二是担保机制,金寨县《关于开展农村承包土地经营权和农民住房财产权抵押贷款试点工作实施方案》中规定了有关抵押贷款担保机制,规定由县利达融资担保公司为经营权抵押提供担保,但从实际情况来看,由于经营权抵押的风险较高,县利达融资担保公司存在较大的抵触情绪,目前抵押担保机制尚未实现,且反担保机制将会加重抵押人的负担,造成抵押积极性的降低;农业保险机制很不完善,仅有农村贫困户人身保险和生猪保险,土地经营权保险机制尚未建立;四是收储机制的不完善,金寨县设定 1000 万元收储资金,但收储资金存在不到位的问题,具体收储工作由县金融办组织,由于农业的持续高风险性,固定的风险收储机制可能不能满足经营权抵押风险的逐年变化,收储机制对政府的依赖程度高,要求县政府有关部门的积极配合,这一机制的大范围推广存在困境。

6. 贷款程序手续烦琐

一是借款人办理一笔土地经营权抵押贷款需要来回县农村土地产权交易中心和银行填写多达 9 份各类申请表,程序复杂;二是为防范经济与法律纠纷,且“试点办法”中规定土地经营权抵押时需经承包方的同意,银行规定签订《农村土地承包经营权抵押借款土地承包经营权共有人承诺书》,规模较大的主体流转土地涉及户数较多,聚集土地承包人将耗费大量人力物力财力,甚至会出现由于农村土地承包人无法全部到齐签字,导致贷款无法发放。

(二)农民住房财产权抵押贷款试点工作中存在的问题

1. 住房不动产登记困难

农村不动产确权登记还没结束,而且农房又缺乏规划工程许可证和竣工验收材料,实现农房不动产登记目前很困难。

2. 住房处置变现困难

首先,受地理人文因素的制约影响,农村住房和农村土地缺乏流动性,商业价值不高,升值潜力有限;其次,受法律规定的限制,变卖或拍卖抵押的农民住房只能在本集体经济组织内部进行,内部村民受传统观念、习俗的影响一般不愿购买甚至对此产生抵触心理,而集体外的人又不能购买,导致农房处置处于尴尬地位;最后,在本集体经济组织内部无法处置的,可面向社会处理,但受让人范围原则上应限定在相关法律法规和国务院规定的范围内。即使面向社会处置后,因没有出台允许农民宅基地可以在集体经济组织外移转登记配套政策,也难以办理不动产移转登记。

3. 唯一住宅抵押权实现后难以长期保障农民权益

农民只有一处住房的情况下是否可以进行抵押,目前争议很大,因基层政府需保障农民有一处住宅,若唯一一处农宅抵押被处置后,农民面临无住宅可居的情形,要求乡政府给予保障,实际上难以实现长期保障,可能会形成新的社会矛盾。

4. 贷款积极性不高

首先,农民用住房抵押贷款积极性不高。因为他们考虑到全家住房保障问题,担心万一贷款还不上,住房被处置掉,家人将无处安身。为了安稳起见,大部分农民不愿意用住房抵押贷款;其次,银行对农房抵押贷款的积极性不高。金寨县银行实行的是"农宅+信用"的方式抵押贷款,对信用度不高或信用不清楚的农民,银行会认为存在较大风险,抵押贷款的积极性不高,导致试点工作进程缓慢。

5. 风险分担未实际落实

目前金寨县财政整合了不少于9000万元的风险补偿基金,但没有出台严格的风险补偿办法,风险补偿基金尚未实现实际的运用,关于风险补偿金的具体适用程序、责任、具体使用方法也没有明确的规定，存在难以实现的问题。即使引入农房抵押担保机制，但据农村商业银行介绍，经与利达融资担保公司沟通，以客户已提供抵押物至我行为由，未能签订担保协议，未能建立担保合作机制，会加大银行提供农房抵押贷款的信贷风险。此外，目前的农业保险机制也不完善，仅有农村贫困户人身保险和生猪保险，两权抵押贷款保险业务应当借鉴其经验，实现银行抵押贷款与农业保险的有效结合。

三、解决对策

（一）承包土地的经营权抵押贷款试点工作建议

1. 培养新型农业经营主体

将现代企业管理模式引入到农业生产经营中，提高农业生产的风险应对能力。加强农业生产先进技术的引进，提高农业生产的科技含量。政府不仅要关注宏观经济发展，还需关注微观经济，加强对农业经营主体的微观指导，需要有主体对经营模式进行指导，好的经营模式比经营技术更加重要。

2. 完善土地经营权抵押贷款评估

尽快出台更高效力等级的评估管理办法，统一土地经营权抵押贷款的价值评估标准，根据《物权法》的相关规定，对抵押物进行评估并非是强制性的，银行需减少对评估机构的依赖。我国的林权抵押价值评估机制相对较为成熟，土地经营权抵押贷款价值评估机制可以参照林权抵押贷款价值评估机制。

在办理经营权抵押贷款时，需要对经营主体的诚信进行考量，综合考虑该企业的经营状况与诚信度。

3. 经营权流转期限的完整性

经营权抵押合同期限取决于前期土地流转经营权的合同，前期合同可能会由于租金不到位而导致合同的随时终止，前期合同的解除是否会当然影响后面合同的抵押期限问题。两个合同之间的关系，需要政府来担保前期合同，这样才能保证后期抵押权实现时处置抵押物不受影响。

4. 完善土地经营权处置制度

提高农村土地产权交易的市场化程度，政府对农村土地经营权流转主要起适度干预的作用,减小土地经营权抵押贷款对政府的依赖程度。

5. 完善风险分担机制

落实农业风险补偿基金与土地经营权收储资金,实现风险基金的实际运作,在经营权抵押收储机制中建立风险收储增长机制,实现收储风险基金逐年增长,逐年扩大规模。农业保险具有实现风险转移的重要作用。不仅需要囊括对八大农业主产业的扶持,还需要在政策性保险机制之上增加农业保险的种类与数量。加强政府监管力度,在对土地经营权抵押贷款进行奖励扶持的同时加强监管力度。

采取各种风险分担方式是为了激励土地经营权抵押的发展,不能本末倒置,让经营权抵押流于形式,反担保措施及其他保障措施机制过多将制约经营权抵押的实现。

6. 简化贷款程序手续

实现银行与农村土地产权交易中心联动,简化贷款审批程序,从立法层面减少对土地经营权抵押的约束与限制,土地经营权抵押贷款从法理上来说不需要土地承包人的同意,可以通过立法的转变,提高土地经营权的独立性。

(二)农民住房财产权抵押贷款试点工作的建议

1. 加快农村不动产登记工作进程和方法

第一,加快农村不动产确权登记工作,早日实现农房发证。金寨县打算在 2017 年 9 月底之前完成权调任务,12 月底前完成数据整合上报汇交,2018 年 1 月全面启动农房发证工作,减少农房抵押登记障碍。第二,尽快研究出台农村不动产无规划和竣工验收资料怎样实现登记的政策,以便农宅抵押登记顺利进行。

2. 改进农房和宅基地流转法律限制规定

在当前的法律瓶颈限制下,可针对农房抵押贷款做出专门的法律补充规定,从法律上确认以农房宅基地作抵押申请银行贷款的合法性,赋予农房宅基地金融属性。建议放开农房流转市场和受让主体范围,促进农房抵押工作的顺利开展。

3. 增加抵押实现农民权益保障措施

在农民住房财产权抵押贷款工作中，应不断发掘新的保障农民权益的对策。如向农民提供廉租房和住房保险等，拓宽抵押农宅处理方式，如采取协议、延长抵押期限、作价入股等多种方式处置，为农村不动产抵押贷款提供更多的保障，也为农民权益保障提供坚实的后盾，进一步促进农民农房抵押贷款的积极性。

4. 完善风险分担机制

鼓励通过担保公司提供担保、农户联保、质押等多种方式，为农民住房财产权抵押贷款主体融资增信；如县利达融资担保公司为金寨县内部分金融机构开展的农房抵押贷款提供一般责任担保，建立“银行 + ‘农房’抵押 + 担保”模式，进一步提高金融机构开展农房抵押的积极性；鼓励保险机构加快完善农业保险政策，积极扩大农业保险品种和覆盖范围，通过探索开展农民住房财产权抵押贷款保证业务等多种方式为借款人提供增信支持。此外，须明确风险补偿办法的具体实施方法、程序和责任问题，使风险补偿机制在农房抵押风险分担方面实际到位。

安徽省宣城市宣州区农房抵押调研报告

（2017 年 8 月 10 日）

不动产抵押制度是我国法律规定的一种融资方式，农房作为一项不动产亦具有融资的属性，能在一定程度上解决农民资金缺乏的问题，推进农民住房财产权抵押是推进农村集体产权制度改革，实现新型城镇化战略的路径之一。十八届三中全会《中共中央关于全面深化改革若干重大问题的决定》《国务院关于开展农村承包土地的经营权和农房财产权抵押贷款试点的指导意见》、2016 年中央一号文件和中国人民银行会同相关部门联合印发的《农民住房财产权抵押贷款试点暂行办法》等系列文件都对农房抵押制度提出新的要求。宣城市宣州区作为全国人大授权的 59 个开展农民住房财产权抵押贷款试点县（市、区）之一，在试点过去的一年半时间里，不断创新农房抵押的方式和做法。为了解该地区农房抵押的进展情况，2017 年 8 月 10 日至 11 日，安徽省不动产工作中心人员连同安徽大学课题组师生赴宣城市宣州区进行座谈调研，现就主要情况汇报如下：

一、宣城市宣州区农房抵押贷款的总体情况及具体做法

（一）总体情况

1. 农房抵押登记工作的相关情况

（1）确权办证情况

2010 年，宣城市宣州区已经全面开展宅基地使用权登记发证工作，宣州

区除城市规划区外,已经颁发宅基地使用权证15.1万宗,全面完成了宅基地发证工作,为农房抵押贷款提供了完整的不动产物权证明。对于不占农用地、符合一户一宅原则的农户,基本确权颁证率为100%。违法宅基地确定不能登记和办理抵押,在宣州区违法宅基地比例不是很高,宅基地发证这项工作本着让利于民的原则,原则上不是农用地的宅基地,基本上是能确权就确权。由于历史原因的违建情况,实践宅基地颁证工作中设置160平方米的标准,超过160平方米不予办理登记,主体房子一般在160平方米以内,其他附属房屋超过该标准就不予颁证。从2016年开始,宣州区分局在全区(不含城市规划区)开展权籍调查工作,为有换发不动产权证意愿的农民提供便利。172个村约18万户,预计经费2100万元。目前测绘和权籍调查工作全部完成,正在开展数据库建库工作,确权登记发证工作即将接近尾声。

(2)抵押登记情况

为使抵押登记程序更加规范和简捷,宣城市国土局在充分征求市人行、市规划局、市房管局和宣州区政府意见建议的基础上,于2016年7月制定印发了《宣城市国土资源局关于做好宣州区农民住房财产权抵押登记试点工作的通知》(宣国土资[2016]211号)。该通知对宣州区农民住房财产权抵押登记的范围、登记条件、需提供的材料及抵押登记流程作了详细的规定,简化了程序,进一步规范和完善了农房抵押登记制度。截至目前,宣城市国土局共办理农民住房财产权抵押登记237宗、抵押宅基地24,397.5平方米、房屋37,928.5平方米、抵押金额4015.9万元,有效盘活了农民手中沉睡的资产,促进农民资产转化为创业资本,缓解农民创业融资难的问题,进一步激励广大农民大胆创业,助推农村产业结构调整和农民脱贫致富。

2.农房抵押贷款办理的相关情况

为发展农村经济、缓解农户创业流动资金紧张问题,早在1995年,宣州区就开始探索农民住房财产权抵押贷款试点。2011年4月,省政府批准宣州区为全省农房发证与抵押流转改革试点区。2012年12月,宣州区政府印发了《关于批转宣州区农村房屋抵押贷款实施办法(试行)的通知》,做出了大胆的尝试,在政策上也有一定的突破。目前在宣城市宣州区,接受农房抵押贷款业务的金融机构包括皖南农商行、农行、邮政储蓄银行等三家金融机构,其中以皖南农商行为主,其他银行在试点以后也相继参与农房抵押业务,但数量不是很多。到目前为止,农商行共发放贷款163万,其他银行加起来共349万。截至2017年7月底,宣州区皖南农商行农房抵押贷款余额5793.8万元,较上月增加44.52万元。其中不良贷款余额1389.15万元,不良率23.98%。2017年累计发放120笔,金额2038.8万元。

(二)具体做法

1.加强政策支持与部门协作

宣城市宣州区自开展农房财产权抵押贷款试点工作以来,相继出台了《关于批转宣州区农村房屋抵押贷款实施办法(试行)的通知》《宣城市人民政府办公室关于印发宣城市农民住房财产权抵押贷款试点工作方案的通知》《宣城市国土资源局关于做好宣州区农民住房财产权抵押登记试点工作的通知》《宣州区农民住房财产权抵押贷款操作流程》等相关文件,宣城市国土局、金融办、皖南农商行、人行宣城中心支行、市不动产登记中心等多方主体积极参与,形成了"分工负责、相互配合"的工作机制,促进了农民住房财产权抵押贷款试点工作的开展和推进。

2.积极探索新出路

宣城市宣州区皖南农商行根据《关于批转宣州区农村房屋抵押贷款实施办法(试行)的通知》文件精神及相关法律、法规、规章规定,制定了《宣城皖南农村商业银行"宅易贷"农民住房抵押贷款管理暂行办法》。"宅易贷"农房抵押贷款是指宣州区范围内依法拥有农村住房权属证书的农村居民以农村住房抵押担保方式申请贷款发放的活动。加大对"三农"的支持力度,勇于探索,谋划农村房屋抵押流转的突破口,经与市房管部门多次沟通协调,首先选择国、省、县、乡道路两侧可用于经营、容易变现、实际"商住"两用的房屋,或符合村庄规划的中心村房屋,按照确权发证的农村房屋为抵押物开办抵押贷款业务。对有信贷需求用于农业生产经营的农户,经过贷前调查,将"农民自有房产证+土地使用证+乡镇土地所证明"作为抵押物,在房管部门办理抵押登记,按照市场评估价值不超过50%的比例发放贷款。农民房屋产权抵押贷款这一创新的金融服务产品，推动了当地经济发展，促进了农业产业结构的调整、种植、养殖业等快速发展，形成了宣州区“一乡一镇一品”的特色农业发展，加快了一批农民专业合作社的发展步伐，促进宣州区农村经济的快速发展和提高。

3. 抵押遵循程序性

宣城市宣州区农户在进行农房抵押贷款时，必须具备农村住房所有权证和农村宅基地使用权证。在实际办理过程中，由于农房所占用土地为集体用地或宅基地，在办理抵押手续时还需全体村民三分之二以上的人签字同意。在此基础上，农户提出借款申请，经银行同意后，以借款人所有的房屋作为抵押，到不动产登记中心办理登记、受押，核发《房屋他项权证》，办理放款手续。

4. 评估与协商相统一

宣城市宣州区目前关于农房价值评估方式采取银行内部评估的方式，根据当地农商支行的客户经理对所在地区房屋市场供应价的了解，先经过银行内部确定，再与农户进行协商农房价格，若双方意见不一，则根据当地市场价上下浮动来确定最终价格，一般不经过第三方评估公司，毕竟需要负担额外的费用。贷款金额一般确定为农房评估价值的 50% 。

5. 风险收储机制的建设与实施

2017 年 7 月，区金融办负责的农房收储平台开始建设，这一平台将有力促进农房抵押贷款在网络上的交易，并且有利于农房的收储，即使形成不良贷款，这一平台也能够将农房进行处置。这一举措能够最大限度地降低银行损失，增强农行推广贷款的积极性。区金融办选择狸桥镇作为试点，并与市国土局、人行、农商行展开座谈会，后初步形成《宣州区农民住房财产权抵押贷款农房收储试点实施方案（征求意见稿）》，其实施方案包括收储基金、收储程序、收储价格、资产处置、收益管理五大方面的内容。此外，还构建了风险缓释机制。首先，市金融办推行国有融资公司进行农房抵押债务担保公司承担 5% ~10% 的风险，这一方式将有效化解不良资产；区金融办为所有农房购买了保险，收储后可以对农房进行反租、开农家乐盈利等方式进行处置，依托村组织集体平台去实现,并且在处置后农房收益分配上,给予村组织部分收益以提高其积极性。其次,农商行为有效防范贷款风险,强化贷前审查,在发放此类贷款时把好"三关":一是审核关,以信誉度好,还款意愿强,无不良记录为前提,按照农户的经营项目、发展规模、自筹资金情况以及借款用途是否合规等情况进行调查、建档、审查;二是审贷关,农户办理贷款时凭房屋所有权证、土地使用权属证明发放;三是监督关,对房产抵押贷款户逐笔建立台账,专人管理,严防"重贷轻收",确保到期收回。农房贷款由于缺乏政策支持,必须进行有效管理,严防信用风险。

二、宣城市宣州区农房抵押贷款中存在的问题

(一)农房流转范围受限

由于《物权法》《担保法》《土地管理法》等规定,宅基地属农民集体所有,农民只是享有宅基地的使用权,而不具备处分的权利。但在办理房屋抵押登记时,该房屋所占有范围内的宅基地使用权也一并进行了抵押。在处置抵押农房时,房屋能够自由流转,而作为集体经济组织内部带有福利性质的宅基地使用权依法只能在同一集体经济组织内部流转。法律制定层面对农村宅基地使用权抵押转让的种种限制,使得宣州区农房抵押操作办法存在一定的法律障碍。司法部门尚未就农房抵押权设定出台相关配套支持意见,实践中造成我们在发放贷款后无法律保障的尴尬境地,而在实际办理过程中,由于农房所占用土地为集体用地或宅基地,在办理抵押手续时需全体村民三分之二的人签字同意,事实上增加了设置抵押的难度,阻碍了农房抵押贷款的推广。

(二)农房处置变现艰难

虽然目前宣州区的做法将农房处置受让人由集体组织(村)内部成员之间扩大至整个宣州区范围,实现了跨村交易,但由于户籍等配套制度尚未跟进,加之农民受传统观念影响,碍于情面不愿去购买抵押房屋,城镇居民和农村集体经济组织外的村民因法律、政策限制又不能购买抵押房屋。在农村社会保障体系未全面建立的情况下,农房处置后可能导致农民无安居之所,影响社会稳定。因此,到目前为止还未出现一例真正进行农房处置实现抵押权

的事例。

(三)市场流转机制匮乏

农村房屋建筑材料、成本质量差异大,受位置、周围环境影响,抵押价值评估和变现时价值公允性难以保证。目前未建立完善的农房交易管理制度和公开的农房交易市场这类统一的交易平台。农房交易流转大多私下以契约形式完成,不规范的市场运作会造成土地管理的混乱。

(四)风险控制机制未发挥应有效用

农业天然具有弱质性,受自然灾害、疫病影响较大,有时遭遇重症疾病,造成农民无力偿贷,客观上形成不良资产。虽然宣州区政府为鼓励农村房屋抵押贷款业务的发展,自2013年开始建立贷款风险补偿机制,按照银行当年新增农村房屋抵押贷款业务金额的5‰比例予以风险补偿,为做好做优农房抵押贷款这项业务提供了一定的空间,但由于贷款金额逐年下降,这一政策一直未予以兑现。

三、宣城市宣州区农房抵押贷款工作的经验总结

(一)健全的制度设计是工作顺利开展的前提

宣城市宣州区在国务院开展农房抵押贷款试点工作的大背景下,结合本地区实际情况,制定了《关于批转宣州区农村房屋抵押贷款实施办法(试行)的通知》《宣城市人民政府办公室关于印发宣城市农民住房财产权抵押贷款试点工作方案的通知》《宣城市国土资源局关于做好宣州区农民住房财产权抵押登记试点工作的通知》《宣州区农民住房财产权抵押贷款操作流程》《宣州区农民住房财产权交易流转规则(征求意见稿)》《宣州区农房收储试点方案(征求意见稿)》等一系列文件,规范农房抵押贷款工作的实施,探索创新农房抵押贷款工作的路径,为宣城市农房抵押贷款工作的顺利开展指引了方向,提供了有力保障。

(二)创新的制度设计是改革的动力

1. 扩大农村宅基地流转受让主体范围

根据国家相关法律规定,宅基地属于集体所有,农房所有权归农户个人

所有,但是打造的农村产权交易平台属于集体性质,往往适用于国有土地和集体土地交易,导致私人所有的农房交易处于尴尬位置。针对此障碍,宣州区金融办与市、区单位进行沟通,允许其在平台的部分版块内尝试农房交易,以宣州区狸桥镇作为自己的小试点,实现跨村交易,将受让主体范围从同一集体组织(村)内部成员之间扩大至整个宣州区的农村居民。

2. 增加新型金融产品贷款方式

随着农民法律素质和信用提高,农商行内从金融产品创新来说在推进农房抵押贷款的同时,创新建立农民贷款金融产品"家庭幸福贷",针对信用良好的农户直接采用信用贷款模式。尽管发放农房抵押贷款余额下降,但实践工作一直稳步开展,农商行希望按照原来的进度提高贷款余额,因而在中国人民银行的牵头下,经常与区国土资源局进行相关探讨。农商行打算在信用贷款方面,选取一部分有农房的农户加入到农房抵押,以此确保农房抵押余额稳步增长。

四、宣城市宣州区农房抵押贷款工作的相关建议

(一)政策建议

1. 提供明确的法律保障

在当前的法律"瓶颈"限制下,可针对农房抵押贷款做出专门的法律补充规定,从法律上确认以农房宅基地作抵押申请银行贷款的合法性,赋予农房宅基地金融属性。结合新型城镇化规划,开展部分农村土地流转改革试点,推进农村土地市场化和资本化。

2. 建立健全农房转让操作制度与市场机制

在继续深入做好农房确权发证的基础上,出台涉及农房评估、交易转让、抵押登记等方面的规范管理办法,进一步优化农房转让行为。建立农房流转市场,在有条件的地区进行试点,以乡镇为基础建立基层农房交易市场,及时收集和发布产权流转交易信息,组织产权流转、招拍挂租等交易活动,为农房交易流转提供平台,在总结经验后逐步全面实施。

3. 政府加强对信贷风险的控制

为加大对农民房屋产权抵押贷款业务的推广，政府方面要建立给予金融机构农房抵押贷款风险补偿基金，提高损失补偿率；规范农业保险机制，政府应成为农业保险的推动者，对农户提供生产和消费补贴，使农民积极参保；成立政府性“三农”专营担保公司，配套做好农房抵押贷款业务的办理；要给予金融企业支农的优惠政策，对农房抵押贷款部分单独建立台账，给予减少或减免支农利息营业税，减免资产过户等方面的费用，以提升金融机构支农服务的积极性；实施差别监管，适当降低支农金融机构的监管要求，提高容忍度。

（二）配套机制

1. 构建政府收储机制

建立宅基地和农房收储机制。对于农民主动退出的宅基地，统一收储，并给予村民一定的经济补偿，所需经费由市、区财政成立专项基金予以支持。对于因出现不良贷款而需要处置的宅基地，统一收储后再流转。鼓励村民主动自愿退出宅基地，进一步推进节约集约用地和新型城市化进程。从 2017 年 7 月开始，区金融办负责的农房收储平台正在建设，这一平台将有力促进农房抵押贷款在网络上的交易，并且有利于农房的收储。即使形成不良贷款，这一平台也能够将农房进行处置。这一举措能够最大限度地降低银行损失，增强农行推广贷款的积极性。区金融办选择狸桥镇作为试点，并与市国土局、人行、农商行展开座谈会，后初步形成《宣州区农民住房财产权抵押贷款农房收储试点实施方案（征求意见稿）》，其实施方案按照以下几个方面进行：(1)设立农房收储基金。首期规模 200 万元，由区、镇（乡）两级财政分别出资 50%，收储基金实行专户管理，专项用于农房抵押贷款不良资产收储，不得用作其他用途。收储业务超过 200 万元规模后，由区农房抵押贷款试点工作领导小组根据收储进度和需要对收储基金进行动态调整。(2)收储程序。农房抵押贷款逾期 3 个月以上，贷款银行可向区农房抵押贷款试点工作领导小组提出收储申请，区农房抵押贷款试点工作领导小组审批后，收储机构启动收储程序，以收储基金进行收储。(3)收储价格。收储机构以未偿还贷款本息的70%进行收储,农房抵押权人由原贷款银行转为收储机构。(4)资产处置。对收储农房进行价值评估,由贷款银行、收储机构、农房所在地村委会平等协商、共同认定抵押农房评估价值。收储机构可将收储的农房委托农房所属村集体组织管理,村集体可通过协议转让、出租及区公共资源交易中心交易等多种方式进行资产处置。收储农房成功处置后,收储机构按处置价值1%支付农房所属村委会手续费,扣除处置费用后余款部分弥补收储基金,剩余部分补偿银行30%未还贷款本息,若仍有结余,结余部分返还给抵押农房所有人。(5)收益管理。农房处置过程中所涉及相关税费,相关部门给予减免。

2. 推进农村产权交易平台运行

如何处置收储来的农房和银行积压的农房,实施方案为市、区共同打造农村产权交易平台进行交易。目前宣州区试点的实践操作是选择4户两证齐全且农房质量较好的农户进入产权交易中心,通过竞价、挂牌等方式进行流转交易,前期工作已经完善。在不突破法律规定的前提下,创新农房抵押权实现机制,宣州区初步形成《宣州区农民住房财产权流转交易规则(试行)(征求意见稿)》,使得农房在农村产权交易平台上能更顺畅、更规范地流转。宣州区农民住房财产权流转交易是按以下几个方面进行:(1)农民住房财产权流转交易具备的条件。权属清晰无争议,权证齐全有效;交易双方必须是具有完全民事权利能力和民事行为能力的自然人、法人或其他组织,且有流转交易的真实意愿;转让方必须是农民住房财产权及所占宅基地使用权权利人,或者受产权权利人委托或担保的组织或个人;流转交易要符合法律法规和环境保护规划、农业产业发展规划、土地利用总体规划和城乡一体化建设规划等政策规定。(2)处置抵押的农民住房所有权和宅基地使用权的方式。通过贷款重组、按序清偿、房产变卖或拍卖等多种方式处置抵押物,抵押物处置收益应由贷款人优先受偿。经公开征集产生两个及两个以上意向受让方的,应该采取协议、拍卖、招标、竞价等方式进行。采用竞价方式流转的,实行全流程电子化交易。受让人范围原则上应限制在相关法律法规和国务院规定的范围内。申请购买农村村民住房的购房人,须是宣州区农村户籍居民,且符合一户一宅要求。(3)交易程序。处置抵押的农民住房财产权流转交易的当事人,应遵循以下流程办理:提交交易申请→产权查档确认→价值评估→区交易中心受理→信息披露→征集意向受让方→组织交易→成交签约→产权登记。

3. 加大资金支持力度

宣州区农村宅基地使用权和房屋所有权权籍调查工作涉及172个村约18万户,预计经费2100万元,目前尚有很大的缺口。此外,农村宅基地收储资金需求量也较大。因此,建议政府加大资金支持力度,对宣州区的农房权籍调查经费和宅基地收储等方面予以经费支持,帮助宣州区稳步推进试点工作。

4. 建立农村信用体系

当代中国农村经济主要以发展农村金融为主,发展农村金融为解决农村"三农"问题提供资金保障。为推进农村基础设施建设、建设美丽乡村、发展现代农业,必须建立高效、便利、快捷的农村信用体系。同时,良性的农村信用体系有助于稳步推进社会主义新农村建设,有助于构建社会主义和谐社会。建设农村信用体系的具体举措:第一,通过网络、报纸等媒介对农村地区信用进行宣传;第二,加快推进农民个人信用账户建设;第三,农村地区各金融机构应积极改善其金融服务;第四,努力争取各级政府政策支持,推广农村信用信息产品。

安徽省宿州市埇桥区承包土地经营权抵押调研报告

（2017 年 8 月 3 日）

为进一步推进农村综合改革，深化农村金融服务，有效盘活农村资源、资金、资产，加强对农业适度规模经营主体的信贷支持，引导农村承包土地的经营权有序流转，促进规模化、集约化现代农业发展和农民增收致富，2015 年 12 月，经全国人大授权，国务院决定在全国 232 个试点县开展农村承包土地的经营权抵押贷款试点，安徽省宿州市埇桥区为试点地区之一。目前该地区试点工作已从前期准备阶段进入到具体实施阶段，且为期两年的试点期限即将到来。为充分了解该地区经营权抵押工作的实践情况，2017 年 8 月 3 日至 4 日，安徽省不动产登记中心负责同志和安徽大学课题组师生赴安徽省宿州市埇桥区进行座谈调研。现就主要情况汇报如下：

一、宿州市埇桥区承包土地的经营权抵押工作的主要做法和存在的问题

宿州市埇桥区自开展农村承包土地的经营权抵押工作以来，相继出台了《宿州市埇桥区农村承包土地的经营权抵押贷款试点工作方案》《宿州市埇桥区人民政府关于建立农村土地经营权抵押贷款风险防控措施的意见》《农村土地流转经营权证登记管理办法》《埇桥区农村土地流转经营权抵押登记暂行办法》等相关文件，逐步建立了“政府主导、金融机构配合、农户积极参与”的抵押贷款机制。2016 全年共发放经营权抵押贷款 56 笔，总金额 1737

万元;2017年至今共发放贷款80笔,总金额2355万元,发放土地流转经营权证130个。

(一)主要做法

1. 加强政策支持与部门合作

为确保承包土地的经营权抵押工作的有序推进,宿州市埇桥区人民政府办公厅于2016年3月印发了《宿州市埇桥区农村承包土地的经营权抵押贷款试点工作方案》,该方案除明确规定了承包土地的经营权抵押的贷款对象、贷款用途、抵押登记等具体内容,还提出要从多个方面全面推进承包土地的经营权抵押工作。在土地承包经营权已完成确权登记的基础上,进一步规范农村土地流转合同和确权颁证流程,包括农村土地承包、流转经营期限、租金缴纳方式、对外抵押规定、违约责任等,统一规范"他项权证"等各类制式文本,为经营权抵押工作的顺利开展奠定了基础。此外,宿州市埇桥区各机构之间协同推进经营权抵押工作,由政银企共同推进,各乡镇与宿州市银行业金融机构共同配合。由政府主导、区农委牵头经营主体、中国人民银行组织各银行业金融机构协同配合,做好项目推介、联系对接、入户调查、项目筛选等工作,发放农村承包土地的经营权抵押贷款。

2. 推进抵押与评估机制的创新

埇桥区在经营权抵押前提条件和评估方面有创新举措。首先,区分经营权抵押一般条件和前置条件。第一,经营权抵押一般条件。对于传统农户来说需要取得土地承包经营权证;对于新型农业经营主体来说,需要具备以下几个条件:一是依法从事种植、养殖等经营活动,二是有区政府颁发的土地流转经营权证书,该证书由农委颁发,采取自愿申请的方式,其发证对象是经营土地面积100亩以上、流转期限在5年以上并且要有1年以上经营经验的承包土地经营权人,三是借款人的征信报告无不良信用记录。第二,经营权抵押前置条件。经营权抵押一般需要经过发包方和承包方的书面同意,但由于现实生活中,承包方外出务工的现象十分普遍,很难做到书面同意,实践中主要由农委进行公示。其次,建立了评估专家库。由区农委组织农业技术专家、粮食种植专家、银行工作人员以及具有多年经验的农业部门管理层,共同对农村承包土地的经营权抵押价值进行测算并出具相关证明，价值评估主要考虑承包土地经营权及其租金实际支付剩余期限、流转价款、地面作物预期收入等因素。农村承包土地的经营权价值计算公式为：已流转的土地价值 = 贷款期限内已付土地租金 + 贷款期限内预期纯收入；未流转的土地价值 =（当地土地平均价格 + 年预期纯收入）× 剩余承包期限，其中年平均预期纯收入按同种类种植、养殖产品在当地市场的上年平均价格和近两年产量确定。

3. 建立以民为本的风险防范机制

宿州市埇桥区目前的风险防控机制以“四方代扣协议”为准。出台了《埇桥区农村土地流转经营权抵押贷款风险缓释及补偿机制管理办法》《宿州市埇桥区人民政府关于建立土地流转经营权抵押贷款风险防控措施的意见》，建立了土地流转经营权抵押贷款风险补偿基金2000万元。这笔基金由宿州市现代农业投资有限公司进行管理，在农业银行开立账户，原则上银行贷款的额度可在风险补偿基金的基础上放大5倍，宿州市现代农业投资有限公司、与农业银行宿州埇桥支行（贷款业务）、农业银行宿州埇桥支行（基金存放）、埇桥区农业委员会签订了经营权抵押贷款风险补偿金代扣协议。根据“四方代扣协议”，出现不良贷款时，风险由补偿金代偿80%，金融机构承担20%。

（二）存在的问题

1. 流转合同稳定性不足

在农户与流转大户的土地经营权流转合同中一般约定流转的期限为土地承包期的剩余期限，但租金支付方式通常是一年一付，若流转大户因经营不善无法支付租金则农户会收回土地的经营权，致使流转合同无法继续履行下去，进而影响抵押合同的履行和抵押物的处置。因此，流转合同的稳定性问题是实践中金融机构十分关心的问题，如果不能保证流转合同的长期履行，则一方面会影响金融机构发放贷款的态度，另一方面会影响作为抵押物的土地经营权的流转市场。

2. 贷款相关问题突出

第一,贷款金额太少而收款期限又紧。银行对贷款金额以经营权土地面积为准来评定并且收款期限较短。据马胜昔讲,其农场3000亩地经营权全部用于抵押贷款所获得的金额为200万元,与其前期投入成本和经营状况相比太少。但是,经营者每年投入土地的成本不同,如果仅以亩数为准评定贷款金额有失对价;此外,银行对于金额本来不多的贷款催收周期短、时间紧,导致贷款来不及使用就得还款。

第二,贷款程序繁杂且等待时间长。贷款申请办理程序较快,但银行发放贷款的期限太长,一般需要等待"四方协议"(埇桥区农村承包土地的经营权抵押贷款风险补偿金代扣协议)签订后(时隔一个多月)银行才开始发放贷款,归根结底还是由政府提供风险保障后才愿意放贷,银行积极性不高。此外,后续贷款手续繁杂。银行会定期对经营大户进行实地调研,查看其运营状况,即使在这种情况下,如果经营者(在相同主体和范围、事由情况下)后续还需贷款又要重新找相关机构盖章签字、办理,程序比较繁杂。

第三,贷款额度不明确难以按需使用。经营权抵押贷款都是一次性发放到经营者手中,但从经营者的实际情况来看并不是迫切需要。毕竟农业见效周期长,不能立马收益。如果一次贷款到位,还得背负利息的负担。这样使得贷款运用失去灵活性,不利于促进经营主体经营权抵押贷款的积极性。

3. 抵押权实现困难

现阶段抵押物的处置存在困境,金融机构认为,一方面农地经营权的价值不高、需求不强,缺少流转市场。现阶段虽然有利润可循,出于政策的要求及社会责任的承担,短期内能顺利进行是有风险补偿基金的兜底保障,但是从长远来看,如果完全放开贷款业务,政府可能会减少甚至放弃风险补偿的优惠政策,这将造成实施困境。另一方面产权交易中心的建设还有待完善,尚不能通过网络平台等多元化的方式实现土地经营权的流转交易,这也造成了经营权的流转上的困难。

4. 政府精力有限

由于政府精力有限,受扶贫等其他工作的影响致使很难集中所有精力投入一项工作,且经营权抵押贷款与“劝耕贷”形成业务上的竞争关系,“劝耕贷”是信用贷款无须抵押土地的经营权,其主要针对的客户是新型农业生产经营主体,包括家庭农场、种养大户、农业企业等,且有省农业担保公司进行担保,申请贷款流程相对简便。两种贷款客户只能选择其中的一种办理贷款,也对经营权抵押业务推进造成了一定的影响。

5. 农业保险缺位

当前的农业保险体系并不健全,尚未出现适合流转大户等新型农业生产经营主体的农业保险,传统的农业保险补偿金额太低,如遇风险只能赔付种子、肥料等农业生产原材料;而商业保险保费又太贵,经营主体无法负担。农业本身基础薄弱,农业生产易受自然灾害的影响,农产品交易易受市场风险的影响。没有保险进行风险分担也是金融机构不愿放贷的重要原因。因此,农业保险体系的不健全也是亟待解决的问题之一。

二、宿州市埇桥区承包土地的经营权抵押工作的经验总结

(一)完善的顶层设计

在“三权分置”的大背景下,宿州市埇桥区相继出台的《宿州市埇桥区农村承包土地的经营权抵押贷款试点工作方案》《宿州市埇桥区人民政府关于建立农村土地经营权抵押贷款风险防控措施的意见》《农村土地流转经营权证登记管理办法》《埇桥区农村土地流转经营权抵押登记暂行办法》等相关文件,为宿州市埇桥区承包土地的经营权抵押登记、抵押贷款等相关工作指明了方向,提供了坚实的政策支撑。

(二)配套措施的跟进

宿州市埇桥区在承包土地的经营权抵押工作开展过程中,规范各类权证,促进土地承包流转合同和确权颁证工作的顺利进行;完善土地评估,建立评估专家库,并制定了评估的具体细则,实现抵押权评估工作的有序推进;建立担保基金,将经营权抵押贷款业务纳入银政担“4321”风险分担体系,不断完善银行、政府和农委的风险承担机制;明确财政补贴,对经营权抵押贷款差别化财税支持,对实施土地使用权抵押的纳入政府贴息计划。

三、相关建议

(一)完善金融贷款的服务方式

1. 给定贷款额度,按需所取。期望银行能够根据农场的投入和经营状况给定一个额度,实现用户的按需所贷,促进其贷款运用的灵活性。如对于果树、林木等生产产出周期长的给予长期贷款;对于种植水稻、玉米等生长周期短的给予短期贷款。

2. 简化贷款程序,方便续贷。如果是同一经营主体、同一贷款事由,可以结合贷款人的资信情况简化重新办理贷款的手续,方便用户后续贷款的跟进,切实满足农户和经营主体对金融服务的有效需求。

(二)建立经营权的网络流转平台

经营权流转市场的形成需要借助网络平台的力量,通过网络平台可以为转让方和买受方提供便利,也可以扩大受让方的主体范围。将流转土地的基本信息、经营权剩余期限等相关信息发布到该平台,既能方便农户与经营主体的沟通和经营权的流转,也能促进经营权抵押的顺利实现。

(三)加强农业保险的风险分担

虽然经营权抵押风险担保方面有政府和银行分担,但还远远不够。需要农业保险的鼎力支持,形成银行、政府、保险的联动风险分担机制,为经营权抵押提供强有力的后盾和保障,促使农户和经营主体运用承包土地的经营权进行流转抵押,激发金融机构信贷提供的积极性,将国家政策贯彻落实,形成良好互动。

陕西省西安市高陵区农房抵押登记调研报告

（2016 年 10 月 23 日）

农民房屋是推进农村集体产权制度改革，实现新型城镇化战略的基础问题之一。十八届三中全会《中共中央关于全面深化改革重大问题的决定》《国务院关于开展农村承包土地的经营权和农民住房财产权抵押贷款试点的指导意见》以及 2016 年中央一号文件和中国人民银行等部门联合印发的《农民住房财产权抵押贷款试点暂行办法》等系列文件都对农房抵押制度提出新的要求。西安市高陵区作为全国人大常委会授权的 59 个开展农民住房财产权抵押贷款试点县（市、区）之一，先行先试，创新农房抵押做法。为了解试点地区开展农房抵押贷款实际情况，2016 年 10 月 23 日，安徽省不动产登记中心工作人员连同安徽大学课题组师生赴西安市高陵区进行座谈调研，了解高陵区农房抵押及登记的工作情况，现就主要情况报告如下：

一、高陵区农房抵押贷款办理的总体情况及具体做法

（一）总体情况

西安市高陵区是全国 59 个农房抵押试点地区之一，截至 2016 年 10 月，高陵区各涉农金融机构累计发放农房抵押 33 宗，共计贷款 392 万元。拟进行抵押的农房经过评估之后，一般以 35% ～45% 的折价率的价值进行抵押。经初步统计，高陵区三分之一的农民具有抵押贷款意向。

（二）具体做法

1. 内部流转的程序性

高陵区在开展农房抵押贷款时，要求抵押农房的农民必须取得集体经济组织的书面同意，出台的《高陵区农民住房财产权抵押贷款管理暂行办法》规定高陵区进行农村住房财产权抵押贷款时，抵押人要符合取得所在集体经济组织书面同意宅基地使用权随农民住房一并抵押及处置的条件。同时还应当符合除用于抵押的农民住房外，借款人应有其他长期稳定的居住场所。如果是以共有的农民住房财产权抵押的，抵押人还应当事先征得其他共有人的书面同意，必要时在取得共有人同意的基础上，也要取得借款人父母的书面同意。

高陵区出台《农村宅基地用益物权流转管理办法（征求意见稿）》规定本区域内宅基地使用权的转让只能在本集体经济组织内部进行流转，且必须经过村民大会四分之三以上成员或三分之二以上村民代表同意，流转的方式包括抵押、转让、出租、互换等形式，还规定抵押是指农村宅基地使用权人在自愿的情况下，将宅基地使用权及宅基地上的建构筑物作为抵押物向银行贷款的行为。宅基地使用权不得单独抵押。

2. 加强政府支持与风险防范

高陵区出台《农村产权抵押担保基金管理办法（试行）》规定由高陵区区政府成立西安市高陵区三阳农村产权融资担保有限公司，并设立农村产权抵押担保基金，为全区符合国家产业政策和环境保护标准的有市场、有效益、守信用、风险可控的农业企业、各类农业经营性组织和个人向区金融机构申请贷款提供担保。担保基金以政府投入为主。三阳农村产权融资担保有限公司与金融机构建立业务合作关系，三阳农村产权融资担保有限公司对贷款额的 80% 提供担保，金融机构对贷款额的 20% 承担风险。同时《农村产权抵押贷款风险补偿基金管理办法（试行）》规定该区设立农村产权抵押贷款风险补偿基金，由区财政出资 500 万元设立。在该区农村产权抵押担保或反担保贷款过程中，本区域内符合担保条件的农村集体经济组织成员、种植养殖大户、专业合作社、涉农企业将农村产权作为抵押担保或融资担保机构的反担保措施,向银行申请贷款,当贷款期间出现地震、冰雹、严重旱涝等不可抗力造成的贷款本金净损失时,银行和担保公司可以按贷款本金净损失 50% 以内申请风险补偿基金补助,补助资金按照银行金额担保公司之间 2:8 的风险承担比例系数进行确定。

3. 加强司法保障

高陵区出台的《高陵区农民住房财产权抵押贷款管理暂行办法》规定,在出现借款人无法正常还款,协商未果,或者存在恶意不还时,贷款人和担保人应向高陵区法院提起诉讼,同时告知高陵区房产管理所,高陵区农村土地流转服务中心必须配合高陵区房产管理所对农民住房财产权进行处置。因变卖或拍卖抵押的农民住房,受让人范围原则上应限制在相关法律法规和国务院规定的范围内,即本集体经济组织内部成员。

二、高陵区农房抵押登记中存在的主要问题

(一)范围仅限于组织内部成员

高陵区出台的《农村宅基地用益物权流转管理办法(征求意见稿)》规定宅基地使用权流转范围仅限本集体经济组织内部成员,对于农房抵押权人来说,若抵押贷款期限届满,抵押人无法还款需要处置抵押物来实现其债权时,就会面临流转主体受限,流转市场较小,抑制了金融机构开展农房抵押贷款业务的积极性。

(二)工作交接上存在漏洞

高陵区目前不动产登记工作未完成交接,农房抵押登记及相关不动产登记证书的记载是由区房管局办理的,区房管局在办理好抵押登记之后,由高陵区不动产登记局盖章,此种做法造成后续登记错误责任追究的推诿,也有违行政高效于民的原则。

三、高陵区农房抵押登记工作的经验总结

(一)政府支持的不可或缺

高陵区财政出资 500 万元设立风险补偿基金,并在风险基金余额低于

50%的情况下,区财政局及时补充至500万元。当贷款期间出现地震、冰雹等不可抗力造成的贷款本金净损失时,用该基金按一定比例补偿放贷银行和担保公司的净损失,这在很大程度上消除了放贷银行和担保公司开展农房抵押业务的顾虑。

(二)实施有效的贷款风险分解措施

高陵区政府成立三阳农村产权融资担保有限公司并设立了农村产权抵押担保基金为符合条件的农民贷款提供担保,按照风险共担的原则,三阳农村产权融资担保有限公司对农房抵押贷款的80%提供担保,金融机构对贷款额的20%承担风险。有效的贷款风险分解措施使得开展农房抵押业务的金融机构减少了对农房抵押贷款的顾虑。

四、高陵区农房抵押贷款工作的经验启示

设立农房抵押贷款风险基金或者成立农房抵押贷款担保公司。农房抵押贷款机构开展贷款业务的积极性不高根本原因在于抵押权实现后的农房处置问题,设立农房抵押风险基金或成立专门的农房抵押贷款担保公司对抵押贷款担保,即在抵押权实现后,由风险基金或者担保公司承担部分或全部的还款,减少或消除金融机构对抵押权实现后农房和宅基地使用权流转受限的顾虑,推动农房抵押贷款工作的开展,增加农民财产性权利融资的渠道。

重庆市承包土地经营权抵押调研报告

（2016 年 10 月 20 日）

为进一步深化农村金融改革创新，有效盘活农村资源、资金、资产，增加农业生产中长期和规模化经营的资金投入，促进农民增收致富和农业现代化加快发展。2015 年 12 月，经全国人大授权，国务院决定在全国 232 个试点县开展农村承包土地的经营权抵押贷款试点，试点的主要任务是：加强基础制度建设、创新农村承包土地的经营权抵押贷款试点模式、加快确权登记颁证平台建设、建立抵押物处置机制和建立风险补偿机制。为充分了解地方一线实际，课题组对重庆市进行座谈调研。现就主要情况汇报如下：

一、承包土地经营权抵押融资业务规模及承办金融机构情况

重庆自 2010 年开展农村土地承包经营权、农村居民房屋和林权抵押融资为代表的农村“三权”抵押融资工作，2014 年出台《重庆市人民政府关于加快推进农村产权抵押融资工作的意见》，进一步深化农村产权抵押融资改革，着力构建了权属登记、资产评估、抵押登记、资产流转处置、风险分担补偿、激励机制六大体系。自 2010 年重庆市开展“三权”抵押融资以来，截至 2016 年 8 月末，累计实现农村产权抵押融资 949. 8 亿元，其中农地抵押贷款 228. 5 亿元，农房 186. 7 亿元。国家虽已出台了“两权”抵押贷款试点办法，但重庆市部分银行反映总行的操作细则未能出台，目前开展“两权”抵押贷款的银行仍是农商行、农行。

二、承包土地经营权抵押融资的具体操作流程

重庆市于2010年,全面开展了农村土地承包经营权确权颁证工作,确权农户640.2万户,占应确权农户的95.77%;颁发农村土地承包经营权证633.73万册,占已确权农户总数99.14%。建立了农村土地确权颁证数据库,进一步完善了农村土地承包经营权确权、变更、注销、抵押融资等日常工作,并依托各涉农区县公共资源交易中心整合涉农交易市场,逐步建设覆盖全市的统一的农村资产交易服务平台,逐步构建完善的农村资产交易市场体系。以重庆土交所为依托建立农村产权交易中心,全市现有农村产权流转交易市场311个,为农村土地承包经营权融资奠定了坚实基础。

重庆市农委会同市金融办出台了《重庆市农村土地承包经营权抵押登记实施细则(试行)》,对抵押贷款对象、抵押登记程序、债务清偿后抵押物的处置等做了进一步规范。(1)细则规定了抵押实行登记制度,抵押权自登记时设立,必须遵循自愿、互利、公平和诚实信用的原则,保持现有承包关系不变的原则;(2)抵押人必须是取得农村土地经营权的经营主体,依法通过流转方式取得的农村承包土地经营权的经营主体,须经原承包方的同意,抵押期限不得超过农村土地承包期内剩余年限;(3)目前抵押登记机构为农村所在地的区县(自治县)农业行政主管部门;(4)抵押物处置只能采取流转方式进行,其流转收益可优先用于偿债,确保承包关系不变和农民承包经营权不丧失。

重庆市金融办积极推动重庆兴农担保集团成立了政策性的兴农价格评估公司,会同物价局于2014年出台了《重庆市农村产权抵押价格评估暂行办法》,对农村产权的评估条件、参考因素和评估方法形成了统一规范的标准。

三、承包土地经营权抵押融资的配套措施

(一)具备政策支持

配合市财政局、市金融办联合制定《重庆市农村“三权”抵押融资风险补偿资金管理暂行办法》,建立“三权”抵押贷款风险补偿资金制度,市级安排

8000 万元“三权”抵押贷款风险补偿金。

(二)建立农村产权抵押融资担保机制

2015 年落实中央、市级财政补贴资金 460 万元,为家庭农场、农民专业合作社、龙头企业提供担保贷款 2.2 亿多元。2016 年已落实市级以上担保保费补贴资金 890 万元,可为新型经营主体担保贷款 4 亿多元。

(三)出台相关意见

出台《关于加强对工商资本租赁农地监管和风险防范的指导意见》(渝农发[2015]283 号)、《关于做好工商资本租赁农地分级备案工作的通知》(渝农发[2016]152 号),建立工商资本租赁资质审查、分级备案制度,要求对租赁农地规模超过 1000 亩的,区县农业部门将审查备案情况报市农委备案。

四、存在的问题

(一)相关信贷产品的创新程度欠缺

目前各家金融机构对承包土地的经营权抵押信贷产品缺乏系统开发设计,在信贷审批流程、贷款规模、利率定价、贷款期限等环节沿用普通“三农”信贷产品模式,难以满足现代农业产业化、规模化、多样化的融资需求。在“租金”一年一缴的情况下,土地经营权难以稳定,加上土地承包经营权抵押只是弱担保的现实,致使银行难以根据项目周期来决定贷款期限。从金融机构的参与程度来看,办理试点贷款的金融机构不够广泛,试点贷款资金供给较为单一,影响信贷规模的可持续增长。

(二)抵押融资具有滞后性

由于农村承包土地经营权作为抵押物价值,受市场供需、气候、病虫害等多因素影响,波动较大,致使定价较为困难。导致抵押融资明显滞后于林权和农房抵押融资。

(三)流转手续繁杂

规模经营主体将流转的承包土地抵押需逐一征得原承包农户同意,手续相对较为麻烦,使得许多经营者选择放弃或者采取将农村土地经营权与其他抵押品一并抵押融资而得以实现。

（四）配套市场体系有待加强

配套市场体系还有待加强，尤其是专业评估机构较少、缺乏统一的评估标准和操作程序、有关要素市场建设滞后。

（五）退出机制不完善

一旦出现贷款违约，就要及时将土地经营权流转出去，向农户支付下一年度租金，而由于新承租人既要缴纳下一年租金，又要承担原贷款本息，有可能造成承接意愿不足，使银行进退两难。

五、相关建议

（一）注重做好宣传和总结

农民是农村承包土地经营权抵押贷款工作的最大受益者，工作顺利推进，形成效应，离不开农民群众对政策的知晓和充分参与。要积极向村民，尤其是种植大户，农业龙头企业宣讲优惠政策，做好政策解读和发动工作。在制度设计和具体实践过程中，要及时、充分听取农民群众的意见建议，使政策真正符合群众需要。

（二）积极推进农村金融产品和服务方式创新

主办金融机构要结合土地承包经营权权能属性，在贷款利率、期限、额度、担保、风险控制等方面加大创新支持力度，简化贷款管理流程，切实满足农户及农业经营主体对金融服务的有效需求。建议金融机构针对不同种养殖品种生长周期因品种分类开发短期、中期、长期贷款品种。对于果树、林木等生产产出周期长的，给予长期贷款。对种植水稻、玉米、油菜等生长产出周期短的，给予短期贷款，支持农业生产经营性贷款。

（三）建议信贷机构加强与农业担保、农业保险的联动

积极推动“银行＋保险＋农户”和“银行＋担保＋农户”信贷联动机制，发挥农业担保、农业保险风险分担作用。

浙江省义乌市农房抵押登记调研报告

（2016年9月21日）

农民房屋是推进农村集体产权制度改革，实现新型城镇化战略的基础问题之一。十八届三中全会《中共中央关于全面深化改革重大问题的决定》《国务院关于开展农村承包土地的经营权和农民住房财产权抵押贷款试点的指导意见》以及2016年中央一号文件和中国人民银行等部门联合印发的《农民住房财产权抵押贷款试点暂行办法》等系列文件都对农房抵押制度提出新的要求。义乌市作为全国人大常委会授权的59个开展农民住房财产权抵押贷款试点县（市、区）之一，先行先试，探索出一套适合本辖区内农房抵押贷款的方案。为推进试点地区农房抵押贷款工作，发展农民住房财产权，增加农民财产性收入渠道，调研组对义乌市进行座谈调研，现就主要情况汇报如下：

一、农房抵押贷款办理的总体情况

义乌市于2015年12月28日办理全国59个试点地区中第一宗农房抵押贷款，截至2016年8月底义乌市共办理35宗农房抵押贷款，共计5194万元，银行贷款年化利率为6%。贷款主要用于经商。

二、农房抵押登记的具体操作流程

（一）抵押的前提条件

目前义乌市农房抵押的前提条件为完成农村更新改造并领取不动产统

一登记权属证书或者是双证齐全(房屋产权证和土地使用权证)的农房才可进行抵押贷款。抵押房屋处置后本人及其所抚养或扶养、赡养家属有安居之处(抵押后人均住房建筑面积不得少于15平方米)的合法凭证或承诺书，承诺书应该有被抵押住房占用土地所有权人签署的情况属实的意见。

(二)抵押物的范围

目前义乌的做法是农房所有权与宅基地使用权一并抵押，并且只能以自己的农房为自己贷款提供抵押担保，不能为他人提供担保。

(三)抵押合同双方主体范围

义乌的农房抵押合同中的抵押人仅限于农村宅基地的使用权人和农房的所有权人，抵押权人仅限于义乌农商行和农业银行，其中以农商行为主，占80%以上。

(四)集体经济组织和乡镇政府在农房抵押贷款中的地位和作用

农房抵押贷款需要由农房的产权人及共有人与村集体经济组织签署承诺书，经村集体经济组织同意并将农房抵押情况报镇政府备案，故村集体经济组织和乡镇政府在农房抵押贷款中起着非常重要的作用。

(五)抵押登记的申请

义乌的农房抵押登记采取依申请登记，由抵押人和抵押权人共同提出申请，并且登记作为生效要件，权属证书的内容为不动产统一登记簿上记载的内容。

三、抵押权实现时对抵押物的处置

抵押贷款合同到期而借款人及抵押人不能如约归还贷款，或者发生双方当事人约定的实现抵押权的情形，抵押权人应当按照与抵押人预先预定或者与抵押人新达成的协议，以抵押物折价或者以拍卖、变卖抵押物所得款项受偿。抵押权人与抵押人协议以拍卖抵押物所得款项受偿的，应当与抵押人共同委托拍卖机构。

受让人必须为义乌市行政区域范围内的村级集体经济组织成员。在同一行政村内转让取得的宅基地，其面积不得超过《义乌市农村宅基地取得置换暂行办法》及相关配套政策规定的最高户型面积。跨集体经济组织取得的实行宅基地所有权、资格权和使用权相分离,使用年限最高为 70 年,使用届满后可优先续期,并实现有偿使用。在同等条件下,本村集体经济组织有优先回购权,本村集体经济组织成员有优先受让权。

当借款人不能如约归还贷款时,抵押权人与抵押人协议不成情况下,抵押权人应当以书面形式并在 10 个工作日内告知当地镇人民政府、街道办事处,由镇政府、街道办事处召集当事人对住房抵押贷款纠纷进行调处。达成调解协议的,调解协议书应当由双方当事人和人民调解委员会调解人员签名并加盖公章。达成调解协议后,可依法向人民法院申请司法确认;未达成协议或达成协议后又反悔的,可直接向有管辖权人民法院提出诉讼。当事人无法联系或拒绝参加调解的,可直接向有管辖权人民法院提出诉讼。

四、义乌市农商行就农房抵押贷款的情况反馈

目前农房抵押是由银行委托第三方中介机构予以评估,目前参照商品房价格及周边环境予以评估。贷款额度不高于评估价格的 70%,贷款年限不超过三年,可续贷。目前在农房抵押中无第三方提供征信措施,政府对银行也无政策补贴。关于抵押物的贷后管理机制,银行主要通过抵押物风险预警系统对抵押物的风险实施监管。

五、农房抵押存在的问题

《国务院关于开展农村承包土地的经营权和农民住房财产权抵押贷款试点的指导意见》关于抵押物处置规定为"对农民住房财产权抵押贷款的抵押物处置,受让人原则上应限制在相关法律法规和国务院规定的范围内"。目前,农村宅基地及其上住房仅限在村集体经济组织内部买卖、流转,在此种限制下如出现贷款人到期违约需行使抵押权时,抵押物可转让对象极其有限,银行处置抵押物变现极其困难。

安徽省宣城市宣州区农房抵押调研报告

（2016 年 2 月 24 日）

宣城市宣州区作为全国人大授权的 59 个开展农民住房财产权抵押贷款试点县（市、区）之一，在试点过去的一年半时间里，不断创新农房抵押的方式和做法。为了解该地区农房抵押的进展情况，2015 年 11 月 3 日和 2016 年 2 月 24 日，安徽省不动产工作中心人员连同安徽大学课题组师生两次赴宣城市宣州区以及狸桥镇进行座谈调研和大户访谈，现就主要情况汇报如下：

一、金融部门办理农房抵押业务的基本情况及建议

皖南农商行自 1995 年开展农房抵押业务，总共发放农房贷款 1.2 万笔，2013 年、2014 年、2015 年每年农房抵押贷款数额在 6 ~ 7 千万元左右，总共有 1000 多万元不良贷款。湖商村镇银行发放的农房抵押贷款涉及 200 多农户。狸桥镇总计利用农房抵押贷款有 95 笔，贷款金额 851 万元左右，处于起步阶段。皖南农商行在 2006 年发生一起农房抵押权实现的情况，当时法院判处银行胜诉，但在办理农房过户时存在障碍，没有办成过户，导致银行在处置房屋由于没有证书，8 万元的贷款房屋后来以 1.5 万元处置掉。

在目前法律政策环境下，银行在办理农房抵押业务时，仍是重信誉，轻抵押物。银行在办理农房抵押贷款时主要依据农民的信用指数，而非农房本身的物权属性。农民贷款数额少一方面是由于农民缺少实质变现的抵押物，另一方面是金融机构对农房抵押的风险防控能力较弱。农房抵押贷款中出现

的问题主要是因为缺乏法律政策指导,宅基地使用权流转遭到禁止,导致处于宅基地上的农房在抵押变现流转中阻碍大。相关工作人员希望法律放开对宅基地使用权受让范围的限制,并且作出对农房抵押制度的具体规定,便于银行有据可循;政府出台规范制度,以便操作,健全农房交易市场;政府加强引导,减少各大银行提供农房抵押贷款风险,如出台政策,政府成立担保公司等。

二、义乌市农商行就农房抵押贷款的情况反馈

狸桥镇共有 9800 户,已完成发证 9600 户左右。未发证原因主要是一些老房屋产权不清;农户常年在外,房屋无人居住;房屋残缺,农户不需要办证。从实践农村走访过程中来看农民对房屋发证需求不大,因为农村属于"熟人社会",谁家谁户村民心中了然,再加上现在法律禁止宅基地使用权的流转,无法使城市居民获得法律上认可的产权证明,故房产证明对没有金融交易的农民意义不大。同时农房的发证程序烦琐,上房照相、换证等环节多,成本大,建议农房抵押简化手续。狸桥镇总计利用农房抵押贷款有 95 笔,贷款金额 851 万元左右。因为农房变现难,农房实现价值不高,农房抵押的关键还是信誉,抵押只是一种形式。

三、银行在办理农房抵押时考虑的问题及对策

(一)合法产权及足额价值

银行在办理农房抵押贷款时,首先考虑的是农民用于抵押的房屋是否拥有合法产权,是否具备"双证"即农村住房所有权证和农村宅基地使用权证。宣城市宣州区农户在进行农房抵押贷款的实际办理过程中,因为农房占用的是集体所有的宅基地,故办理抵押手续时还需要全体村民三分之二以上的人签字同意,之后再去不动产登记中心办理登记,核发《房屋他项权证》,银行最终办理放贷手续。其次即房屋价值认定问题。有市场才有价值,对农房的评估标准可以考虑由政府制定。针对问题,其对策一是由政府制定农房基准价格,评估价格不得低于政府公布的同期、同地区、同类型的指导价格;二是

政府需要将有意向进行农房抵押农户的信息尽可能收集,建立信息数据库,根据数据共享和方案筛选,银行可以有针对性地创新农房抵押贷款模式;三是银行建立信用户、信用村的农村信用体系,促进农房抵押贷款试点工作的推行;四是可由农业担保公司提供担保,农房抵押贷款可采用按揭模式,例如一些景区的房屋,在建造时就有价值。

(二)有效抵押及变现有方

真正有效的抵押不仅在于办理抵押手续时各项程序的严格把控,而且对于抵押权是否能实现也是有效抵押的一个重要考虑因素。农房能否变现是现在农民财产权抵押贷款工作的真正难点和障碍。参与实践工作的基层工作人员表示:在目前变现难的情况下,一是可以走担保公司征信路径,二是由政府进行收储,三是农房抵押司法实践上,应当明确一套房屋的执行问题。

四、探讨农房受让范围局限问题以及对策

(一)农房受让范围局限问题

农房受让范围因宅基地使用权被法律禁止转让的障碍而受到限制,若农房流转没有障碍,其人员范围有:(1)本村村民;(2)所有农民;(3)宣州区的农民、非农民;(4)全国所有人;(5)政府。因现实障碍导致农房抵押试点工作处于停滞不前的状态,实践工作人员在思考只有打开农房的交易市场,农房才能体现出原本的价值。那么打开农房市场、拓宽宅基地使用权的受让范围会带来什么问题?一是宅基地使用权流转在非本集体经济组织成员外时,证书如何制定,权益能否得到保障。二是流转对象放开市、甚至全国范围的话,但本身试点限定的范围只有区级,这样会面临障碍。

(二)农房流转范围放开后的配套政策

第一,宅基地的有偿使用。宅基地具有福利性,如果放开宅基地使用权人范围为非本集体成员,本村村民就会付出代价,因此对非本村村民使用实行付费,可以将村民的福利变为财产,村民就会取得相应的对价。宅基地使用的收益应分配给村集体一定比例。宅基地有偿使用要有期限,期限届满后,宅基地要退回。

第二,赋予农民典权及保障农民居住权。在放开地域和人口限制时,政府可以通过收税的形式,收取土地管理税,将税收收入成立专项的管理基金,来解决农民居住问题。

五、如何处理农房抵押变现后的流转问题

(一)成立收储中心收储农房及统一整合开发

提出收储中心收储农房的设想,是可以解决农房抵押变现后对农房的适当处置的问题的,但是随之而来带来的问题是由何种主体进行收储。农房在中国社会中是种很特殊的存在,因为宅基地的产权者是村集体并非农户自己,涉及集体利益的土地需要什么性质的机构来进行收储是个很严肃的问题。首先的思考是由产权人村集体来进行,若由村集体进行收储,由于村集体缺少资金,收储后房屋和土地怎么处理?是否可以考虑村集体在盘活宅基地时,获取建设用地指标,以此获得收益。其次的思考是由实力敦厚的政府代为管理,那么政府收储行为的性质是民事行为还是行政行为、是村民委托还是其他行为类型,依旧是需要进一步探讨的问题。政府在收储时需要考虑土地碎片化和土地的规模化使用问题。最后的思考是由第三方收储组织比如担保公司来进行,仍有理论界以及实践界尚未厘清的问题。

参会人员的构想是实现收储主体多元化,现阶段国土部门有土地储备发展中心,可以考虑农房抵押变现的收储由储备中心负责做,待村集体组织实力壮大,再交回村集体组织。而且收储时考虑可以设立农民回赎方式,规定回赎期限。

(二)成立股份公司统一进行农房流转

成立股份公司统一进行农房流转能使农房流转统一化、规模化,但是随之带来一系列问题,比如设立公司的主体是谁?公司是一种经营性企业,财产具有经营性。如果是在农房流转前,成立公司,是不是全员参与,还得由有贷款需求的人把资产转入公司里面?如果是流转之后将资产转入公司的,涉及房屋产权的过户,如何过户?怎样过户?对于是否以该模式推进工作,依旧是个值得研究和深讨的思考方向。

六、政府相关部门在农房抵押中发现的问题

（一）确权问题：作为担保物前提是要产权清晰，而农房抵押中很多房屋产权不清。

（二）评估问题：担保房屋价值多少，由谁认定，评估机构是谁等不清（银行还是债权人？）

（三）变现问题：农房流转存在政策障碍；农房流转后农民住房问题不解决，影响农村稳定。

（四）程序问题：对于财产权抵押首先是该项财产产权明晰，能在市场上自由流动，流动较频繁后，再将房屋作为担保物抵押，才是真正的农房抵押。而现状是依据农民是否有信用，考虑农民经济状况后银行再办理农房抵押贷款。

七、法院在审理农房抵押贷款时的状况

法院在办理农房抵押贷款案件，当处置房屋时，经常出现农民只有一套住房，此时即使农房能处置，法院也会考虑人权问题，保证农民的基本的生活需求。因现有法律政策规定，法院主动接受处理的农房比较少，处置变现难执行。法院近些年处理较成功的小产权房案件中主要是通过双方主动协调解决纠纷；通过判决解决纠纷，采取拍卖等手段实现债权的很少。

八、农房抵押权实现后农房变现方式

（一）郎溪农商行做法：通过将农房抵押给担保公司，采用一种反担保形式，再由担保公司向银行担保贷款。

（二）泾县农商行做法：自建农房（农家乐）按揭贷款。

（三）政府建立收储机制：对农房抵押违约行为，由地方政府建立收储机制，成立储备中心，储备中心可由县、区设立。

（四）建立风险分担机制，成立农业担保公司，发挥担保机构的征信作用，放大担保作用。

(五)农房换指标。在抵押权实现后可设置适当的回赎期限,在期限内采用租赁方式使用宅基地使用权。回赎期限届满,未回赎的,考虑将宅基地复垦为耕地换取建设用地指标进行交易。

九、宅基地使用权流转对象的范围

因乡土人情、居住环境等原因,对农房需求更多的是非农业人口。放开农房受让主体为非农业人口,一是因为农房空置现象严重,农房抵押权实现后,农民可以租房;二是如允许城市居民买农房,可以刺激农房交易市场,交易主体范围越大,农民转让农房获得的价金越高。在放宽受让对象范围的同时,可以采用约束城市居民再行转让农房期限的方式,避免受利益的驱使获取房价差价,从而进行房产炒作。

安徽省宿州市埇桥区土地经营权抵押调研报告

（2016 年 11 月 30 日）

在“三权分置”的背景下，推进农村综合改革，深化农村金融服务，有效盘活农村资源、资金、资产，加强对农业适度规模经营主体的信贷支持，引导农村承包土地的经营权有序流转，促进规模化、集约化现代农业发展和农民增收致富是进行改革的目的。《国务院关于全面深化农村改革加快推进农业现代化的若干意见》《国务院办公厅关于金融服务“三农”发展的若干意见》和《中共安徽省委 安徽省人民政府关于加大改革创新力度　加快农业现代化建设的实施意见》都表明了进行农村土地制度改革的方向。宿州市埇桥区积极探索农村承包土地的经营权抵押制度，取得了一定的成果。为充分了解埇桥区工作的具体情况，总结其工作中的问题，提出较好的完善对策。2015 年 11 月 30 日，安徽省不动产登记中心负责同志和安徽大学课题组师生一起赶赴安徽省宿州市埇桥区进行座谈调研，了解该地区承包土地的经营权抵押详细的工作情况。现就主要情况汇报如下：

一、宿州市埇桥区土地经营权抵押的总体情况及具体做法

（一）总体情况

1. 土地经营权抵押登记工作的相关情况

农村土地流转经营权证自 2017 年 10 月初开始启动，发证对象主要是 100 亩以上的流转大户，目前发证数量不到 20 本，发证采用自愿申请的原则，

先由流转大户填写土地流转经营权申请表,携带土地承包合同,由农委进行登记并制作台账,然后报乡镇备案,并在流转服务平台进行公示,最后通过公示期即可颁发流转经营权证书。大户取得土地经营权的地块若剩余承包期不同,则证书上预计会按照最低年限记载。这一证书颁发的意义主要在于:一方面是作为经营权抵押融资的凭证,另一方面也是给予大户优惠政策的一项凭证,有利于保护流转大户的利益。

2. 土地经营权抵押贷款办理的相关情况

目前宿州市农业银行和农商行开展了土地经营权抵押贷款业务,农行共有 4 单,贷款金额为 250 万元;农商行共 4 单,贷款金额为 100 万元,一般一年一贷,基准利率为 4. 35% 。宿州市出台了《埇桥区人民政府关于开展农村土地承包经营权抵押贷款的实施意见》,从制度层面为办理抵押贷款的相关工作提供保障。办理抵押贷款的程序:流转大户携带抵押申请书、他项权证、农委对其生产经营状况所作的初步评估意见及其出具的推荐函向金融机构办理抵押贷款申请,相关金融机构接到申请后再对流转大户的经营状况进行二次评估并最终决定是否向其发放贷款。

(二)具体做法

1. 加强政策支持与部门协作

宿州市埇桥区出台了《农村土地流转经营权证登记管理办法》《埇桥区农村土地流转经营权抵押登记暂行办法》《埇桥区人民政府关于开展农村土地承包经营权抵押贷款的实施意见》等相关文件,宿州市国土局、金融办、宿州市农商行、中国人民银行宿州中心支行、市不动产登记中心等多方主体积极参与,形成了“分工负责、相互配合”的工作机制,促进了农地经营权抵押贷款工作的顺利开展和推进。

2. 制定与细化相关的操作细则

宿州市埇桥区制定了土地承包经营权抵押贷款操作流程。重点围绕土地承包经营权抵押贷款范围、贷款人条件、贷款申请、贷款期限、贷款利率、贷款限额、贷款调查和审批、贷款调查和收回等,制定规范明确的操作流程和管理办法。制定了土地承包经营权抵押价值评估办法。由区农委组织有关机构对土地承包经营权抵押价值进行测算评估并出具相关证明。

3. 制定相关的风险配套措施

制定土地承包经营权抵押配套政策。政府建立风险基金与贷款银行风险分担机制和承包经营权抵押贷款到期未还将经营权再流转机制。探索建立土地承包经营权抵押贷款财政贴息制度,引入政策性保险和国有融资担保公司,共同推动经营权抵押贷款工作,降低银行信贷风险。

二、宿州市埇桥区抵押贷款工作中存在的问题

(一)土地经营权的性质不明

农地"三权"分置意义在于赋予大户、农业公司获得的土地经营权以较强的效力,方便其以后进行抵押、融资,从而发展农业生产。现阶段宿州市发放的流转经营权证,从形式上看是流转经营权证书,而实质分置出来的经营权是物权还是债权,目前来看是合同登记是一项债权,但被赋予了物权的效力。

(二)经营权抵押权实现不能

抵押物为承包土地的经营权,也就是说抵押物为附着在土地上的权利,难以实现强制执行,从而极易形成不良贷款。另外,一旦流转大户付不起出让金,土地之上还附着着所有权和承包权,集体经济组织或者农户作为所有权人或者承包权人收回土地,继而就会引发作为银行所享有的抵押物的经营权实际上被架空了。

(三)经营权流转平台的匮乏

目前宿州市尚未建立承包土地的经营权流转平台,一方面流转信息难以实现及时、有效、便利的传播,这必然会阻碍土地经营权的顺利流转,也不利于土地经营权抵押权的实现。另一方面公开的流转平台依照其具体的操作细则和流程可以规范土地经营权流转工作的进行,形成公平、公正、公开的氛围。

三、宿州市埇桥区农地经营权贷款工作的经验总结

(一)健全的制度设计是前提

宿州市埇桥区根据《国务院关于全面深化农村改革加快推进农业现代化

的若干意见》《国务院办公厅关于金融服务“三农”发展的若干意见》和《中共安徽省委 安徽省人民政府关于加大改革创新力度 加快农业现代化建设的实施意见》等相关文件的精神结合实际情况,分别制定了《农村土地流转经营权证登记管理办法》《埇桥区农村土地流转经营权抵押登记暂行办法》《埇桥区人民政府关于开展农村土地承包经营权抵押贷款的实施意见》等相关文件,规范农地经营权抵押贷款工作的实施,探索创新农地经营权抵押贷款工作的路径,为宿州市农地经营权抵押贷款工作的顺利开展指引了方向,提供了有力保障。

(二)创新的制度设计是动力

建立土地承包经营权抵押贷款登记制度。土地承包经营权抵押贷款登记机构为区农业委员会,负责对抵押的权属、面积、地界、抵押时间等登记事项进行登记、公示、确认,出具登记凭证。登记确认要提供规范有效的土地承包经营权证,新型农业经营主体要同时提供土地流转合同;地上(含地下)附着物情况说明资料;申请人身份证原件及复印件(申请人为法人还需要提供营业执照副本及加盖公章的复印件、法定代表人或负责人身份证原件及复印件);土地承包经营权人填写抵押申请书;贷款银行要求的其他材料等。

四、完善宿州市埇桥区农地经营权抵押贷款工作的相关建议

(一)明晰农地经营权的性质

农地经营权究竟是属于物权还是债权,这需要转变民法“二元”的思维模式,农地经营权应该属于物权与债权的中间地带,而不是绝对的物权或债权。在当前的法律“瓶颈”限制下,可针对农地经营权抵押贷款做出专门的法律补充规定,从法律上确认以农地经营权抵押申请银行贷款的合法性,赋予农地经营权金融属性,这有利于实践中农地经营权抵押制度的完善。

(二)建立农地经营权流转平台

农地经营权流转平台的建立对于农地经营权抵押制度的探索来说尤为关键,克服经营权流转市场的信息不对称能够为农地经营权抵押的实践提供巨大的活力,特别是需要借助网络平台的力量,通过网络平台可以为转让方

和买受方提供便利，也可以扩大受让方的主体范围。

（三）健全农业保险体系

由于目前农业保险体系的不健全，保险公司并未推出针对从事农业生产的流转大户的农业保险，而农业本身基础薄弱，农业生产易受自然灾害的影响，农产品交易易受市场风险的影响。没有保险进行风险分担也是金融机构不愿放贷的重要原因。因此，农业保险体系的建设至关重要。

安徽省金寨县“两权”抵押调研报告

（2015年10月24日）

土地、房屋是民法上的不动产，是农民用于设定抵押权的特定财产。由于抵押权以不转移抵押物的占有为特征，为保证抵押权人利益，世界各国法律均规定了抵押登记制度。在物权法中，因为物权具有不同于债权的绝对性、优先性，一个物之上物权的存在关系到第三人乃至一般公众的利益，应确保社会一般公众能知道某个物之上物权的存在而避免自己的利益因该物权的法律效力受到影响，抵押物进行登记能够有效地维护抵押权人的利益得到实现。为了解该地区不动产抵押登记的进展情况，2015年10月24日，安徽省不动产工作中心人员连同安徽大学课题组师生赴六安市金寨县进行座谈调研，现就主要情况汇报如下：

一、六安市金寨县不动产抵押登记中存在的问题

（一）确权颁证工作艰难

1. 法律上的阻碍

土地和房屋是农民手中最重要的财产，作为一项成本较高的不动产，具有很高的融资价值，然而对于农村土地和房屋，法律上作了禁止抵押的制度安排，《担保法》第37条、《物权法》第184条都规定耕地、宅基地等集体所有的土地使用权不得抵押，因此农村土地、房屋不能作为融资担保物抵押，农地、农房无法办理他项权证，使得试点地区在改革中遇到法律阻碍，与现行法

律相冲突，造成改革不敢深度进行，需上级出台相关文件对试点区域解禁。

2. 登记上的困难

(1)土地四至边界不清晰

抵押融资能否成功，关键在于银行是否承认土地承包经营权证、房屋产权证、宅基地使用权证，但相关土地权证登记工作尚未开始(土地经营权登记已基本结束，宅基地登记工作正在启动，林权普查登记确权未开始)。在登记过程中，土地四至边界不清晰是最大的问题，登记土地四至边界数据时，由于没有精确的参照物为标准，难以衡量，农户由此引发矛盾冲突多，难以解决纠纷，登记工作难度非常大。

(2)权利证书记载不明确

产权明晰是发证的前提，产权证书相当于登记簿，一定是产权明确后才能发证，否则导致其他交易安全问题。农村地区房屋构造形态各异，土地边界模糊不清，对于这些产权界限不明确的土地、房屋是否颁发产权证，权证上如何记载尚不明。

(3)超占面积登记未确定

《土地管理法》第62条第1款规定“农村村民一户只能拥有一处宅基地，其宅基地的面积不得超过省、自治区、直辖市规定的标准”，但农村超占宅基地情况非常严重。实践中有些超占情形是农民自身违法多占土地建造住宅，但有些是历史原因形成的。对于因历史原因超面积、一户多宅，实际占地面积是否登记予以合法化，目前还在斟酌，没有形成一个定论。考虑到由于历史原因的形成的违建情况，在宅基地颁证工作中设置160平方米的标准，超过160平方米不予办理登记，主体房子一般在160平方米以内，其他附属房屋超过该标准就不予颁证。对于除住宅以外的部分，通常农民会认为其也属于他们的宅基地，但根据法律来说，宅基地的核心功能是供住宅使用，住宅之外的部分不应作为宅基地来登记，这与农民的心里预期可能会有很大落差。对超出部分，是否应缴纳合理使用费、缴纳范围、收取方式也无标准。

(4)相关概念未明确

登记过程中会涉及一些概念，相关概念的明确对于不动产抵押登记有着重要意义。但实践中在登记过程中相关概念并没有明确解释作为标准,如以"户"为单位建立信息数据库时,何为"户"?"户"可能是一个家庭承包户,也可能是户籍上所记载的一户,"户"不是一个法律概念,会随着婚丧嫁娶、升学搬迁等发生变化。另外,确权中涉及宅基地的认定,但法律上对于宅基地并没有一个明确的定义,这给实践工作造成了困惑。

(5)配套机制不健全

金寨县相关部门提出在研发软件建立相关不动产登记数据库后,若以后安徽省在省级推行使用统一软件,数据能否对接,作者对此表示担忧。另外,在金寨县中标的测绘公司,由于无法投入足够的人力物力对该地区进行测绘,测绘工作进展缓慢,影响了登记工作的进度。

(二)价值评估机制缺乏

金寨县目前尚未成立专门的土地价值评估机构,该项价值评估工作暂由金寨县农委负责,评估缺乏专业性,价值认定结果是否精确值得商榷。可抵押农地上必须要有农作物,且抵押可融资金额与农作物价值直接相关,但评估中对于土地自身隐形投入不知如何评估,且对抵押土地及土地上产业具体评估办法尚未制定。由于缺乏一套客观、科学、准确的评估标准,给农地、农房的价值评估与认定带来困难。

(三)金融机构积极性不高

虽然金寨县在进行改革试点,但是银行金融机构参与的积极性不高,金融机构是商业机构,具有趋利性,不愿做风险大的交易。农地、农房抵押由于法律和实践中的种种阻碍,风险极高,金融机构自然不愿意提供贷款。另外,由于农业的天然弱质性,受自然灾害、疫病影响较大,金融机构对农作物市场行情不了解,会存在信息不对称的问题,如土地和农作物效益很好,是个价值很高的抵押标的物,但金融机构不了解这个价值,可能就不会提供担保,或者提供的担保不高。金寨县政府在制定政策时,没有限制主体是合作社、联合社、大户还是个体。实践中,在可依土地权证抵押融资主体上青睐农村土地合作社、农村土地联合社,单个农户可抵押融资难度大、额度小,银行基本不接受小规模流转抵押。

（四）宅基地有偿退出机制不健全

对于实践中超占宅基地的情形，金寨县采取了宅基地有偿退出机制，但是这一机制尚不健全。宅基地有偿退出机制的奖励补助标准难以确定，若将补助标准设定过高，资金需求大，财政支持难以平衡；若标准设定过低，在一定程度上不能达到刺激农民退出多余宅基地，难以起到鼓励退出作用。

二、六安市金寨县不动产抵押登记工作的相关建议

（一）提供法律保障及规范登记制度

1. 修改相关法律法规

在当前的法律“瓶颈”限制下，可针对农村不动产抵押贷款做出专门的法律补充规定，从法律上明确承包土地经营权、农房宅基地作抵押申请银行贷款的合法性，赋予农村土地、房屋金融属性，推进农村土地市场化和资本化。

2. 明晰土地四至边界

土地四至边界不清晰引发纠纷的解决是事实和技术问题，把土地四至问题弄清，表面上看是个技术问题，但实际上是个群众工作方法问题，群众参与是核心。在实际指界过程中，农民要亲自指界，实现“四相符”。若发生纠纷，应充分发挥村集体的作用，由村委会出面调解，充分听取和尊重群众意愿。

3. 明确多占宅基地登记问题

对于多占宅基地面积不能合法化，无权占有是不能登记的。若多占的是一栋中附属建筑物，原则上可以强拆；若是主屋不能强拆的，在宅基地转让时，应对其进行限制；若以后在申请宅基地时，如有房屋毁损的，只能批准应该占多大的面积，超出的部分不能批准。

宅基地和集体建设用地使用权不同，它具有社会保障作用，是无偿的，原则上不应该通过缴纳费用来扩大宅基地面积，与宅基地宗旨有冲突。多占宅基地是否要收费，第一，要看国家设计这个超面积使用费用的目的是什么，能不能通过收这个费使农民不多占；第二，是否有可行性，费用能不能收上来；第三，配套措施，如记录诚信系统，对农民有没有限制意义。结合实际情况来看，多占宅基地不能收费。第一，农民即使超面积占用宅基地也不代表他们

经济条件好,若收费,对他们来说是种负担;第二,这个费用也难收上来;第三,八九十年代时也曾尝试过对多占宅基地户收取过费用,但都不成功。既然这个缴费制度从顶层设计出来,可能有其一定合理性,他们的初始考虑应是:第一,借缴费,通过行政方式促使将多占地面积给退出来;第二,规定多出来面积收费并没有收上来,只是将其多占面积记录在案,等将来宅基地要流转,再将这部分给扣除,促使将多占面积退出来;第三,将这些多占宅基地的农户记录下来,纳入信用体系里面。

4. 定义登记相关概念

首先“户”的定义要参考户籍标准确定,但是应从共有关系出发,制定一个恰当合理的标准;对于宅基地的定义,基于宅基地的居住功能,我们认为宅基地是指农村集体经济组织为保障农户居住生活,经农户申请而批给农户使用的,归集体所有的土地,包括住宅地基、附属设施用地、绿化地以及自留地。

5. 完善相关配套制度

首先,要建立一个统一的数据库,统一数据库的标准,完成最终的数据汇交;其次,要加强对测绘外业公司的支持,在招标时要严格审查投标人的资质。

(二)建立相关评估机制

对于农村产权价值评估,首先,要建立专业化的评估机构或是鼓励现有评估机构培养专业化农村产权价值评估队伍,设定较为严格的市场准入的标准。其次,可以发挥网络信息平台的优势,通过对大数据的分析,对土地经营权价值做出精准评估。而且需要将宅基地使用权的价值与房屋所有权的价值共同被评估,客观真实地认定农房的融资价值。最后,由政府制定承包土地经营权和农房基准价格,评估价格不得低于政府公布的同期、同地区、同类型的指导价格。

(三)建立相关风险分担机制

农村不动产抵押风险极高,为了分摊金融机构的风险,政府必须建立风险补偿基金,引入多元化贷款担保机制,扩大风险补偿规模,可尝试将不动产抵押与农村产权保护中心、农业风险补偿基金及多户联合担保相结合的双重或多重担保方式，进一步防范信贷风险，提高银行等金融机构开展抵押贷款的积极性。

（四）完善退出机制

宅基地有偿退出机制必须建立在奖励机制的基础上，要制定一个恰当的奖励补助标准。对宅基地有偿使用收取的费用，在增值收益使用上的初步设想是在集体内部相对封闭运行。宅基地退出后利益分配给集体，由集体分配给农民，集体到底获得多少利益不应由法律来决定而应当由市场来决定。退出后宅基地在集体经济组织范围内交易无意义，建议在省级平台交易，土地在不同区域价值是不一样的，如果通过省级平台将其他地租抹除也是不合理的，可以考虑争取在六安市范围内进行交易。对于农民仅为有偿退出资金而退出宅基地使用的行为，由于住宅难保障，与国家法律政策相违背，防止农民为眼前利益而退出宅基地后变成流民，建议在此情况下不予宅基地有偿退出。

立法建议篇(附理由)

《农村承包土地的经营权登记办法(试行)》立法建议稿(附理由)

第一章　总　　则

第一条　立法目的和依据

为贯彻落实"农村承包土地的经营流转相关规定"的要求,深化农村产权制度改革,创新金融服务方式,规范农村承包土地的经营权确权与抵押登记行为,根据《中华人民共和国物权法》《中华人民共和国担保法》《中华人民共和国土地承包法》《国务院关于开展农村承包土地的经营权和农民住房财产权抵押贷款试点的指导意见》等相关法律法规,结合实际情况,制定本试行办法。

【法条释义】

本条规定的是农村承包土地经营权登记的立法目的,是大陆法系国家立法的通例,对"试行办法"整体有着重要的统领作用,是具体条文设置的目的及意义所在,不可或缺。本条说明了"试行办法"的法律来源,是"试行办法"制定的法理基础,保障了其合法性和可行性。

【参考政策与立法例】

《金寨县农村土地承包经营权抵押贷款管理办法(试行)》第一条

为充分运用农村土地承包经营权确权登记颁证成果,强化土地承包经营权财产权能,扩大农村有效抵押担保物范围,推进农村土地承包经营权抵押贷款，逐步实现农村土地资源资本化，为全县现代农业发展提供强有力的金融支撑。根据《中华人民共和国物权法》、《中华人民共和国土地承包法》、《中华人民共和国担保法》、《安徽省人民政府办公厅关于开展农村土地承包经营权抵押贷款试点的指导意见》等有关法律法规及行政规章，特制定本办法。

《英德市农村承包土地经营权流转和抵押登记暂行办法》第一条

为贯彻落实《国务院关于开展农村承包土地的经营权和农民住房财产权抵押贷款试点的指导意见》(国发〔2015〕45号)、《农村承包土地经营权贷款试点暂行办法》(银发〔2016〕79号)的要求，深化农村产权制度改革，创新金融服务方式，规范英德市农村承包土地经营权流转、抵押登记行为，根据国家《物权法》、《担保法》、《农村土地承包法》、《农村土地承包经营流转管理办法》等相关法律法规和《广东省人民政府印发广东省农村承包土地的经营权和农民住房财产权抵押贷款试点实施方案的通知》(粤府函〔2016〕87号)、《英德市人民政府办公室关于印发英德市农村承包土地经营权贷款试点实施方案的通知》(英府办〔2016〕15号)等，结合我市实际，制定本暂行办法。

《郁南县农村承包土地的经营权抵押登记办法(试行)》第一条

为贯彻落实"农村承包土地的经营流转相关规定"的要求，深化农村产权制度改革，创新金融服务方式，规范郁南县农村承包土地的经营权抵押登记行为，根据《物权法》、《担保法》、《贷款通则》、《农村土地承包法》、《农村土地承包经营权流转管理办法》等相关法律法规，结合郁南县实际，制定本试行办法。

第二条　登记机构

农村承包土地的经营权确权与抵押登记机构为各地区的区、县级不动产登记中心。

【法条释义】

本条规定的是承包土地的经营权确权及抵押登记的管理机构，我们认为由不动产登记中心来管理承包土地经营权确权与抵押是符合法律逻辑的，换言之，将承包土地的经营权确权与抵押登记纳入不动产统一登记在法律上是可以站得住脚的，承包土地的经营权产生于土地承包经营权，具有用益物权的属性,由于我国土地公有制的特殊性,土地上使用权具有较大的权能,另外,承包土地的经营权在性质上与国有土地使用权相类似,这也是将其纳入不动产统一登记的重要参考条件。

【参考政策与立法例】

《郴南县农村承包土地的经营权抵押登记办法(试行)》第四条

农村承包土地的经营权抵押登记机构为郴南县国土资源部门。

第三条　登记机构职责

登记机构履行下列职责:

(一)查验申请人提供的权属证明和其他必要材料;

(二)就有关登记事项询问申请人;

(三)如实、及时、准确登记有关事项;

(四)法律、行政法规规定的其他职责。

申请登记的农村承包土地的经营权有关情况需要进一步证明的,登记机构可以要求申请人补充材料,必要时可以实地查看核实。

【法条释义】

本条规定了登记机构在办理登记时应履行的职责,登记机构在法律的授权下、在其职权范围内承担相应的登记任务,履行职责,进行登记工作的处理。登记机构不能随心所欲任性而为,而是要明确目标,承担起从事登记工作应负的责任。

【参考政策与立法例】

《沅陵县农村承包土地的经营权抵押登记管理试行办法》第十五条

登记机构履行下列职责:

(一)查验申请人提供的权属证明和其他必要材料;

(二)就有关登记事项询问申请人;

(三)如实、及时、准确登记有关事项;

(四)法律、行政法规规定的其他职责。

申请登记的农村承包土地的经营权有关情况需要进一步证明的,登记机构可以要求申请人补充材料,必要时可以实地查看核实。

《洞口县农村承包土地的经营权抵押登记管理试行办法》第十五条

登记机构履行下列职责:

(一)查验申请人提供的权属证明和其他必要材料;

(二)就有关登记事项询问申请人;

(三)如实、及时、准确登记有关事项;

(四)法律、行政法规规定的其他职责。

申请登记的农村承包土地的经营权有关情况需要进一步证明的,登记机构可以要求申请人补充材料,必要时可以实地查看核实。

第四条　核发证书

农村土地流转经营权确权登记与农村承包土地经营权抵押登记应当分别核发不动产登记证书与不动产登记证明,在发放农村承包土地经营权抵押证明时,由颁证机构将农村承包土地经营权登记证书收回。

【法条释义】

本条文规定了土地流转经营权证和承包土地的经营权抵押证明的核发,承包土地经营权确权颁发权利证书,而承包土地经营权抵押则颁发权利证明,农村承包土地经营权具有用益物权属性,其权利登记应与国有土地使用权类似,应颁发权利证书,而农村承包土地经营权抵押则是在权利上设定的他物权,颁发的应为权利证明。"换证"方式可以有效避免农村承包土地经营权的重复抵押。

【参考政策与立法例】

《信丰县农村承包土地的经营权抵押贷款登记办法(暂行)》第十一条

农村承包土地的经营权抵押贷款登记机构应当核发统一制作的《农村承包土地的经营权抵押权证书》。

第五条　换发证书

农村土地流转经营权证书或者农村承包土地经营权抵押证明污损的,土地经营权利人可以向登记机关申请换发。登记机关换发前,应当收回原农村土地流转经营权证或者农村承包土地经营权抵押证明,并将有关事项记载于农村土地流转经营权证登记簿。

【法条释义】

本条文规定了土地流转经营权证和承包土地的经营权抵押证明有污损的可以按照程序向登记机关申请换发,严格要求换发新证书须将原证书收回,并将相关事项记载于农村土地流转经营权证登记簿中。

【参考政策与立法例】

《浙江省农村流转土地经营权登记管理办法(试行)》第十四条

农村流转土地经营权证书破损的,可以申请换发。换发时交回原农村流转土地经营权证书。

《黄山区农村土地流转经营权证登记管理办法(试行)》第十五条

农村土地流转经营权证污损的,土地经营权利人可以向登记机关申请换发。登记机关换发前,应当收回原农村土地流转经营权证,并将有关事项记载于农村土地流转经营权证登记簿。

第六条　遗失证书

农村土地流转经营权证书或者农村承包土地经营权抵押证明遗失的,土地经营权利人在当地公开发行的报刊上刊登遗失声明后,可以申请补发。登记机关予以补发的,应当将有关事项在农村土地流转经营权证登记簿上记载,并在补发的农村土地流转经营权证或者农村承包土地经营权抵押证明上注明"补发"字样。

【法条释义】

本条文规定了土地流转经营权证或承包土地的经营权抵押证明遗失后如何申请补发的内容,因土地流转经营权证和承包土地的经营权抵押证明都是相关权利人享有物权的体现,故一旦遗失需以公示的方式予以声明。

【参考政策与立法例】

《浙江省农村流转土地经营权登记管理办法(试行)》第十五条

农村流转土地经营权证书遗失的,在当地县级公开发行的报刊上刊登遗失作废的声明后，可以申请补发。补发的农村流转土地经营权证书应当注明“补发”字样。

《黄山区农村土地流转经营权证登记管理办法(试行)》第十六条

农村土地流转经营权证书遗失的，土地经营权利人在当地公开发行的报刊上刊登遗失声明后，可以申请补发。登记机关予以补发的，应当将有关事项在农村土地流转经营权证登记簿上记载，并在补发的农村土地流转经营权证上注明“补发”字样。

第二章 确权登记

第七条 土地经营权确权登记

本办法所称农村土地经营权确权登记，是指农业经营者在不改变土地所有权性质、不转移农村土地占有和不改变农业用途的条件下，将其通过流转方式依法取得的土地经营权向当地的不动产登记中心提出申请，乡镇人民政府签出初审意见，核准登记的行为。未经登记，农业经营主体不能获得农村承包土地的经营权。

【法条释义】

本条规定是对农村承包土地的经营权确权登记的概念作出解释说明，对本“试行办法”的适用作出条件限制，说明农业经营者在从农户处取得承包土地的经营权后需要对此项权利进行登记。适用的是登记生效规则，即承包土地的经营权的取得以登记为必要条件。

【参考政策与立法例】

《黄山区农村土地流转经营权证登记管理办法(试行)》第四条

农村土地流转经营权登记，不得改变农村土地所有权的性质和土地的农业用途。除通过转让、互换流转土地外，其他形式的流转不改变农村土地的承包经营权。

《德清县农村土地流转经营权证登记管理办法(试行)》第四条

农村土地流转经营权登记，不得改变农村土地所有权的性质和土地的农业用途。除通过转让、互换流转土地外，其他形式的流转不改变农村土地的承包经营权。

第八条　申请人的条件

承包土地的经营权登记的申请人为流入土地的各类农业生产经营主体。申请人为自然人的,应使用其有效身份证件上的姓名;申请人为法人和其他经济组织的,应使用其法定名称。申请人可以委托代理人申请农村土地流转经营权的登记。由代理人申请登记的,除交验代理人的有效身份证明外,还应提交申请人的授权委托书。

【法条释义】

本条规定的是农村承包土地的经营权登记对象所需具备的条件,经营权确权登记的对象是从农户处获得土地经营权的农业生产经营主体。该主体可以是自然人也可以是法人。

【参考政策与立法例】

《黄山区农村土地流转经营权证登记管理办法(试行)》第五条

农村土地流转经营权登记的申请人为流入土地方(各类农业生产经营主体)。申请人为自然人的,应使用其有效身份证件上的姓名;申请人为法人和其他经济组织的,应使用其法定名称。申请人可以委托代理人申请农村土地流转经营权的登记。由代理人申请登记的,除交验代理人的有效身份证明外,还应提交申请人的授权委托书。

《德清县农村土地流转经营权证登记管理办法(试行)》第五条

农村土地流转经营权登记的申请人为流入土地的各类农业生产经营主体。申请人为自然人的,应使用其有效身份证件上的姓名;申请人为法人和其他经济组织的,应使用其法定名称。

申请人可以委托代理人申请农村土地流转经营权的登记。由代理人申请登记的,除交验代理人的有效身份证明外,还应提交申请人的授权委托书。

第九条　土地流转经营权证的内容

农村土地流转经营权证一般包括以下内容:农村土地流转流出农户姓名、面积,农村土地流转流入经营主体姓名、住址、流转方式及流转土地具体位置、面积、价格、用途、类型、期限等内容。

【法条释义】

本条规定的是土地流转经营权证的内容，土地流转经营权登记是土地使用权性质的权利登记，颁发的是不动产权利证书而非不动产权利证明。根据不动产权利证书的要求，再结合农村承包土地经营权的性质，对土地经营权证书需包含的信息作出上述规定。

【参考政策与立法例】

《黄山区农村土地流转经营权证登记管理办法（试行）》第六条

农村土地流转经营权证一般包括以下内容：农村土地流转流出农户姓名、面积，农村土地流转流入经营主体姓名、住址、流转方式及流转土地具体位置、面积、价格、用途、类型、期限等内容。

第十条　登记程序

承包土地的经营权登记，按照以下程序进行：

（一）申请；

（二）受理；

（三）审核；

（四）与拟登记土地的流出方核对，情况属实的进行公示；

（五）记载于农村土地流转经营权证登记簿；

（六）发证。

【法条释义】

本条规定的是农村承包土地经营权登记的程序，规范的程序是公正结果的前提条件，也是引导农业经营者办理确权登记的重要信息。此条是不动产登记中心工作人员为农业经营者办理登记时需严格遵循的程序。

【参考政策与立法例】

《德清县农村土地流转经营权证登记管理办法（试行）》第七条

农村土地流转经营权登记，按照以下程序进行：

（一）申请；

（二）受理；

（三）审核；

（四）与拟登记土地的流出方核对，其中以转让方式流转的，需进行公示；

（五）记载于农村土地流转经营权证登记簿；

（六）发证。

《黄山区农村土地流转经营权证登记管理办法（试行）》第七条

农村土地流转经营权登记，按照以下程序进行：

（一）申请；

（二）受理；

（三）审核；

（四）与拟登记土地的流出方核对，其中以转让方式流转的，需进行公示；

（五）记载于农村土地流转经营权证登记簿；

（六）发证。

第十一条　确权登记的类型

农村承包土地的经营权确权登记分为初始登记、再流转登记和变更登记。

【法条释义】

本条规定概括介绍了农村承包土地的经营权确权登记的三种具体类型，指明了实践中承包土地的经营权确权工作的具体方向。

【参考政策与立法例】

《黄山区农村承包土地的经营权抵押登记办法（试行）》第十条

农村承包土地的经营权抵押登记分为抵押权初始登记、变更登记和注销登记。

第十二条　初始登记的材料

承包土地的经营权登记，应当提交下列材料：

（一）申请人的身份证明、法定代表人身份证件、营业执照复印件；

（二）农村土地流转经营权证颁证申请表；

（三）农村土地经营权流转合同及承包农户的土地承包经营权证书原件或复印件，农村土地流转农户地块信息登记表；

（四）农村土地流转费支付凭证及流转农户花名册；

（五）登记机关认为必要的其他材料。

【法条释义】

本条规定的是农业经营者进行确权登记时需准备的材料，农业经营者参照此条规定准备确权登记的各项材料，不动产登记中心的工作人员也需要根据此条的规定严格审查申请登记的材料，保证抵押登记的公信力。

【参考政策与立法例】

《德清县农村土地流转经营权证登记管理办法（试行）》第八条

农村土地流转经营权登记，应当提交下列材料（复印件或交验原件）：

（一）申请人的身份证明；

（二）农村土地流转经营权证登记申请审批表；

（三）农村土地承包经营权流转合同；

（四）采取转让方式流转土地的，需提交发包方同意转让和有关公示的证明材料；

（五）登记机关认为必要的其他材料。

《浙江省农村流转土地经营权登记管理办法（试行）》第七条

受让方申请农村流转土地经营权登记，应当提交下列材料，并对申请材料的真实性负责：

（一）农村流转土地经营权登记表；

（二）申请人的身份证明；由代理人申请办理的，应当提交双方的身份证明、授权委托书；

（三）农村土地承包经营权流转合同；

（四）有效的土地流转费支付凭证；

（五）出让方同意办理登记的书面凭证。

申请材料不齐全或者不符合法定形式的,应当当场告知申请人不予受理,并一次性告知需要补正的全部内容。

《慈溪市农村流转土地经营权登记管理实施细则(试行)》第七条

申请农村流转土地经营权登记,应当提交下列材料,并对申请材料的真实性负责(复印件或交验原件):

(一)农村流转土地经营权登记表;

(二)申请人的身份证明。由代理人申请办理的,应提交双方的身份证明、授权委托书;

(三)农村土地承包经营权流转合同;

(四)有效的土地流转费支付凭证;

(五)流转土地具体位置示意图;

(六)流出方同意办理登记的书面凭证;

(七)登记机关认为必要的其他材料。

第十三条　再流转登记的材料

承包土地的经营权发生再流转,申请经营权转移登记的,应当提交下列材料:

(一)申请人的身份证明、法定代表人身份证件、营业执照复印件;

(二)农村土地流转经营权证颁证申请表;

(三)农村土地经营权流转合同;

(四)土地流转费支付凭证;

(五)原农村土地流转经营权证;

(六)登记机关认为必要的其他材料。

【法条释义】

本条规定是农村承包土地的经营权发生再流转时需要进行登记准备的材料,与初次登记相区分,发生再流转是指承包土地的经营权权利主体发生变更,此时需要进行再次登记以确认权利归属。农业经营者参照此条规定准备再流转登记的各项材料,不动产登记中心的工作人员也需要根据此条的规定严格审查再流转登记的材料，规范行为同时减轻农业经营者的登记成本。

【参考政策与立法例】

《慈溪市农村流转土地经营权登记管理实施细则(试行)》第八条

农村流转土地经营权发生再流转，申请经营权转移登记的，应当提交下列材料(复印件或交验原件)：

(一)农村流转土地经营权登记表；

(二)申请人的身份证明；

(三)拟登记土地原承包方同意再流转的证明材料；

(四)农村土地承包经营权流转合同；

(五)原农村流转土地经营权证；

(六)登记机关认为必要的其他材料。

《德清县农村土地流转经营权证登记管理办法(试行)》第九条

农村土地流转经营权发生再流转，申请经营权转移登记的，应当提交下列材料(复印件或交验原件)：

(一)申请人的身份证明；

(二)农村土地流转经营权证登记申请审批表；

(三)拟登记土地原承包方同意再流转的证明材料；

(四)农村土地承包经营权流转合同；

(五)原农村土地流转经营权证；

(六)登记机关认为必要的其他材料。

第十四条　变更登记

发生下列情形之一的，土地经营权利人应当在事实发生后，申请承包土地的经营权变更登记：

(一)承包土地的经营权主体姓名或名称变更登记的；

(二)登记的土地流转面积增加或减少的；

(三)土地流转期限变化的；

(四)土地流转价格较大变化的；

(五)其他需要变更的情形。

【法条释义】

本条规定是指农村承包土地的经营权权利主体未发生变更的前提下,权利内容发生变更的情况,列举了四种基本情况,最后一种为兜底条款。变更登记这种情况需与权利主体发生变更的情况相区分。

【参考政策与立法例】

《德清县农村土地流转经营权证登记管理办法(试行)》第十条

发生下列情形之一的,土地经营权利人应当在事实发生后,申请农村土地流转经营权变更登记:

(一)农村土地流转经营权主体姓名或名称变更的;

(二)登记的土地流转面积增加或减少的;

(三)土地流转期限变化的;

(四)土地流转价格较大变化的;

(五)其他需要变更的情形。

《黄山区农村土地流转经营权证登记管理办法(试行)》第十条

发生下列情形之一的,土地经营权利人应当在事实发生后,申请农村土地流转经营权变更登记:

(一)农村土地流转经营权主体姓名或名称变更登记的;

(二)登记的土地流转面积增加或减少的;

(三)土地流转期限变化的;

(四)土地流转价格较大变化的;

(五)其他需要变更的情形。

《慈溪市农村流转土地经营权登记管理实施细则(试行)》第九条

发生下列情形之一的,土地经营权利人应当在事实发生后,申请农村流转土地经营权变更登记:

(一)农村流转土地经营权主体姓名或名称变更的;

(二)登记的土地流转面积发生变化或土地位置发生变化的;

(三)土地流转期限变化的;

（四）土地流转价格较大变化的；

（五）其他需要变更的情形。

第十五条　变更登记的材料

申请变更承包土地的经营权登记，应当提交下列材料：

（一）申请人的身份证明、法定代表人身份证件、营业执照复印件；

（二）农村土地流转经营权证；

（三）证明发生变更事实的有关材料；

（四）登记机关认为必要的其他材料。

【法条释义】

本条规定与第10条规定具有联系性，本条详细罗列了办理变更登记时所需要的具体材料，使申请人能够具体知悉申请变更登记需要准备的相关材料，法律规定的明确性能够减少不必要的资源损耗。

【参考政策与立法例】

《黄山区农村土地流转经营权证登记管理办法（试行）》第十一条

申请变更农村土地流转经营权登记，应当提交下列材料：

（一）申请人的身份证明、法定代表人身份证件、营业执照复印件；

（二）农村土地流转经营权证；

（三）证明发生变更事实的有关材料；

（四）登记机关认为必要的其他材料。

《浙江省农村流转土地经营权登记管理办法（试行）》第十二条

申请变更农村流转土地经营权登记，应当提交下列材料：

（一）申请人的身份证明；

（二）农村流转土地经营权证；

（三）发生变更事实的有关证明材料。

变更登记程序按照本办法登记程序相关规定执行。

第十六条　限制条款

有下列情形之一的，登记机关应作出不予登记的决定：

(一)拟登记土地的承包经营权属有争议的;

(二)不能提供合法、有效的农村土地流转合同的;

(三)不能提供有效的流转费支付凭证的;

(四)改变承包土地的农业用途性质的;

(五)土地被依法征收、征用的;

(六)其他依法不准予登记的。

【法条释义】

本条规定列举了登记机关不应给申请人办理登记的几种情况,法律赋予登记机关在其授权范围内进行登记的权利,一旦登记机关为承包土地的经营权办理了登记便具有公信作用,不仅是涉及主体之间的权利变动,还有可能影响第三人的权益。因此,登记行为应慎重、严谨,不符合登记条件的不能进行登记。

【参考政策与立法例】

《浙江省农村流转土地经营权登记管理办法(试行)》第十条

申请农村流转土地经营权登记,有下列情形之一的,不予登记:

(一)权属有争议的;

(二)不能提供合法有效的农村土地承包经营权流转合同的;

(三)法律法规规定的其他不予登记的情形。

不予登记的,应当说明理由并书面告知申请人。

《德清县农村土地流转经营权证登记管理办法(试行)》第十二条

有下列情形之一的,登记机关应作出不予登记的决定:

(一)拟登记土地的承包经营权属有争议的;

(二)不能提供合法、有效的农村土地流转合同的;

(三)改变承包土地的农业用途性质的;

(四)土地被依法征收、征用的;

(五)其他依法不准予登记的。

第十七条　冲突规则

农村土地流转经营权证是土地经营权利人享有该土地生产经营权的证明。农村土地流转经营权证与农村土地流转合同记载不一致的,以农村土地流转经营权证为准。

【法条释义】

本条规定的内容是当土地流转经营权证与土地流转合同不一致时应该以谁为准的问题,由于土地流转经营权证是经过登记之后颁发的,履行了一定的程序,具有公示的作用,因此,除有证据证明土地流转经营权证的记载确有错误的,其他应以土地流转经营权证为准。

【参考政策与立法例】

《黄山区农村土地流转经营权证登记管理办法(试行)》第十四条

农村土地流转经营权证是土地经营权利人享有该土地生产经营权的证明。农村土地流转经营权证与农村土地流转合同记载不一致的,以农村土地流转合同为准。

第三章　抵押登记

第十八条　土地经营权抵押登记

本办法所称农村承包土地的经营权抵押登记,是指农业经营者在不改变土地所有权性质、不转移农村土地占有和农业用途的条件下,将依法取得的承包土地的经营权作为抵押担保向银行业金融机构申请贷款而发生的登记行为。抵押权自登记时生效。

【法条释义】

本条规定是对农村承包土地的经营权抵押登记的概念作出解释说明,对本“试行办法”的适用作出条件限制,基于我国对农用地的保护及土地用途管制制度的限制,农村承包土地经营权抵押不得改变土地的用途。这是施行农村承包土地经营权抵押的前提条件,必须加以强调。承包土地的经营权抵押采取的亦为登记生效主义原则,在设立土地承包经营权抵押时,根据我国《物权法》第187条的规定,采取登记生效主义,抵押当事人应当到主管部门办理抵押登记;未经登记的,抵押权不成立。土地经营权产生于土地承包经营权,类推上述规则,承包土地的经营权抵押登记适用登记生效主义原则是符合逻辑的。

【参考政策与立法例】

《中华人民共和国物权法》第一百八十七条

以本法第一百八十条第一款第一项至第三项规定的财产或者第五项规定的正在建造的建筑物抵押的,应当办理抵押登记。抵押权自登记时设立。

《英德市农村承包土地经营权流转和抵押登记暂行办法》第二条

本办法所称农村承包土地经营权的流转、抵押登记,是指土地经营者在不改变土地所有权性质、不转移农村土地占有和农业用途的条件下,将依法取得的土地承包经营权作为产权进行交易(流转、抵押)变现时,由发证机关依法对该产权的转移进行备案登记的行为。英德市范围内进行农村承包土地经营权流转、抵押登记的,适用本暂行办法。

《郁南县农村承包土地的经营权抵押登记办法(试行)》第二条

本办法所称农村承包土地的经营权抵押登记,是指土地承包经营者在不改变土地所有权性质、不转移农村土地占有和农业用途的条件下,将依法取得的承包土地的经营权作为抵押担保向银行业金融机构申请贷款而发生的登记行为。当借款人到期不履行债务时,抵押权人有依法处置该农村承包土地的经营权并用处置所得价款优先受偿的权利。郁南县范围内进行农村承包土地的经营权抵押登记的(信用户优先办理推广),适用本试行办法。

《缙云县农村土地经营权抵押登记暂行办法》第二条

本办法所称农村土地承包经营权抵押登记,是指土地承包经营者在不改变土地所有权性质、不转移农村土地占有和农业用途的条件下,将依法取得的土地承包经营权及其地上附着物一并作为抵押担保向银行业金融机构申请贷款而发生的登记行为,包括土地承包经营权、土地流转经营权。缙云县范围内进行农村土地承包经营权抵押登记的,适用本办法。

第十九条　申请条件

申请办理农村承包土地的经营权抵押登记应同时具备以下条件：

（一）具备持续生产能力的果场、养殖场、水面、农业种植基地、观光农业基地、家庭农场、农业产前产中产后服务组织及其他符合抵押条件的农村土地；

（二）农村承包土地的经营权合法取得，并拥有《农村土地承包经营权证》作为具备法律效力的权属证明材料；

（三）抵押人与抵押权人之间已达成抵押贷款意向或经济活动的意向。

【法条释义】

本条规定的是承包土地经营权抵押登记的办理条件，为改善银行等金融机构惜贷的状况，作为抵押财产的承包土地经营权首先必须具有农业使用价值，能够带来农业收益；承包土地经营权抵押是在承包土地的经营权上设立的他项物权，因此，其设立的前提是承包土地的经营权必须已经依法登记；抵押设立的条件之一是抵押人与抵押权人之间达成合意。

【参考政策与立法例】

《郁南县农村承包土地的经营权抵押登记办法（试行）》第五条

申请办理农村承包土地的经营权抵押登记应同时具备以下条件：

（一）具备持续生产能力的果场、养殖场、水面、农业种植基地、观光农业基地、家庭农场、农业产前产中产后服务组织及其他符合抵押条件的农村土地；

（二）农村承包土地的经营权合法取得，并拥有具备法律效力的权属证明材料，如依法取得的《农村土地承包经营权证》或《农村土地承包经营权流转鉴定书》或完备的《农村土地承包经营权流转合同》；

（三）抵押人与抵押权人之间已达成抵押贷款意向或经济活动的意向。

《英德市农村承包土地经营权流转和抵押登记暂行办法》第五条

申请办理农村承包土地经营权流转、抵押登记，应同时具备以下条件：

（一）具备持续生产能力的果场、养殖场、水面、农业种植基地、观光农业基地、家庭农场、农业服务用地等农用地，或其他符合流转、抵押条件的农用地；

(二)农村承包土地经营权合法取得,并拥有具备法律效力的权属证明材料,如依法取得的《农村承包土地经营权证》或《农村承包土地经营权流转鉴定书》或完备的《农村承包土地经营权流转合同》;

(三)农村承包土地经营权所在发包方(所有权人)同意流转、抵押方式处置该产权的书面证明;

(四)其他利益共有人同意流转、抵押、处置该产权的书面证明;

(五)流转、抵押人与流转、抵押权人之间已达成流转、抵押等经济活动的意向。

《颍泉区农村土地流转经营权证登记颁证及抵押管理办法(试行)》第十八条

土地经营权受让方(新型农业经营主体)发展农业生产,因资金不足可以将农村土地流转经营权证向金融部门抵押、申请贷款。受让方同时符合以下条件:

(一)具备农业生产经营管理能力,无不良信用记录;

(二)用于抵押的土地没有权属争议;

(三)已经与承包方或者经承包方书面委托的组织或个人签订了合法有效的经营权流转合同,且在合同中明确土地经营权可用于抵押及合法再流转;办理了土地经营权证,并已按合同约定方式支付了土地租金;

第二十条　登记程序

办理农村承包土地的经营权抵押的程序:

(一)抵押登记事项的申请与受理;

(二)抵押物的审核与权属认定;

(三)抵押合同的真实性与有效性审核;

(四)办理抵押登记手续;

(五)农村承包土地的经营权证等证件的归集与保管;

(六)核发农村承包土地的经营权他项权利证明。

【法条释义】

本条是程序性的规定,具体规定了办理承包土地的经营权抵押的一系列流程,程序的公正才能保证实质意义上的公正,详细的流程能够使登记机构和申请人按照流程办事,提高办事效率,规范相关的工作流程,有利于实现实质意义上的公正。

【参考政策与立法例】

《黄山区农村承包土地的经营权抵押登记办法(试行)》第十二条

办理农村承包土地的经营权抵押的程序:

(一)抵押登记事项的申请与受理;

(二)抵押物的审核与权属认定;

(三)抵押合同的真实性与有效性审核;

(四)办理抵押登记手续;

(五)农村承包土地的经营权证等证件的归集与保管;

(六)核发《黄山区农村土地承包经营权抵押权证》。

第二十一条　抵押登记的类型

农村承包土地的经营权抵押登记分为抵押权初始登记、变更登记和注销登记。

【法条释义】

本条概括介绍了农村承包土地的经营权抵押登记的三种具体类型,分别是初始登记、变更登记和注销登记。

【参考政策与立法例】

《沅陵县农村承包土地的经营权抵押登记管理试行办法》第二十二条

农村承包土地的经营权抵押登记分为抵押权初始登记、变更登记和注销登记。

《黄山区农村承包土地的经营权抵押登记办法(试行)》第十条

农村承包土地的经营权抵押登记分为抵押权初始登记、变更登记和注销登记。

第二十二条 申请登记材料

办理农村承包土地经营权的抵押权初始登记应提交以下要件：

(一)《农村承包土地经营权抵押登记申请书》；

(二)申请人身份证明；

(三)流转、抵押权人与流转、抵押人签订的《抵押合同》；

(四)《农村承包土地经营权证》与《农村承包土地经营权流转合同》或《农村承包土地经营权流转鉴定书》；

(五)抵押物共有权人同意流转、抵押方式处置的书面证明材料。

【法条释义】

本条规定的是办理承包土地的经营权抵押初始登记需要提交的各种材料,其中值得注意的是若抵押物是多个主体共有的,为避免发生争议,进行抵押时需要提交共有权人同意流转、抵押的书面证明材料。

【参考政策与立法例】

《黄山区农村承包土地的经营权抵押登记办法(试行)》第十六条

办理农村承包土地的经营权抵押权初始登记应提交以下要件：

(一)《农村承包土地的经营权抵押登记申请书》；

(二)申请人身份证明；

(三)抵押权人与抵押人签订的《抵押合同》,或抵押权人同意办理抵押贷款的意向书；

(四)《农村土地承包经营权证》或《黄山区农村土地流转经营权证》；

(五)通过转包、出租、入股流转方式取得土地流转经营权抵押的,原农村土地承包方同意抵押、处置的证明材料。

《金寨县农村土地承包经营权抵押贷款管理办法(试行)》第十五条

(一)借款人是承包方农户的,向金融机构提出贷款申请,应提供以下资料：

1. 个人有效身份证明；

2. 生产经营内容及收入情况；

3. 借款用途；

4. 合法取得的《农村土地承包经营权证》；

5. 抵押人对抵押物的权属状况、抵押状况、同意处置抵押物等做出的承诺；

6. 需第三方提供担保的，应出具第三方担保函等文件资料；

7. 借款人不能按期偿还贷款时，发包方同意处置抵押的农村土地承包经营权的书面证明；

8. 其他共有人同意抵押的书面证明；

9. 金融机构规定的其他资料。

（二）借款人是新型农业经营主体的，向金融机构申请贷款，应提供以下资料：

1. 个人有效身份证明或法定代表人有效身份证明；

2. 生产经营内容及收入情况；

3. 贷款用途及经济效益分析；

4.《农村土地承包经营权流转合同》；

5. 抵押人对抵押物的权属状况、抵押状况、同意处置抵押物等做出的承诺；

6. 需第三方提供担保的，应出具第三方担保函等文件资料；

7. 抵押人不能偿还贷款时，承包方农户同意处置抵押农村土地流转剩余年限经营权的书面证明；

8. 其他共有人同意抵押的书面证明；

9. 金融机构规定的其他资料。

第二十三条　变更登记材料

抵押变更应提交以下材料：

（一）《农村承包土地经营权抵押登记申请书》；

（二）申请人身份证明；

（三）发生变更的书面证明材料；

（四）抵押权人同意变更的书面证明材料；

(五)《农村承包土地经营权他项权利证》。

【法条释义】

本条规定的是办理承包土地的经营权抵押变更登记需要提交的相关材料。承包土地的经营权设立后,若发生变更则需办理变更登记手续,办理变更登记一定要取得抵押权人的同意。

【参考政策与立法例】

《黄山区农村承包土地的经营权抵押登记办法(试行)》第十八条

抵押变更登记应提交以下要件:

(一)《农村承包土地的经营权抵押变更登记申请书》;

(二)申请人身份证明;

(三)发生变更的书面证明资料;

(四)抵押权人同意变更证明;

(五)《黄山区农村土地承包经营权抵押权证》。

《信丰县农村承包土地的经营权抵押贷款登记办法(暂行)》第十八条

抵押变更应提交以下要件;

(一)《信丰县农村承包土地的经营权抵押登记申请书》;

(二)申请人身份证明;

(三)发生变更的书面证明资料;

(四)抵押权人同意变更证明;

(五)《农村承包土地的经营权抵押权证书》。

第二十四条　注销登记材料

抵押注销登记应提交以下材料:

(一)《农村承包土地经营权抵押登记申请书》;

(二)申请人身份证明;

(三)抵押权因主债权履行完毕,主债权消灭,流转、抵押权已经实现,流转、抵押权人放弃流转、抵押权,提前解除合同或者法律法规规定抵押权消灭的其他情形注销的证明材料;

(四)《农村承包土地经营权他项权利证》。

【法条释义】

本条规定了权利人申请办理注销登记需要提供的相关材料，办理注销登记后，抵押权也随之消灭。因而，办理注销登记一定是有符合抵押权消灭的事由出现的。

【参考政策与立法例】

《信丰县农村承包土地的经营权抵押贷款登记办法(暂行)》第二十条

抵押注销登记应提交以下要件：

(一)《信丰县农村承包土地的经营权抵押登记申请书》；

(二)申请人身份证明；

(三)抵押权因主债权履行完毕、主债权消灭、抵押权已经实现、抵押权人放弃抵押权、提前解除合同或者法律、法规规定抵押权消灭的其他情形注销的证明材料；

(四)《农村承包土地的经营权抵押权证书》。

《黄山区农村承包土地的经营权抵押登记办法(试行)》第二十条

抵押注销登记应提交以下要件：

(一)《农村承包土地的经营权抵押注销登记申请书》；

(二)申请人身份证明；

(三)抵押权因主债权履行完毕、主债权消灭、抵押权已经实现、抵押权人放弃抵押权、提前解除合同或者法律、法规规定抵押权消灭的其他情形注销的证明材料；

(四)农村承包土地的经营权抵押权证明材料。

第二十五条　限制条款

有下列情形之一的农村承包土地经营权不能进行流转、抵押：

(一)权属有争议的；

(二)未取得《农村承包土地经营权证》或《农村承包土地经营权流转鉴定书》或《农村承包土地经营权流转合同》或其他需要提供的权证材料不齐

全的;

(三)被依法列入征地拆迁范围内的;

(四)承包地已毁损或灭失的;

(五)被依法查封、扣押、监管或受其他形式限制的。

【法条释义】

本条规定的是不能进行承包土地的经营权抵押的情况,银行业金融机构办理承包土地的经营权抵押贷款是需要承担一定的金融风险,若承包权有权利瑕疵则容易导致银行业金融机构权益受损,不利于该项业务的开展,故对于上述五种情况不宜办理承包土地的经营权抵押登记。

【参考政策与立法例】

《信丰县农村承包土地的经营权抵押贷款登记办法(暂行)》第六条

有下列情形之一的农村承包土地的经营权不得设定抵押:

(一)权属有争议的;

(二)未取得《农村承包土地的经营权证》或《农村承包土地的经营权流转合同》或其他需要提供的权证材料不齐全的;

(三)被依法列入征地搬迁范围内的;

(四)承包地已毁损或灭失的;

(五)被依法查封、扣押、监管或受其他形式限制的。

《沅陵县农村承包土地的经营权抵押登记管理试行办法》第二十条

以下农村土地,其承包经营权不得抵押:

(一)权属不清有争议的;

(二)未取得《农村土地承包经营权证》或《农村土地承包经营权流转合同》《农村土地承包经营权流转证》,或其他需要提供的权证材料不齐全的;

(三)已依法公告列入征地拆迁范围的;

(四)因公共利益需要土地已被依法规划征收或征用的;

(五)承包地受污染或已损毁或灭失,无法用于农业生产的;

(六)被依法查封、扣押、监管或受其他形式限制的。

《公安县农村承包土地经营权抵押贷款试点管理办法(试行)》第十一条

下列农村承包土地的经营权不得抵押：

(一)权属不清或存在争议的；

(二)未依法办理登记的；

(三)因公共利益需要，土地已被依法规划征收或征用的；

(四)依法被查封、扣押、监管或者受其他形式限制的；

(五)法律法规或土地政策禁止的违规违法用地。

第二十六条　抵押条件

抵押期限为主合同载明时限并且不得超过土地承包经营权的剩余使用年限。

【法条释义】

本条是关于抵押期限的规定，抵押合同因主合同的债权债务关系的存在而存在，故抵押期限为主合同载明的时限，但同时需要注意的是土地承包经营权是有期限的，一旦土地承包经营权到期，则债务人便无法继续行使土地经营权，以致抵押物难以处置，很可能造成债权人损失。

【参考政策与立法例】

《英德市农村承包土地经营权流转和抵押登记暂行办法》第七条

流转、抵押期限为主合同载明时限并且不得超过土地承包经营权的剩余使用年限。流转、抵押权人未受清偿时，流转、抵押物的承包土地经营权(使用权)为流转、抵押权人所有。

第二十七条　设定对象

农村承包土地的经营权可为本人或第三人设定抵押。在抵押期间，抵押物不得办理权属变更业务。

【法条释义】

本条规定的是农村承包土地经营权设定抵押的主体。农村承包土地经营权的主体可以被认定为理性经济人，农业经营者不仅可以土地经营权为自己设定抵押，也可以为他人设定抵押，以充分发挥农村承包土地经营权的财产价值。根据担保物权的相关规定,抵押物在抵押期间权属不得随意变更,这主要是基于对抵押权人的保护,防止抵押物转移造成抵押难以实现的风险。

【参考政策与立法例】

《沅陵县农村承包土地的经营权抵押登记管理试行办法》第十二条

农村承包土地的经营权可为本人或第三人设定抵押。在抵押期间,抵押物不得办理权属变更业务。

《英德市农村承包土地经营权流转和抵押登记暂行办法》第八条

农村承包土地经营权可为本人或第三人设定流转、抵押。在流转、抵押期间,流转、抵押物不得办理权属变更业务。

《公安县农村承包土地经营权抵押贷款试点管理办法(试行)》第十五条

农村承包土地的经营权抵押期间,未经抵押权人同意,抵押人不得将抵押物再次流转,登记部门不得为已办理登记的农村承包土地的经营权办理变更登记。

第二十八条　地上附着物

农村承包土地的经营权抵押登记,应当遵循保持现有承包关系不变的原则,其地上附着物一并抵押,地上附着物抵押情况须在登记材料上予以明示。

【法条释义】

本条是对于地上附着物一并抵押的规定。农业生产活动需要进行长期性、持续性的生产投入,农作物的种植需要在土地表面修建一定的基础设施,这些基础设施往往与土地紧密相连,在经营权存续期间通常不会发生变动,这些地上附着物的存在本身就是对土地享有经营权的体现,应予一并抵押。

【参考政策与立法例】

《沅陵县农村承包土地的经营权抵押登记管理试行办法》第十条

农村承包土地的经营权抵押登记,应当遵循保持现有承包关系不变的原则,其地上附着物一并抵押,地上附着物抵押情况须在登记材料上予以明示。

《英德市农村承包土地经营权流转和抵押登记暂行办法》第九条

农村承包土地经营权的流转、抵押应当遵循保持现有承包关系不变的原则,其地上附着物一并流转、抵押,地上附着物流转、抵押情况须在登记材料上予以明示。

《金寨县农村土地承包经营权抵押贷款管理办法(试行)》第二十一条

农村土地承包经营权抵押时,其地上附着物一并抵押,在抵押期间不得改变土地所有权的性质和农业用途,抵押期限不得超过农村土地承包经营权的剩余使用年限。

第二十九条　价值评估

农村承包土地的经营权抵押登记不与价值评估挂钩。农村承包土地的经营权抵押时,抵押当事人可以共同协商确定或者共同委托具有资质的土地价格评估中介机构对其进行价值评估。

【法条释义】

本条规定的是对农村承包土地经营权的价值评估要求。根据《物权法》中的规定,抵押物的价值评估不再是抵押的强制条件,抵押物的价值可以由抵押双方协商或者评估机构评估,另外,可以充分发挥银行等金融机构的内部评估机制,有效降低成本。

【参考政策与立法例】

《运城市盐湖区农村承包土地的经营权抵押贷款试点工作抵押物登记管理办法(试行)》第十条

抵押人和抵押权人可采取委托第三方评估机构评估、抵押权人自评估或者抵押双方协商等方式,公平、公正、客观、合理确定农村承包土地的经营权价值。

抵押人和抵押权人同意委托第三方评估机构对抵押物进行评估,或者抵押权人自行进行评估的,均应当出具评估报告;抵押人和抵押权人同意对抵押物价值共同协商的,应签署书面同意证明。

第四章　附　　则

第三十条　登记时间要求

自受理农村土地流转经营权确权或抵押登记(含转移、变更)申请之日起,登记机关应当在7个工作日内作出准予登记或不予登记的决定。准予登记的,应当自受理申请之日起30个工作日内,向申请人发放农村土地经营权证书或者农村承包土地的经营权抵押证明;不予登记的,应当书面告知理由。

【法条释义】

本条规定了登记机关办理确权登记和抵押登记的具体期限,有利于维护申请人的合法权益,有利于登记工作的规范化。

【参考政策与立法例】

《沅陵县农村承包土地的经营权抵押登记管理试行办法》第二十六条

农村承包土地的经营权抵押登记办理时限为10个工作日。符合登记条件的,登记机关应于收到申请资料10个工作日内办结抵押登记手续。对不符合登记条件的,应在5个工作日内书面通知申请人不予登记的理由,并退回申请资料。

《英德市农村承包土地经营权流转和抵押登记暂行办法》第十七、十九条

农村承包土地经营权流转、抵押期间,流转、抵押登记事项发生变更的,流转、抵押人与流转、抵押权人应在做出变更决定之日起30个工作日内,由流转、抵押人申请办理流转、抵押权变更登记。

变更登记原则上在申请人完全提交材料后三个工作日内完成,并重新出具登记证书。

农村承包土地经营权流转、抵押期届满,或者流转、抵押人与流转、抵押权人达成提前解除流转、抵押协议后,流转、抵押人应当在流转、抵押关系终止之日起15个工作日内申请办理流转、抵押权注销登记。

注销登记原则上在申请人完全提交材料后两个工作日内完成,并退回原质押证书。

《汉寿县农村土地经营权抵押贷款管理办法》第十五条

抵押登记应该在7个工作日内办结。县农经局对农村土地经营权抵押登记资料和《农村土地承包经营权证》的真实性、合法性和规范性进行审查核实。对审查合格可以办理抵押登记的，县农经局收回该土地《农村土地承包经营权证》或流转合同原件，签发他项权证，在土地流转信息服务平台发布抵押信息；对审查不合格的，退回资料并说明不予登记的原因。

第三十一条　解释

本办法由国土资源部、国土资源部不动产登记中心负责解释。

【法条释义】

本条规定了“试行办法”的解释机关，承包土地经营权抵押被纳入不动产统一登记，“试行办法”由制定机关与实施机关负责解释。

【参考政策与立法例】

《郁南县农村承包土地的经营权抵押登记办法（试行）》第二十四条

本试行办法由县国土资源部门负责解释。

第三十二条　试行日期

本办法自印发之日起试行。

【参考政策与立法例】

《信丰县农村承包土地的经营权抵押贷款登记办法（暂行）》第二十五条

本暂行办法自发布之日起试行。

《英德市农村承包土地经营权流转和抵押登记暂行办法》第二十五条

本暂行办法于2016年12月1日起试行，有效期两年。

关于《农村承包土地的经营权登记办法(试行)》立法建议稿的说明

一、制定《试行办法》的必要性

改革开放以来,我国农村土地制度通过在土地所有权上创设土地承包经营权,建立起以“两权分离”为基础的家庭联产承包责任制,充分激发农民农业生产的积极性,但随着农业现代化进程的不断推进,“两权分离”的土地产权制度已不能满足当前农业生产的需要,在此背景之下,中央提出“三权分置”的改革路径,“三权分置”的核心要点为放活经营权,充分发挥经营权的财产属性,而经营权权能的有效发挥离不开完善的立法,针对农村承包土地的经营权登记的立法可以有效填补法律空白、保护相关主体权益、规范相关登记工作。

(一)填补当前立法空白

自2015年12月,全国人大授权在全国232个试点县开展农村承包土地的经营权抵押贷款工作以来,已有将近两年的时间。在此期间,全国范围内各个试点地区都分别出台了一系列的规范性文件推进承包土地的经营权抵押工作,其中包括承包土地的经营权抵押贷款工作实施方案、风险补偿基金的管理办法和承包土地的经营权抵押贷款管理办法等,专门针对承包土地的经营权登记问题出台的文件却寥寥无几,登记规则多散见于相关管理办法之中而未形成体系性的原则,且地域性较强的具体规则相互之间规定不一易产生冲突。而登记工作的开展对于“三权分置”背景下承包土地的经营权的设立和抵押具有至关重要的作用,今后若在全国范围内推广该项制度,则有必要制定统一的体系化的承包土地的经营权登记规则,从而破解了各个试点地区登记规则不统一的问题,由不动产登记中心负责该项工作并纳入不动产统一登记中去,有利于明晰承包土地的经营权的权属和权利变动状态,也有利于实现承包土地的经营权在全国范围内的流转。

(二)保护相关主体权益

一项新的权利的设定伴随而来的工作便是如何明晰相关主体的权利和义务,保护权利主体利益免受不法侵害的问题,而权利和义务往往相伴相生,以法律的形式赋予相关主体权利的同时,规定主体的义务总是必不可少的。对于承包土地的经营权来说,这项新的权利的行使也需要以法律的形式作出规定,进行承包土地的经营权确权登记和抵押登记正是为了保护相关主体的合法权益。因为这项工作的开展可以将权利的存续状态和变动情况以公开的、为社会大众所知悉的方式展现出来,以法律规定的形式既有利于保护权利主体的合法权益,也有利于保护相关第三人的合法权益。

(三)规范相关登记工作

进行承包土地的经营权登记立法,是实践中规范相关登记工作的需要。一是以法律的形式制定登记规则对于申请办理登记的一方来说明确知悉了登记工作是如何进行的,登记所需要的相关材料有哪些,登记工作的具体流程是怎样的。这种明确的规则既节省了登记双方的时间,提高了工作效率,也使整个登记活动更加规范化、科学化、合理化。二是对于办理登记工作的相关工作人员来说,登记规则的制定明确了自己的工作权限和工作职责以及具体的工作期限,这便有利于促进相关办事人员提高责任意识和工作效率,从而也规范了相关登记工作的开展。

二、《试行办法》的起草过程

农村承包土地的经营权登记问题是激活农村土地产权财产价值,发展农村金融的重要基础,安徽大学法学院与安徽省不动产登记中心联合课题组在推进“农村承包土地经营权及农民住房财产权抵押”项目过程中通过调研实践及对理论、政策、舆情的分析形成草拟《试行办法》的思路,并逐步形成完整的《试行办法》建议稿。

在课题开展的初期,《试行办法》的起草工作即随之展开,具体的《试行办法》起草工作可以分为三个步骤,一是拟订工作方案,二是成立起草工作小组,三是确定思路与方向,对《试行办法》中可能涉及的问题进行深入研究。自2016年9月初步拟订工作方案后,课题组于2016年10月成立了《试行办法》起草工作小组,在课题推进过程中针对理论、政策、舆情等多方面的问题对《试行办法》起草工作多次进行了深入探讨。2017年8月先后前往宿州市埇桥区和金寨县开展调研活动,了解实践中承包土地的经营权抵押制度的运行状况和登记情况。调研工作结束后,起草工作小组针对调研地区的实践操作情况再次对《试行办法》进行详细探讨并做出更为切合实际情况的调整。

为确保《试行办法》的起草质量,起草小组在形成《试行办法》过程中多次将建议稿提交课题组论证,课题组对《试行办法》建议稿提出大量的修改建议,2017年9月10日课题组针对审稿意见召开会议,对《试行办法》进行修改,形成《农村承包土地的经营权登记办法(试行)(立法建议稿)》。

三、《试行办法》的制定依据与主要内容

《试行办法》(建议稿)主要依据《物权法》《担保法》《土地承包法》《国务院关于开展农村土地承包经营权抵押贷款试点的指导意见》等制定。共四章31条,分为总则、确权登记、抵押登记和附则四个部分,主要对农村承包土地经营权确权登记和抵押登记的基本概念、登记机构及其职责、登记类型、登记程序、不予登记的情形等方面做出具体规定。

(一)总则

第一章总则部分首先规定了立法的目的与依据,确定了《试行办法》拟定的法律依据与法理基础,对《试行办法》的具体内容具有着重要的统领作用,本条的设立首先对"两权抵押"及"三权分置"的相关政策进行了深入的解读,在清晰把握政策导向的基础之上,确定登记的价值与意义所在,并参考大量试点地区的农村承包土地经营权确权与抵押登记管理办法的规定,最终

形成具体条文。

《试行办法》的第 2 条、第 3 条明确了办理农村承包土地的经营权确权登记和抵押登记的登记机构及其职责，农村承包土地的经营权确权登记和抵押登记由各地区的区县不动产登记中心负责，登记机构在办理登记时需认真、仔细地查验申请人提供的相关材料，并就相关事项的真实性询问申请人，以便及时准确地登记有关事项，也可以要求申请人补充材料，必要时还可以实地查看核实，在调研过程中及对其他试点地区的相关政策文件品读过程中，我们发现目前很多地区将登记的权限交由农业部门行使，但农村承包土地的经营权产生于土地承包经营权，具有用益物权属性，且我国的《不动产登记暂行条例》第 5 条明确规定了耕地、林地、草地等非因家庭联产承包方式取得的土地承包经营权和抵押权等办理不动产登记的内容，因此将土地经营权及抵押权纳入不动产统一登记符合法律的逻辑。

《试行办法》的第 4 条至第 6 条分别规定了核发证书的操作模式、证书出现污损后的换发事项和遗失证书后的解决途径。

（二）确权登记

第二章共 11 条的内容，首先规定了农村土地经营权确权登记的概念即农业经营者在不改变土地所有权性质、不转移农村土地占有和农业用途的条件下，将其通过流转方式依法取得的土地经营权向当地的不动产登记中心提出申请，乡镇人民政府签出初审意见，核准登记的行为，并且明确指出登记采生效主义的原则。可以进行登记的申请人为流入土地的各类农业生产经营主体，可以是自然人也可以是法人或其他经济组织。进行确权登记是在“三权分置”的背景下明晰各方产权、规范经营权流转的前提条件，也是培育新型农业经营主体、发展现代化农业的制度保障。

其次规定了确权登记的具体流程和类型，登记流程可分为申请受理、审核、与流出方核对、公示、记载于权证登记簿和发证六个步骤。确权登记工作分为初始登记、再流转登记和变更登记三种类型，主要是考虑到实践中经营权确权登记后并非一成不变，很可能发生内容变更和主体变更两种情况，这需要与初始登记相区分。紧接着从第 12 条至第 15 条就这三种登记类型的申请条件做了具体的规定。在登记工作中关于申请材料的规定既考虑到结合具体实践工作详细、全面作出规定同时又考虑到避免冗长烦琐臃肿的问题,主要抓住登记工作关键内容提供必要的信息,从而有利于便利申请人和提高登记机关的工作效率。

最后规定了登记机关不予登记的几种情况,主要包括土地经营权不合法或者有争议、改变经营权经营用途的以及土地被征收征用致使经营权无法存续的几种情况。当农村土地流转经营权证与农村土地流转合同记载不一致的,应以农村土地流转经营权证为准。这主要是考虑到物权的公示公信原则,土地流转经营权证是经过登记之后颁发的,履行了一定的程序,具有公示的作用,因此,除有证据证明土地流转经营权证的记载确有错误的,其他应以土地流转经营权证为准。

(三)抵押登记

第三章自《试行办法》第18条至第29条共12条的内容,首先规定了农村土地经营抵押登记的概念即农业经营者在不改变土地所有权性质、不转移农村土地占有和农业用途的条件下,将依法取得的承包土地的经营权作为抵押担保向银行业金融机构申请贷款而发生的登记行为,抵押权的设立亦采取登记生效主义,采取登记生效主义原则的原因主要在于农业现代化的不断发展,使得“乡土”熟人社会得到彻底的改变,农村承包土地的经营权流转主体及抵押主体可能并非集体经济组织内部成员,抵押权的设立登记采用生效主义可以有效规范抵押行为。然后规定了申请抵押登记申请者应具备的条件,一方面是具有一定的生产能力,另一方面是土地经营权需合法取得且抵押是抵押人与抵押权人双方合意的意思表示。此条文的规定主要是依据《物权法》中有关抵押设定的条件,同时,农业生产不同于其他商事活动,农业生产由于受到自然因素的影响具有较大的不稳定性,因此,对设定抵押的主体进行限制是控制抵押风险的重要途径,同时设定抵押应当赋予双方主体更多的自主权利,由双方主体根据自身的实际情况决定是否设定抵押,充分尊重当事人之间的主观意思是实现农村产权制度市场化的重要手段,也是促进农村金融蓬勃发展的重要途径。

其次，在《试行办法》中对土地经营权抵押登记的程序作出规定，规定经营权抵押登记需建立申请受理、审核、办理登记、归档、核发证书等多项环节，抵押登记工作同样分为三种类型即抵押权初始登记、变更登记和注销登记。紧接着第 22 条至第 24 条规定了进行这三种登记分别需要提交的具体材料。

最后，规定的登记机关不能办理抵押登记的几种情况，并明确了承包土地的经营权抵押登记的效力及于地上附着物。从我国的《物权法》的规定可以看出我国对抵押的规定既采用了正面列举的方式，也采用了负面列举的方式，但从私法的角度来看，抵押权的设立应遵循的原则是“法无禁止即自由”，因此本《试行办法》中仅从反面的角度对经营权抵押作出限制。

(四) 附则

附则部分共 3 条，主要规定了登记机构办理确权登记和抵押登记的时限、《试行办法》的解释机关及《试行办法》的实行期限。

《农民住房财产权抵押登记办法》立法建议稿(附理由)

第一章　总　　则

第一条　立法目的与依据

为规范农民住房财产权抵押登记行为,根据《中华人民共和国物权法》《不动产登记暂行条例》《不动产登记暂行条例实施细则》《国务院关于开展农村承包土地的经营权和农民住房财产权抵押贷款试点的指导意见》(国发[2015]45号)、《农民住房财产权抵押贷款试点暂行办法》等法律、行政法规和文件精神,制定本办法。

【法条释义】

本条规定的是农民住房财产权抵押登记的立法目的与依据,是大陆法系国家立法的通例。我们认为规定立法目的的意义就在于规范农民住房财产权抵押登记行为,本条对《办法》整体起着统领作用,说明了《办法》的法律来源和制定的法律基础。

【参考政策与立法例】

《金寨县农民住房财产权抵押贷款试点暂行办法》第一条

根据《金寨县人民政府办公室印发金寨县关于开展农村承包土地的经营权和农民住房财产权抵押贷款实施方案(试行)的通知》(金政办〔2016〕5号)精神,制定本办法。

《江津区农民住房财产权抵押登记实施细则(试行)》第一条

为规范江津区农民住房财产权抵押登记行为,根据《中华人民共和国物权法》《不动产登记暂行条例》《不动产登记暂行条例实施细则》《国务院关于开展农村承包土地的经营权和农民住房财产权抵押贷款试点的指导意见》(国发〔2015〕45号)、《重庆市人民政府办公厅关于印发重庆市农村承包土地的经营权和农民住房财产权抵押贷款试点工作方案的通知》(渝府办〔2016〕9号)和《重庆市江津区人民政府办公室关于印发江津区农民住房财产权抵押贷款试点工作实施方案(试行)的通知》(江津府办〔2016〕113号)文件精神,结合我区实际,制定本细则。

第二条　适用范围

全国范围内进行农民住房财产权抵押登记的,适用本办法。

【法条释义】

本条规定的是本办法的适用范围,是我国立法通例。适用范围又称效力范围,它是指本办法在什么范围、在什么时间是有效的且能适用的。

【参考政策与立法例】

《江津区农民住房财产权抵押登记实施细则(试行)》第二条

江津区范围内进行农民住房财产权抵押登记的,适用本细则。

第三条　登记生效主义

农民住房财产权抵押实行登记制度。农民住房财产权抵押登记参照城市房屋抵押登记有关规定办理,抵押权初始登记、移转登记、变更登记及注销登记于记载于不动产登记簿时发生效力。

【法条释义】

本条规定的是农民住房财产权登记采用登记生效主义。《物权法》第9条第1款规定:“不动产物权的设立、变更、转让和消灭,经依法登记,发生效力;未经登记,不发生效力,但法律另有规定的除外。”基于法律行为的不动产物权变动,除法律另有规定外,一律以登记作为物权变动的生效要件。不动产抵押采登记生效主义。较之登记对抗主义,登记生效主义更为严苛,更侧重于维护市场交易安全。我们认为农民住房财产权抵押要实行登记制度,明确具体部门负责对“两权”抵押进行登记,规范登记流程,完善他项权利证书的发放和登记注销程序。

【参考政策与立法例】

《江津区农民住房财产权抵押登记实施细则(试行)》第四条

农民住房财产权抵押实行登记制度。农民住房财产权抵押登记参照城市房屋抵押登记有关规定办理,抵押权初始登记、转移登记、变更登记及注销登记以记载于登记簿而生效。

《金沙县农民住房财产权抵押贷款试点工作方案(试行)》

建立抵押登记制度。规范登记流程,完善他项权利证书的发放和登记注销程序。建立多级联网的农房产权交易平台,完善流转处置功能,明确县房管局权属登记和交易中心为全县农房交易市场,县域内农村宅基地、农民住房的转让、出租、入股抵押等统一纳入交易中心。

海南省人民政府《关于开展农村承包土地的经营权和农民住房财产权抵押贷款试点的实施意见》(琼府[2016]74号)

建立“两权”抵押登记制度。试点地区要尽早建立“两权”抵押登记制度,明确具体部门负责对“两权”抵押进行登记,规范登记流程,完善他项权利证书的发放和登记注销程序。农民住房财产权设立抵押的,需将宅基地使用权与住房所有权一并抵押。

第四条　房地一体主义

本办法所称农民住房财产权,是指农民依法取得的房屋所有权和宅基地使用权。申请农民住房财产权抵押贷款时,应以农民房屋所有权、宅基地使用权一并抵押。

【法条释义】

本条对农民住房财产权这一概念做了立法上的解释。农民住房财产权包括房屋所有权和宅基地使用权。有些试点地区规定农民住房财产权仅指房屋所有权,不包括宅基地使用权。但我们认为农民住房财产权应是房屋所有权与宅基地使用权的综合。因为宅基地是农民住房的承载物，宅基地所有权归农村集体所有，农民仅享有宅基地使用权，房地分离会导致宅基地管理上的混乱。

坚持房地一体抵押原则，可以避免房屋所有权与宅基地使用权分离的情形，更有利于保护抵押权人的权利。我国大陆地区立法选择房地分离，但是奉行一体处分原则。房屋和土地使用权可以转让给不同的主体，但两种权利的分离必然会产生很多纠纷。2015 年 8 月 10 日，国务院发布的《国务院关于开展农村承包土地的经营权和农民住房财产权抵押贷款试点的指导意见》指出："农民住房财产权设立抵押的，需将宅基地使用权和住房所有权一并抵押。"在转让中必须实行"房地一体"原则，否则将会出现在土地上的"空中楼阁"，既不符合生活逻辑，也不利于保护土地权利人和建筑物所有权人的合法权利。

【参考政策与立法例】

《江津区农民住房财产权抵押登记实施细则（试行）》第五条

农民住房财产权抵押登记应当遵循房屋所有权与该房屋占有范围内的宅基地使用权权利主体一致的原则。农村房屋所有权同该房屋占用范围内的宅基地使用权一并抵押。

《上杭县农民住房财产权抵押贷款试点区域不动产确权登记有关问题的处理办法（试行）》第三条

不动产登记应当遵循依申请登记及房地一体登记原则。

《陇西县农村承包土地经营权和农民住房财产权抵押贷款实施方案》

农民住房所有权及所占宅基地使用权应同时抵押，抵押农民住房所在的集体经济组织需书面同意宅基地使用权随农民住房一并抵押及处置。

《文昌市农民住房财产权抵押贷款实施细则（试行）》第十条

农民住房财产权设立抵押的，需将宅基地使用权与住房所有权一并抵押。市国土资源局组织做好集体建设用地基准价制定、价值评估等工作。

《瑞安市农民住房财产权抵押贷款试点实施办法》第六条

农民住房财产权设立抵押的，需将宅基地使用权与住房所有权一并抵押。市国土资源局组织做好集体建设用地基准价制定、价值评估等工作。

《金寨县农民住房财产权抵押贷款试点暂行办法》第十八条

对于以农民住房财产权为他人贷款提供担保的,可参照本办法执行。

《江津区农民住房财产权抵押登记实施细则(试行)》第三条

农民住房财产权是指农民依法取得的房屋所有权和宅基地使用权。农民住房财产权可为本人或第三人设定抵押。

《文昌市农民住房财产权抵押贷款实施细则(试行)》第二条

本细则所称农民住房财产权抵押贷款,是指在不改变宅基地所有权性质的前提下,以农民住房所有权及所占宅基地使用权作为抵押、由银行业金融机构(以下称贷款人)向符合条件的农民住房所有人(以下称借款人)发放的、在约定期限内还本付息的贷款。

第五条　登记机构

农民住房财产权抵押登记机构为本区域内县级不动产登记中心。

【法条释义】

本条规定的是农民住房财产权抵押登记的管理机构,各试点县(市)都规定要尽快明确农村"两权"的抵押登记机关,制定抵押登记具体细则(办法)。我们认为由不动产登记中心来管理农民住房财产权抵押登记是符合法律逻辑的,明确登记机构和责任分工,为推进试点创造条件。

【参考政策与立法例】

《关于印发宣州区农民住房财产权抵押贷款试点实施方案的通知》

全面开展宅基地使用权和农民住房所有权确权登记颁证工作。按照农户自愿的原则,全面推进全区宅基地使用权和农民住房所有权确权登记颁证工作。简化工作流程,根据农户申请及时办理农民住房不动产权证。区国土部门做好业务指导,各乡镇办事处要加强政策宣传,明确专人和机构,受理本辖区内农房确权登记工作。(责任单位:区国土分局、区住建委,各乡镇办事处)

《金寨县农民住房财产权抵押贷款试点暂行办法》第十条

县不动产登记中心负责办理房屋所有权及集体土地(宅基地)使用权抵

押登记。

《金寨县农村居民建房抵押贷款管理办法》第十条

农村居民新建房抵押实行登记制度，按照国务院《不动产登记暂行条例》规定，由县不动产登记机构进行登记，同一权证上的所有产权应全部设作抵押，并办理抵押登记，抵押登记权证应交由抵押权人保管。

《江津区农民住房财产权抵押登记实施细则(试行)》第六条

农民住房财产权抵押登记机构为重庆市江津区不动产登记中心。

《石狮市农民住房财产权抵押贷款试点工作方案》

明确石狮市不动产登记中心为全市农民住房财产权抵押登记机构，推行抵押登记的标准化管理，包括业务流程的标准化管理，建立绿色通道，实行限时办结制，提高抵押登记办理效率。

《田阳县"两权"抵押贷款试点工作方案》

建立"两权"抵押登记制度。农村承包土地的经营权在田阳县农业局办理抵押登记，农民住房所有权和宅基地使用权在田阳县不动产权局办理抵押登记。受理抵押登记的部门应对登记事项进行审核、登记，确保无权属争议后出具登记凭证，并对抵押登记事项进行归档，便于金融机构等查询。

第六条　房屋抵押合同

抵押当事人应当以书面形式订立房屋抵押合同，由抵押当事人签字并捺指印或者盖章。登记机构不在抵押合同上盖章。

【法条释义】

本条规定的是农民住房财产权抵押中房屋抵押合同的书面化，明确房屋抵押合同为抵押双方当事人的意思自治之书面意向，同时明确登记机构不在抵押合同上盖章，解决现实不正确的法律操作，减少纠纷。

【参考政策与立法例】

《常州市武进区农民住房财产权抵押贷款试点暂行办法》第十六条

抵押贷款申请经试点银行审查同意后，签订抵押贷款合同，由抵押权人、抵押人共同到区不动产登记交易中心办理抵押登记手续。抵押贷款合同必须经借贷双方、抵押人及财产共有人签字。

第七条　核发证书

农民住房财产权抵押登记应当核发不动产登记证明,并在不动产权属证书上记载。

【法条释义】

本条规定了农民住房财产权抵押后应核发不动产登记证明,相当于城市房屋抵押时要核发《他项权证》,应给银行和农民一个登记证明,并在其上记载抵押事项。这有利于规范抵押登记,也有利于权利人主张相关权利。不动产登记簿可以真实反映不动产上物权归属和内容,具有善意保护效力,可以有效维护不动产交易安全。

【参考政策与立法例】

《文昌市农民住房财产权抵押贷款实施细则(试行)》第九条

抵押登记。农民住房财产权的抵押登记,由抵押双方当事人按规定向市不动产登记中心申请办理抵押登记手续,核发《不动产权证明书》,由抵押权人领取保管。

《琼中黎族苗族自治县农房抵押贷款试点工作实施方案》

建立农房抵押登记制度。建立农房抵押登记制度,明确农房抵押登记部门,规范登记流程,完善他项权利证书的发放和登记注销程序。

《瑞安市农民住房财产权抵押贷款试点实施办法》第五条

农民住房财产权的抵押登记,由抵押双方当事人按规定向不动产登记机构申请办理房屋所有权及宅基地使用权抵押登记手续,经不动产登记机构核发《不动产登记证明》。《不动产登记证明》由抵押权人领取保管。

第八条　不予登记情形

下列情形之一的农民住房财产不得办理抵押登记

(一)权属有争议的;

(二)未取得不动产权属证书的;

(三)被依法列入征收拆迁范围内的;

(四)房屋已毁损或灭失的;

(五)受其他形式限制的。

【法条释义】

本条规定了农民住房财产中明确不予抵押登记的事项,采用列举式和概括式相结合的表述方式,列举式可以指导并规范农民住房抵押工作,减少抵押纠纷;第(5)项概括式为后期情况的出现开了个口子,兜底出现的每一个不得办理抵押登记的情形。

【参考政策与立法例】

《江津区农民住房财产权抵押登记实施细则(试行)》第八条

下列情形之一的农民住房财产不得设定抵押

(一)权属有争议的;

(二)未取得不动产权属证书的;

(三)被依法列入征收拆迁范围内的;

(四)房屋已毁损或灭失的;

(五)受其他形式限制的。

第二章　登记程序

第九条　登记程序

农民住房财产权抵押登记的程序

(一)申请;

(二)受理;

(三)审核;

(四)记载于登记簿;

(五)核发不动产登记证明。

【法条释义】

本条规定的是农民住房财产权抵押登记的程序,按照程序进行登记,规范的程序是结果公正的前提条件,正当的法律程序是权利平等的前提以及权力制衡的机制,明确农民住房财产权抵押的程序,更有利于保护农民的权利。

此条是不动产登记中心工作人员为农民办理登记时需严格遵循的程序。

【参考政策与立法例】

《江津区农民住房财产权抵押登记实施细则(试行)》第九条

农民住房财产权抵押登记的一般程序

(一)申请;

(二)受理;

(三)审核;

(四)记载于登记簿;

(五)核发不动产登记证明。

《上杭县人民政府办公室关于进一步明确农民住房财产权抵押贷款试点有关工作的通知》

规范登记流程,完善他项权利证书的发放和登记注销程序。

第十条　申请条件

申请农民住房财产权抵押贷款须同时满足以下条件:

(一)申请人需年满18周岁以上不超过60周岁,具有完全民事行为能力,无不良信用记录;

(二)除用于抵押的农民住房外,农民住房所有人拥有其他合法长期居住场所,并能够提供相关证明材料;

(三)用于抵押的农民住房权属清晰,有相关主管部门颁发的权属证明,未列入征地拆迁范围;

以共有农民住房抵押的,还应当取得其他共有人的书面同意。

【法条释义】

本条规定的是申请农民住房财产权抵押贷款的人所须满足的条件。农房抵押是政府政策推动的产物,农房关系农民生存保障问题,农房抵押需设置一些限制条件。首先是对申请人的限制,必须是年满18周岁不超过60周岁的具有完全民事行为能力的人。为降低银行风险,申请人还必须无不良信用记录。目前反对农房抵押的学者大多都是从社会稳定角度出发,认为农房抵押后，因抵押权的实现而导致农民失去房屋成为流民。为避免农民失去房屋成为流民，减少社会不稳定因素，还应要求农民除用于抵押的农房外，有其他合法长期居住的场所。

对于农房抵押是否应当设置其他一些限制条件，则存有不同意见。在一些试点地区要求农民住房抵押应当取得本集体经济组织的同意，抵押权人依法处置抵押住房也需经本集体经济组织同意，如《成都市农村房屋抵押融资管理办法（试行）》第5条和第7条等。但是从中央推进农房抵押贷款试点工作的目的来看，以及尊重农民对其房屋所有权的处分自由，不应对农房抵押附加此种限制条件。我们在宣州区调研时，有关主管部门也提及在办理抵押手续时需全体村民三分之二人签字同意，事实上增加了设置抵押的难度，阻碍了农房抵押贷款的推广。因此，我们在《农民住房财产权抵押贷款试点暂行办法》第4条的基础上删去了“所在的集体经济组织书面同意宅基地使用权随农民住房一并抵押及处置”的规定。

【参考政策与立法例】

《金寨县农民住房财产权抵押贷款试点暂行办法》第三条第一款

借款人以农民住房所有权及所占宅基地使用权作抵押申请贷款的，应同时符合以下条件：

（一）具有完全民事行为能力，无不良信用记录；

（二）用于抵押的房屋所有权及宅基地使用权没有权属争议，依法拥有县政府相关主管部门颁发的《集体土地使用证》《房屋所有权证》，未列入征地拆迁范围；

（三）所在的集体经济组织书面同意宅基地使用权随农民住房一并抵押及处置。

《湖南省农房抵押融资试点暂行办法》第九条

农房抵押贷款由借款人向承办银行业金融机构提出申请，并提供以下资料：

（一）借款人及抵押人的有效身份证明；

（二）生产经营内容（项目）、家庭年经济收入情况（农村居民）；

(三)贷款用途、经济效益情况;

(四)抵押物清单、抵押物使用状况及符合法律规定的有关所有权证明;

(五)抵押人以共有房屋抵押的,须经共有人同意,并出具书面承诺;

(六)以高危行业企业生产经营性房屋作为抵押物的,须提供房屋商业保险单;

(七)抵押人承诺书,对抵押物的权属状况、抵押状况、同意依法处置抵押物等作出承诺;承诺在担保期间出现房屋毁损、灭失或被征收等情形时,以获得的保险金、赔偿金、补偿金等作为还款来源;

(八)承办银行业金融机构需要审查的其他有关资料。

第十一条　申请登记

(一)申请抵押登记的申请人为抵押合同的当事人。抵押权首次登记应当由抵押人和抵押权人共同申请。

(二)申请抵押登记的,抵押当事人应当共同到登记机构办公场所申请登记;抵押当事人可以委托代理人申请登记;无民事行为能力人和限制民事行为能力人申请抵押登记的应由其监护人代为申请,还应当提供为被监护人利益的书面保证。

(三)抵押当事人委托代理人申请抵押登记的,应当向登记机构交验抵押当事人的委托书和委托代理人的身份证明文件。抵押当事人为法人的,应当交验法定代表人签署的委托书。

(四)抵押当事人申请抵押登记,应当按规定内容填写不动产登记申请表。

(五)共有房屋设定抵押登记的,应当由共有人共同申请。

申请人或者委托代理人应当对所提交材料的真实性、合法性、有效性负责。

【法条释义】

本条规定的是农民住房财产权抵押申请登记的程序,规定申请人、申请登记场所、委托登记、共同登记条件等,抵押人和抵押权人参照此条规定准备材料、申请登记事宜,在于规范农民住房财产权抵押登记行为,确定了申请委托条件,并明确申请人要对材料的真实性负责。

【参考政策与立法例】

《浏阳市集体土地上房屋抵押贷款办法》第十四条

集体土地上房屋抵押贷款申请经金融机构审查同意后,签订抵押贷款合同。抵押贷款合同必须由借贷双方、抵押人及房屋共有人签章。

第十二条　申请登记文件

(一)不动产登记申请表应当由抵押当事人签字并捺指印或者盖章;代理人申请登记的,由代理人签名并捺指印;由代理人申请登记的,代理人除交验本人身份证明外,还应当交验被代理人的身份证明。

(二)申请人应当按本办法向登记机构交验申请登记的相关资料。按规定提交复印件的须交验原件。

【法条释义】

本条规定的是农民住房财产权抵押申请登记文件,详细规定不动产登记申请表上应附签字或盖章,明确身份证明,指导申请人的规范提交。

【参考政策与立法例】

《江津区农民住房财产权抵押登记实施细则(试行)》第十三条

申请登记文件

(一)不动产登记申请表应当由抵押当事人签字并捺指印或者盖章;代理人申请登记的,由代理人签名并捺指印;由代理人申请登记的,代理人除交验本人身份证明外,还应当交验被代理人的身份证明。

(二)申请人应当按本细则向登记机构交验申请登记的相关资料。按规定提交复印件的均须交验原件。

第十三条　不动产登记簿记载事项

对符合规定条件的抵押权设立登记,不动产登记机构应当将下列事项记载于不动产登记簿:

(一)抵押当事人、债务人的姓名或者名称;

(二)被担保债权的数额;

(三)登记时间。

【法条释义】

本条规定的是农民住房财产权抵押设立时不动产登记簿记载事项,方便不动产登记机构按照规定进行详细记载,保证不动产登记簿的完整性、精确性,为后续不动产登记簿的查阅提供详细范本记录,明确责任追究。

【参考政策与立法例】

《房屋登记办法》第四十四条

对符合规定条件的抵押权设立登记,房屋登记机构应当将下列事项记载于房屋登记簿:

(一)抵押当事人、债务人的姓名或者名称;

(二)被担保债权的数额;

(三)登记时间。

第十四条　初始登记申请材料

申请农民住房财产权抵押初始登记应提交以下要件

(一)不动产登记申请表;

(二)申请人、代理人身份证明材料、授权委托书;

(三)主债权合同和抵押合同;

(四)不动产权属证书;

(五)以共有住房财产权抵押的,需提交其他共有人同意抵押的证明材料(原件)及共有人身份证复印件;

(六)设定抵押的房屋在依法偿债后自行解决居住场所的承诺书;

(七)其他必要材料。

【法条释义】

本条规定的是农民住房财产权抵押初始登记时需要准备的申请材料,明确了提交申请材料的范围,农民参照此条规定准备各项材料,不动产登记中心的工作人员也需要根据此条的规定严格审查申请登记的材料,规范初始登记的程序性材料，保证抵押登记的公信力。

【参考政策与立法例】

《麻阳苗族自治县农民住房财产权抵押贷款实施细则(试行)》第十条

申请农民住房财产权抵押贷款须提供以下材料：

(一)借款人、抵押人及其配偶的有效身份证明、结婚证明，户口本；

(二)借款人及抵押人依法取得的农民住房财产权证书；

(三)当前生产经营状况、家庭经济收入情况及借款用途、经济效益分析报告；

(四)抵押人对抵押物的权属状况、抵押状况、同意处置抵押物等作出的书面承诺。用作抵押的农民住房财产权为多人共有的，应出具所有共有人同意抵押且同意处置抵押物的书面意见；

(五)除用于抵押的农民住房外，抵押人拥有其他合法长期居住场所的相关证明材料；

(六)需第三方提供担保的，应出具第三方担保函等相关文件资料；

(七)农民住房财产权所在集体经济组织作出的同意宅基地使用权随房屋一并抵押，抵押权实现时同意处置、转让的承诺或决议；

(八)乡镇人民政府推荐证明；

(九)贷款人规定的其他资料。

《浏阳市集体土地上房屋抵押贷款办法》第十一条

申请办理抵押登记的，应当提交下列材料：

(一)抵押登记申请书；

(二)申请人的身份证明或资格证明；

(三)房屋所有权证书；

(四)集体土地建设用地许可证；

(五)抵押合同；

(六)主债权合同；

(七)同意集体土地上房屋抵押登记的证明(见附件)；

(八)登记机构认为必要的其他材料。

《湖南省农房抵押融资试点暂行办法》第十二条

抵押权人和抵押人签订抵押合同后,应当由借款人、抵押人、抵押权人共同到房屋登记机构申请办理抵押登记,并提交以下材料:

(一)贷款合同和抵押合同;

(二)抵押登记申请书;

(三)申请人有效身份证明;

(四)房屋所有权证、集体土地使用证和其他共有人同意抵押的书面证明;

(五)由农民集体经济土地所有权人同意集体土地上房屋抵押的书面证明;

(六)抵押人应当了解《土地管理法》第六十二条关于"农村村民出卖、出租住房后,再申请宅基地,不予批准"的有关规定,承诺设立抵押的房屋在依法偿债后有适当的居住场所、且不再申请宅基地等相关情况的书面声明;

(七)房屋登记机构认为必要的其他材料。

经审核符合登记条件的,房屋登记机构应当于受理登记申请材料后10个工作日内办结登记手续,核发《房屋他项权证》。

第十五条　变更登记

有下列情形之一的,当事人应当持不动产登记证明、不动产权属证书、抵押权变更等必要材料,申请抵押权变更登记:

(一)抵押人、抵押权人的姓名或者名称变更的;

(二)被担保的主债权数额变更的;

(三)债务履行期限变更的;

(四)抵押权顺位变更的。

如果该抵押权的变更将对其他抵押权人产生不利影响的,还应当提交其他抵押权人书面同意的材料与身份证明或者户口簿等材料。

【法条释义】

本条规定的是农民住房财产权抵押登记中的变更事项,明确列举了四种情况需要进行抵押权变更登记，并引导当事人应持何种必要材料进行变更登记，减少不必要的资源损耗。

【参考政策与立法例】

《不动产登记暂行条例实施细则》第六十八条

有下列情形之一的，当事人应当持不动产权属证书、不动产登记证明、抵押权变更等必要材料，申请抵押权变更登记：

（一）抵押人、抵押权人的姓名或者名称变更的；

（二）被担保的主债权数额变更的；

（三）债务履行期限变更的；

（四）抵押权顺位变更的；

（五）法律、行政法规规定的其他情形。

因被担保债权主债权的种类及数额、担保范围、债务履行期限、抵押权顺位发生变更申请抵押权变更登记时，如果该抵押权的变更将对其他抵押权人产生不利影响的，还应当提交其他抵押权人书面同意的材料与身份证或者户口簿等材料。

《浏阳市集体土地上房屋抵押贷款办法》第十三条

已登记的集体土地上房屋抵押权发生变更，应商得抵押权人同意才能依照《房屋登记办法》等规定办理变更手续。

《湖南省农房抵押融资试点暂行办法》第十三条

已登记的农房权属状况需发生变更时，应商得抵押权人同意才能依照《房屋登记办法》等规定办理变更手续。抵押担保的贷款本息全部清偿的，抵押人应及时向房屋登记机构办理注销登记。

第十六条　移转登记

因主债权转让导致抵押权转移的，当事人可以持不动产权属证书、不动产登记证明、被担保主债权的转让协议、债权人已通知债务人的材料等相关材料，申请抵押权的转移登记。

【法条释义】

本条规定的是农民住房财产权抵押登记中的移转登记事项,明确因主债权转让而导致抵押权转移的,当事人来进行申请转移登记所需准备的材料,减少了申请人的申请成本。

【参考政策与立法例】

《不动产登记暂行条例实施细则》第六十九条

因主债权转让导致抵押权转让的,当事人可以持不动产权属证书、不动产登记证明、被担保主债权的转让协议、债权人已经通知债务人的材料等相关材料,申请抵押权的转移登记。

第十七条　注销登记

有下列情形之一的,当事人应当持不动产登记证明、不动产权属证书、抵押权消灭的材料等必要材料,申请抵押权注销登记:

(一)主债权消灭;

(二)抵押权已经实现;

(三)抵押权人放弃抵押权;

(四)法律、法规规定抵押权消灭的其他情形。

【法条释义】

本条规定的是农民住房财产权抵押登记中的注销登记事项,明确何种情形出现需要进行抵押权注销登记,并引导当事人应持何种材料进行注销登记,减少了申请成本。

【参考政策与立法例】

《不动产登记暂行条例实施细则》第七十条

有下列情形之一的,当事人可以持不动产登记证明、抵押权消灭的材料等必要材料,申请抵押权注销登记:

(一)主债权消灭;

(二)抵押权已经实现;

(三)抵押权人放弃抵押权;

（四）法律、行政法规规定抵押权消灭的其他情形。

《金寨县农村居民建房抵押贷款管理办法（试行）》第十三条

借款人贷款债务履行完毕后，受理银行应配合借款人及时到抵押登记机构办理抵押注销登记。

第十八条　共同申请

农民住房财产权是以户为单位登记的，在办理抵押登记时应当由不动产权属证书记载的权利人、本户其他权利人共同申请。

【法条释义】

本条规定的是农民住房财产权中办理抵押登记的人员，因农村住房的特殊性，以户为单位进行房产登记的，在办理抵押登记时本户所记载的权利人应共同申请。

【参考政策与立法例】

《金寨县农民住房财产权抵押贷款试点暂行办法》第三条第二款

以共有农民住房抵押的，还应当取得其他共有人的书面同意。

《常州市武进区农民住房财产权抵押贷款试点暂行办法》第八条

以共有农民住房抵押的，抵押人应当事先征得其他共有人的书面同意。以已出租的农民住房抵押的，抵押人应当将租赁情况告知抵押权人，并将抵押情况告知承租人，原租赁合同继续有效。

第三章　附　　则

第十九条　登记时限

农民住房财产权抵押登记实行二审制。抵押权登记办结时限：初始登记、转移登记和变更登记为3个工作日，注销登记为1个工作日。

【法条释义】

本条规定的是农民住房财产权抵押权登记办结时限，严格受理期限，体现了简化程序、方便群众的原则。

【参考政策与立法例】

《江津区农民住房财产权抵押登记实施细则(试行)》第二十条

农民住房财产权抵押登记实行二审制。抵押权登记办结时限:初始登记、转移登记和变更登记为3个工作日,注销登记为1个工作日。

第二十条　登记费用

农民住房财产权抵押登记费参照城市房屋抵押登记收费标准,减半征收。

【法条释义】

本条规定的是农民住房财产权抵押权登记费用,由于农民住房财产权抵押登记是新兴之物,尚无独立的费用标准,结合农民的经济情况,现规定参照城市房屋抵押登记收费标准,实行减半征收,是实行农民住房财产权抵押登记初期最适合的办法,减半征收也考虑到农民经济现况,降低抵押成本。

【参考政策与立法例】

《重庆市开州区农民住房财产权抵押贷款试点工作实施方案》

降低抵押成本,农民住房财产权抵押登记费用按照城市房屋抵押登记收费减半征收。

第二十一条　本办法由国土资源部、国土资源部不动产登记中心负责解释。

【法条释义】

本条规定了《办法》的解释机关,农民住房财产权抵押被纳入不动产统一登记,《办法》由制定机关与实施机关负责解释。

【参考政策与立法例】

《古田县农民住房财产权抵押贷款试点暂行办法(试行)》第二十八条

本办法未尽事宜,由中国人民银行古田县支行、县银监办会同试点领导小组相关成员单位负责解释。

第二十二条　本办法自发布之日起试行。

【参考政策与立法例】

《常州市武进区农民住房财产权抵押贷款试点暂行办法》第十一条

房屋抵押权自抵押登记之日起设立。

《古田县农民住房财产权抵押贷款试点暂行办法(试行)》第二十七条

本办法自发布之日起施行,有效期至2017年12月31日。

关于《农民住房财产权抵押登记办法》立法建议稿的说明

一、制定《办法》的必要性

第十二届全国人大常委会第十八次会议明确提出了在天津市蓟县等59个试点县(市、区)行政区域,允许以农民住房财产权抵押贷款。这一调整在2017年12月31日前试行,农民住房财产权抵押贷款目前取得了不错的效果。在统筹城乡发展,推进农村和城市"同地同权同价",建立城乡统一建设用地市场的战略布局中,针对农民住房财产权抵押登记的立法可以规范抵押登记行为、推进农民住房财产权抵押的开展、保护护权利人合法权益,制定《办法》是面对新局面、适应新形势的客观需要。

(一)规范抵押登记行为

随着农村经济的不断发展和城市化的稳步推进,集体土地上的房屋已经成为农民和农村集体经济组织的重要资产。在集体建设用地范围内进行房屋登记,能够明确权利主体及其权利范围,有效解决权属争议,保护权利人的合法权益,促进集体经济发展。实践中很多地方没有开展此项工作,抑或是虽然开展了农村房屋确权登记工作,但没有形成相对完善的登记机制。

农民住房是农民重要的财产,农民住房财产权包括房屋所有权和宅基地使用权。房屋和土地在民法上属于不动产,《物权法》第9条规定了不动产物权的设立、变更、转让和消灭,经依法登记而发生效力,故农民住房财产权抵押也应遵循"登记生效主义"原则。农民住房财产权抵押涉及最广大群体农民的利益,若要确保农民住房财产权抵押登记依法有序进行,规范不动产登记机构的登记行为,做到登记的真实与准确,就必须要有明确而详细的规定对登记行为加以规范。农民住房财产权抵押登记制度的完善不但涉及国土部门的具体工作,更是推进农村集体产权制度改革,实现新型城镇化战略的基础,具有极为重要的战略意义。以法律形式制定登记规则,有利于登记机构明确自己的工作职责,提高登记人员的责任意识和工作效率,也能方便群众申请登记,节省登记时间,从而规范相关登记工作的开展,使整个登记活动更加规范化、科学化、合理化。

(二)推进农民住房财产权抵押的开展

经济学家德·索托指出:“如果不能使资产在所有权文件中得到表述,资产就只能是‘僵化的资本’。”农村要发展,农民要创收,启动资金必不可少。然而,筹集资金的媒介却没有跟进。在农村建房花费了农民很大一部分资金,作为一项成本较高的不动产,农房具有很大的融资价值。《中国统计年鉴2016》显示:2015 年乡村人口数为 60, 346 万人,相比于 2014 年减少了 1520 万人。随着城镇化的发展,如今越来越多的农民选择进城务工或定居,农房对于他们的生存保障功能已经很弱,土地和房屋都被闲置,“空心村”现象非常严重。如何盘活这些资产,将“死资产”变为“活资本”,就需要一定的制度设计。

农房抵押是农民利用自有资产进行融资的一种重要渠道,有效地解决了农民融资难题,为农村、农民自身发展创造了有利的经济条件。然而农民住房财产权抵押却没有建立一套体系化的抵押登记规则,而是散见于相关管理办法之中。农民住房财产权抵押登记制度是农民住房财产权抵押制度有效运行的重要依托,对农民住房财产权抵押工作有着重要意义。制定统一体系化的农民住房财产权抵押登记规则,由不动产登记中心负责该项工作并纳入不动产统一登记中去,有利于明晰农民住房财产权的权属和权利变动状态,规范农房抵押行为,形成可复制的经验并推广。

(三)保护权利人合法权益

“保障农村人口居住权,实现居者有其屋”一直是立法设计宅基地使用权制度的最重要的价值目标。从我国立法现实来看,农村宅基地制度的核心价值在于其社会保障功能。长期以来,农民住房只能发挥出占有、使用和收益的用益权能。作为物权权能中最核心内容——处分权能,由于现行法律法规的限制,一直处于相对被"冰封"状态。随着改革的深入,农房所有权中的处分权能也随之被释放。农民住房财产权抵押是农民发挥财产性权利的一种融资渠道,其涉及农民的房屋所有权益和宅基地使用权益等财产性权益,与农民利益息息相关。由于当前农房抵押登记制度的不完善及现行法律对宅基地使用权的诸多限制,农民的财产性权益难以得到有效保护。

抵押权属于对世权,其设立应进行公示,抵押权的公示具有生效和警示效果。农民住房财产权抵押实质是不动产抵押,应以登记为生效要件。农民住房财产权抵押登记是向社会公示农民住房财产权的设立情况,以保障农民住房交易安全。为了避免抵押权实现后在交易过程中可能出现的风险,当事人就要对房屋权利状况进行调查。因此,建立农民住房财产权抵押登记制度来明确房屋的权利状况,既可以保障权利人的权利得到登记机构的公示,也方便相关的利害关系人对房屋权利现状进行了解,有利于保护权利人的合法权益。总而言之,作为不动产物权公示方法的农民住房财产权抵押登记,其制度功能主要在于保护广大民事主体的农村土地财产权利,提高交易效率和维护交易安全。

二、《办法》的起草过程

《农民住房财产权抵押登记办法(立法建议稿)》是受安徽省不动产登记中心委托,由安徽大学法学院汪莉教授主持的"承包土地经营权和农房登记问题研究"课题组承担《办法》的起草工作。按照"实践研究、理论拔高、组织启动"的指导思想,课题组按照安徽省不动产登记中心的构想,密切关注省内外有关农民住房财产权抵押登记办法制定的动向,着手收集资料等前期准备工作,为《办法》的制定奠定了良好的基础。

2016年12月3日,安徽大学法学院、安徽省不动产登记中心联合课题组撰写《农房财产权抵押登记问题研究》,致力研究解决如何对农房抵押进行登记，解决农房所有权和相应的宅基地使用权并不是现行法上可以抵押物权之障碍，后续如何构建具体登记政策、技术（如登记簿等），完善我国宅基地使用权、农房所有权以及农房抵押权等领域的登记规则，指引不动产登记机构正确履行职责。课题组从2017年开始，在以上研究成果的基础上，不断地深度探究农村农民住房财产权抵押制度，后初步形成《农民住房财产权抵押登记办法（立法建议稿）》。

为丰富理论成果、拔高理论高度，课题组前往省内外农房抵押试点地区进行实地考察，前期进行2015年10月的金寨调研、2015年11月的宿州调研、2015年11月和2016年2月的宣城调研、2016年9月的江浙线调研、2016年10月的重庆调研、2016年10月的西安调研，后期为完善《办法》的制定，2017年8月课题组分组回访宿州、宣城、金寨三个农房抵押试点地区，收集有关实践操作中抵押登记的方法规范，并对比分析之前试点地区调研所得成果，着手研究起草工作中的具体问题。课题组经多次与会讨论，把握登记办法的指导思想和基本原则、办法的主要内容和方向以及工作方案等有关重大问题，确定了起草的基本思路，在充分沟通协商，深入研究论证的基础上，2017年9月10日课题组针对审稿意见召开会议，提出大量修改意见，最终形成《农民住房财产权抵押登记办法（立法建议稿）》。

三、《办法》的制定依据与主要内容

《办法》（建议稿）主要依据《物权法》《不动产登记暂行条例》《不动产登记暂行条例实施细则》《国务院关于开展农村承包土地的经营权和农民住房财产权抵押贷款试点的指导意见》（国发[2015]45号）、《农民住房财产权抵押贷款试点暂行办法》等制定。共三章22条，分为总则、登记程序、附则三个部分，主要对农民住房财产权抵押登记的原则、登记机构及其职责、登记程序、变更登记等方面作了具体规定。

（一）总则

第一章总则第1条规定了立法目的与依据，确定了《办法》拟定的法律依据与法理基础，把握当前关于农村集体产权改革的政策导向与精神，并参考大量试点地区的农村住房抵押登记管理办法的规定,在此基础上最终形成具体条文。

《办法》第2条规定的是本办法的适用范围,是我国立法通例。第3条明确农民住房财产权抵押的登记适用“登记生效主义”。较之登记对抗主义,登记生效主义更为严苛,更侧重于维护市场交易安全。农民住房财产权抵押要实行登记制度,明确具体部门负责对“两权”抵押进行登记,规范登记流程。第4条从立法上对农民住房财产权的概念进行了界定,并明确了在申请农民住房财产权抵押贷款时应坚持“房地一体”抵押原则。我国大陆在立法立场上虽然采用了“房地分离”模式,但是在处分时却坚持“房地一体”处分。《国务院关于开展农村承包土地的经营权和农房财产权抵押贷款试点的指导意见》中指出“农房财产权设立抵押的,需将宅基地使用权和住房所有权一并抵押”,目前试点地区大多也坚持“房地一体”抵押。若采用“房地分离”抵押模式,将会出现在土地上的“空中楼阁”,既不符合生活逻辑,也不利于保护土地权利人和建筑物所有权人的合法权利。此外,坚持“房地一体”原则,还有利于减少登记错误,简化登记程序。

《办法》的第5条明确了负责农民住房财产权抵押登记的登记机构是本区域内县级不动产登记中心,将农民住房财产权抵押登记纳入到不动产统一登记。第6条和第7条分别规定房屋抵押合同书面化和核发证书的要求。第8条从负面列举了四项不予办理抵押登记的情形和一项兜底性规定,该条既明确了不予办理抵押登记的情形,也为后续出现新的问题留下了适用的可能。

(二)登记程序

第二章登记程序共12条内容,主要是参照城市房屋抵押登记有关规定。第9条明确了农民住房财产权抵押登记程序,有申请、受理、审核、记载于登记簿、核发不动产登记证明共五个环节,按照程序进行登记有利于公正。明确农民住房财产权抵押的程序,更有利于保护农民的权利。第10条规定申请农民住房财产权抵押贷款需满足的条件,申请人必须是完全民事行为能力人,无不良信用记录,用于抵押的农民住房需权属清晰。为了避免农民失去土地成为流民,申请农民住房财产权抵押时应提供有其他可供长期居住的场所的证明。其中关于农民住房抵押是否应当取得本集体经济组织的同意存在争议,但是从中央推进农房抵押贷款试点工作的目的来看,以及尊重农民对其房屋所有权的处分自由,不应对农房抵押附加此种限制条件。在宣州区调研时,有关主管部门也提及在办理抵押手续时需全体村民三分之二人签字同意,事实上增加了设置抵押的难度,阻碍了农房抵押贷款的推广。第 11 条和第 13 条对申请登记场所、委托申请登记、共同申请登记条件等、申请登记的文件要求以及不动产登记簿上记载事项作出了明确规定。第 14 条至第 18 条对抵押权初始登记、变更登记、移转登记和注销登记的登记情形进行相应规定,考虑到多种登记情形,逻辑顺畅、指引明确。《办法》中第 18 条是关于共同申请的规定,农民住房财产权抵押登记以户为单位申请,在申请时要所有权利人共同申请。

(三)附则

附则部分共 4 条,主要规定了登记机构进行抵押权登记的办结时限和登记所需费用,《办法》的解释主体与实行期限等。

后　记

本书是在国土部不动产登记中心委托项目“承包土地经营权与农房抵押登记问题研究”的最终成果基础上补充完善而成。蓦然回首，课题立项伊始至今已经历了四个春秋。从收集资料到实地调研，从完成初稿到最终定稿，本书集聚了课题组全体成员的心血。课题组长期潜心于农村土地问题研究，在推进课题的研究进程中，我们进一步加深了对农村土地产权制度问题的理解。我们在调研过程中倾听到来自普通农民、新型经营主体及金融机构等相关单位对承包土地经营权与农房抵押的期待与担忧，这使我们更加坚定了对承包土地经营权与农房抵押登记问题进行透彻研究以保障广大农民权益、实现农业现代化发展目标的决心。这一课题是目前农村土地产权改革的重要内容之一，课题组也希望通过此项研究为农村土地产权改革献上绵薄之力。

感谢所有参与课题研究的人员：除本书编写组外，还包括安徽省不动产登记中心的历任领导、陶玉厚总工、王侠、阚延湖、江海涛等同志，他们或全程参与调研与讨论，或结合实务在很多观点上提供了有益的提示。感谢在资料收集过程中不辞辛苦的各位同学，他们有安徽大学法学院的彭婷婷、王丹、张伟、雷苗苗、孙文晴、王涛等同学，正是学生团队的辛勤努力，使得这项工作量巨大而烦琐的任务得以顺利完成。感谢在调研过程中大力配合的各地农户、新型经营主体、金融机构及政府部门，是他们为研究提供了大量第一手数据和资料。感谢在项目论证过程中提出宝贵修改意见的各位专家！他们有中国人民大学法学院高圣平教授、南京大学法学院肖泽晟教授、安徽省高级人民法院高仁宝庭长、严慧勇庭长、安徽省政府法制办蒋文斌处长、安徽省政府发展研究中心凌宏彬处长、安徽省住建厅法规处闫清华博士等，本书中很多观点与文字已吸收与凝结了各位专家的宝贵意见和建议。当然，还要感谢国土部不动产登记中心、安徽省不动产登记中心，以及安徽省高校优秀拔尖人才培育资助项目、安徽法治与社会安全研究中心年度项目的经费支持！

感谢法律出版社刘文科、似玉、李峰沄编辑的辛苦工作和鼎力相助，没有他们的努力，就没有本书的问世。

由于时间、篇幅、经费等多方面原因，书中删除了关于试点地区的数百份“两权抵押”相关新闻稿和118份政策性文件的附录内容。受研究水平及科研能力的限制，书中可能存在许多不足甚至疏漏和错误，敬请各位读者批评指正！

附本书各部分编写分工：

决策参考篇：朱庆，汪莉，陶玉厚，尤佳

理论研究篇：

第一章：朱庆，王珺，任静

第二章：汪莉，沈小军，徐春燕，周雪梅

调研报告篇：王侠，王珺，雷苗苗，徐春燕，周雪梅，任静，彭婷婷，王丹，张伟

立法建议篇：

《农村承包土地的经营权登记办法》立法建议稿及说明：朱庆，王珺，任静

《农民住房财产权抵押登记办法》立法建议稿及说明：汪莉，尤佳，徐春燕，周雪梅

图书在版编目(CIP)数据

承包土地经营权与农房抵押登记问题研究 / 朱庆等著. -- 北京：法律出版社, 2019
ISBN 978-7-5197-3202-8

Ⅰ. ①承… Ⅱ. ①朱… Ⅲ. ①农村－土地承包制－产权－抵押贷款－研究－中国 Ⅳ. ①F321.1

中国版本图书馆 CIP 数据核字(2019)第 038151 号

承包土地经营权与农房抵押登记问题研究
CHENGBAO TUDI JINGYINGQUAN YU NONGFANG DIYA DENGJI WENTI YANJIU

朱 庆
汪 莉 等著
尤 佳

策划编辑 李峰沄
责任编辑 刘文科
装帧设计 李 瞻

出版 法律出版社
总发行 中国法律图书有限公司
经销 新华书店
印刷 北京虎彩文化传播有限公司
责任校对 马 丽
责任印制 张建伟

编辑统筹 法研工作室
开本 720 毫米×960 毫米 1/16
印张 19.25
字数 240 千
版本 2019 年 3 月第 1 版
印次 2019 年 3 月第 1 次印刷

法律出版社/北京市丰台区莲花池西里 7 号(100073)
网址/www.lawpress.com.cn
投稿邮箱/info@lawpress.com.cn
举报维权邮箱/jbwq@lawpress.com.cn
销售热线/010-83938336
咨询电话/010-63939796

中国法律图书有限公司/北京市丰台区莲花池西里 7 号(100073)
全国各地中法图分、子公司销售电话:
统一销售客服/400-660-6393
第一法律书店/010-83938334/8335
西安分公司/029-85330678
重庆分公司/023-67453036
上海分公司/021-62071639/1636
深圳分公司/0755-83072995

书号:ISBN 978-7-5197-3202-8
定价:58.00 元
(如有缺页或倒装,中国法律图书有限公司负责退换)